## 윈도우 기능을 탐색하고 이 책을 활용해 보세요!

| 중요도 | 키워드 | 윈도우 수업 과제 해결하기 | 페이지 |
|---|---|---|---|
| ★★ | 바탕 화면, 컴퓨터 켜고 끄기 | 01 컴퓨터 올바르게 사용하기 | 6 |
| ★★★ | 키보드 입력 순서, 키의 기능 | 02 키보드 마스터하기 | 12 |
| ★★ | 마우스 사용법, 마우스 연습 | 03 마우스 다루기 | 18 |
| ★★★ | 작업 표시줄, 앱 추가/삭제, 앱 실행, 창 크기 조절 | 04 작업 표시줄 알아보기 | 22 |
| ★★★ | 시작 화면, 앱 추가/삭제, 앱 폴더 만들기 | 05 시작 화면 알아보기 | 28 |
| ★★★ | 파일과 폴더, 파일 탐색기, 폴더 만들기 | 06 파일과 폴더 탐색하기 | 34 |
| ★★★ | 파일 선택, 복사, 붙여 넣기, 복원 | 07 파일과 폴더 관리하기 | 40 |
| ★★ | 엣지 브라우저 보기, 사이트 검색 | 08 정보의 바다 인터넷 접속하기 | 46 |
| ★★ | 시작 페이지 변경, 즐겨찾기 추가, 컬렉션 기능 | 09 엣지 브라우저 활용하기 | 52 |
| ★★ | 바탕 화면 배경, 테마, 잠금 화면 변경 | 10 바탕 화면과 잠금 화면 변경하기 | 60 |
| ★★ | 기본 색 모드 변경, 야간 모드 조정 | 11 어두운 테마 지정과 야간 모드 사용하기 | 66 |
| ★★★ | 새 데스크톱 만들기, 가상 데스크톱 간에 이동 | 12 작업 보기 기능을 이용해 새 데스크톱 만들기 | 72 |
| ★★★ | 프린트 스크린 기능, 인터넷 이미지 저장, 캡처 도구 | 13 화면 캡처와 이미지 저장하기 | 78 |
| ★★★ | 메모장 글자 입력, 특수 문자 입력, 이모지 기능 | 14 메모장으로 일기 쓰기 | 84 |
| ★★★ | 인터넷 검색, 그림판 도구 사용, 그림판 저장하기 | 15 그림판으로 색칠하기 | 90 |
| ★★ | 구글 어스 기능, 구글 어스 여행 | 16 구글 어스로 집에서 세계 여행하기 | 100 |
| ★★ | 파일 압축, 해제, 디스크 정리 | 17 효율적인 컴퓨터를 위한 파일 정리하기 | 106 |
| ★ | 외국 사이트 접속, 외국어 듣기, 한국어 번역 | 18 외국 사이트 번역하여 인터넷 사용하기 | 112 |
| ★ | 세계 시간 보기, 일정표 관리, 스티커 메모 | 19 세계 시간 알아보고 일정 관리하기 | 116 |
| ★★ | 바이러스, 윈도우 백신 검사, 화면 보호기 설정 | 20 백신과 화면 보호기로 컴퓨터 보호하기 | 122 |
| ★ | 계산기 사용법, 날짜, 환율, 부피 | 21 계산기로 숫자와 관련된 문제 해결하기 | 128 |
| ★ | 마이크로소프트 스토어 앱 검색, 앱 업데이트 관리 | 22 마이크로소프트 스토어에서 앱 쇼핑하기 | 132 |
| ★ | 이메일 계정 만들기, 파일 첨부, 편지함 관리 | 23 이메일 작성하고 관리하기 | 138 |
| ★★ | 클립 챔프, 동영상과 이미지 편집, 배경 음악 넣기 | 24 클립 챔프로 작품 동영상 만들기 | 144 |

# 체계적인 구성을 미리보고, 쉽고 빠르게 공부하세요!

### 과제 정의
윈도우에서 꼭 알아야 할 기능을 선별하여 과제를 제시합니다. 쉽고 빠르게 과제를 공부해 보세요.

### 학습 목표
과목별 필수 기능을 공부할 수 있도록 학습 방향의 길잡이 역할인 학습 목표를 먼저 확인하세요.

### HOW!
예제를 미리보고 어떻게 만들었는지 확인할 수 있어요. 무조건 따라하기 전에 어떤 기능을 사용하였는지 생각해 보세요.

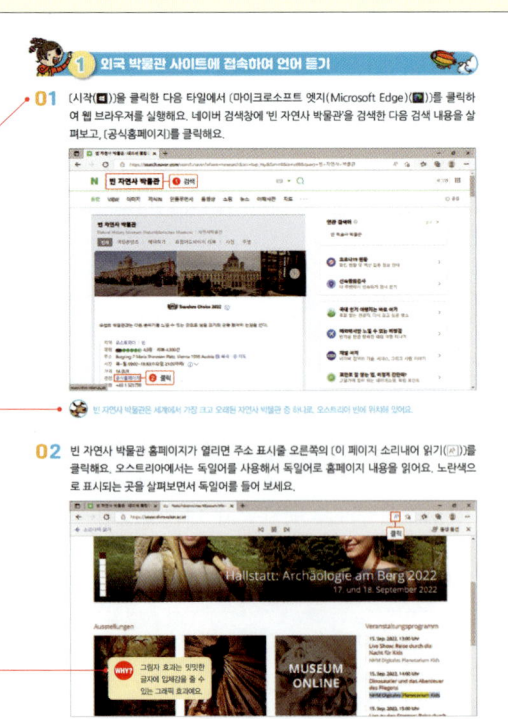

### 따라하기
학습 내용을 직접 따라할 수 있도록 예제로 구성하였어요. 따라하기 번호와 표시한 설정대로 따라 해 보세요.

### 팁
따라하는 과정에 관한 기본 팁을 제공해요. 예제 관련 부연 설명, 설정 정보 등을 친절하게 설명합니다.

### WHY?
윈도우 활용 폭을 넓히기 위해 예제에서 사용한 기능을 왜 사용했는지 설명합니다.

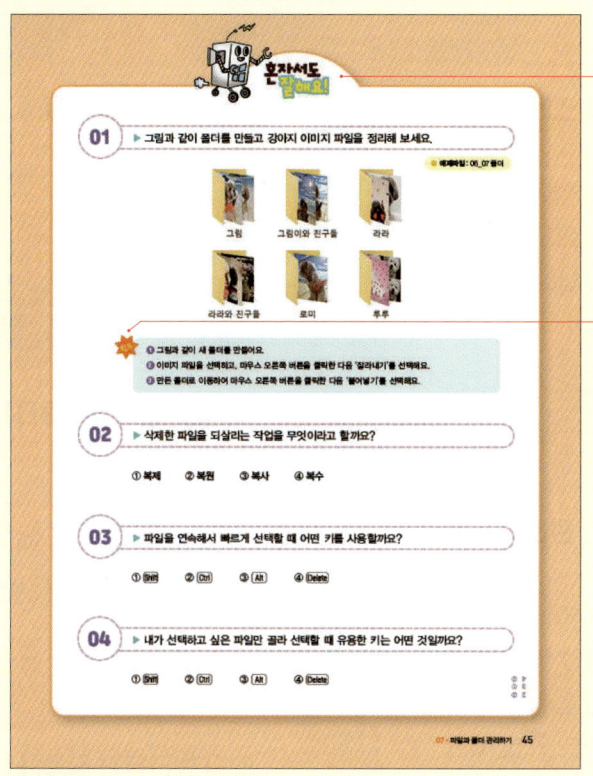

**혼자서도 잘해요**
학습을 마무리할 때마다 혼자 해 보는 코너를 통해 자신의 실력을 체크해 보세요.

**힌트**
혼자서 예제를 만들 때 과정이 막힐 경우에는 힌트를 참조하세요.

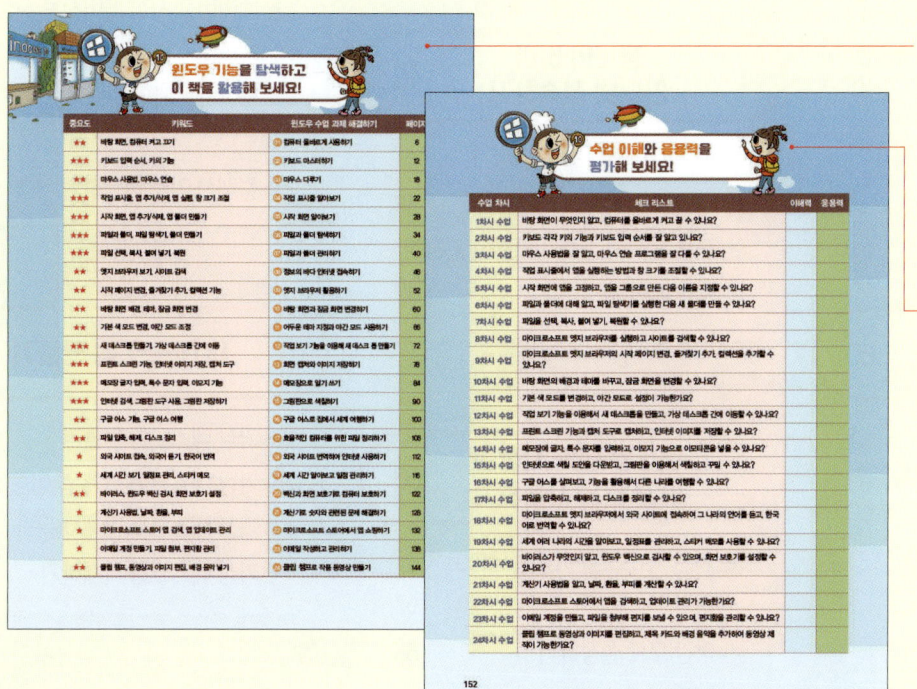

**학습 과정표**
윈도우의 핵심 기능을 탐색하고, 이 책에서 소개하는 중요 기능과 24차시 학습 과정을 알아보세요.

**수업 평가표**
혼자서도 잘해요! 코너까지 학습하였다면 스스로 결과를 체크하고, 배운 기능으로 다양한 결과물을 얻을 수 있을지 확인해 보세요.

# 목차

**예제 및 완성 파일 사용하기**
이 책에서 사용된 예제 파일과 완성 파일은 빅식스 홈페이지(www.bigsix.kr)에서 다운로드할 수 있습니다.

## 01 컴퓨터 올바르게 사용하기 — 6
1. 컴퓨터 사용할 때 약속하기 — 7
2. 컴퓨터 작동하기 — 8
3. 컴퓨터 끄기 — 10

## 02 키보드 마스터하기 — 12
1. 키보드 바르게 익히기 — 13
2. 기본 자리 알아보기 — 14
3. 한글 입력 순서 알아보기 — 15
4. 키보드 살펴보기 — 16

## 03 마우스 다루기 — 18
1. 마우스 사용하기 — 19
2. 마우스 연습하기 — 19

## 04 작업 표시줄 알아보기 — 22
1. 작업 표시줄 알아보기 — 23
2. 작업 표시줄에 앱 고정하기 — 23
3. 앱 실행하기 — 25
4. 앱의 창 크기 조절하기 — 26

## 05 시작 화면 관리하기 — 28
1. 시작 화면 살펴보기 — 29
2. 시작 화면에서 앱 삭제하기 — 29
3. 시작 화면에 앱 추가하기 — 30
4. 시작 화면의 앱을 폴더로 묶기 — 32

## 06 파일과 폴더 탐색하기 — 34
1. 파일과 폴더 알아보기 — 35
2. 파일 탐색기를 실행하고 살펴보기 — 35
3. 탐색 창에서 폴더 찾고 새 폴더 만들기 — 36

## 07 파일과 폴더 관리하기 — 40
1. 스마트하게 파일 선택하기 — 41
2. 파일 복사하고 붙여 넣기 — 42
3. 파일 삭제하고 복원하기 — 44

## 08 정보의 바다 인터넷 접속하기 — 46
1. 엣지 브라우저 살펴보기 — 47
2. 사이트 검색하고 접속하기 — 48
3. 크롬 뮤직랩 송 메이커를 활용하여 작곡 놀이하기 — 49

## 09 엣지 브라우저 활용하기 — 52
1. 네이버를 시작 페이지로 지정하기 — 53
2. 좋아하는 사이트 즐겨찾기 추가하기 — 54
3. 컬렉션 기능 이용하기 — 56

## 10 바탕 화면과 잠금 화면 변경하기 — 60
1. 바탕 화면 배경 변경하기 — 61
2. 테마 변경하기 — 63
3. 잠금 화면 변경하기 — 64

## 11 어두운 테마 지정과 야간 모드 사용하기 — 66
1. 기본 색 모드를 어두운 테마로 지정하기 — 67
2. 야간 모드 설정하기 — 68

## 12 새 데스크 탑 만들기 — 72
1. 가상 데스크톱 만들기 — 73
2. 가상 데스크톱 간에 앱 이동하기 — 74
3. 가상 데스크톱 간에 이동하기 — 75
4. 가상 데스크톱 삭제하기 — 76

### 13 화면 캡처와 이미지 저장하기 78
1. 프린트 스크린으로 화면 전체 캡처하기 79
2. 인터넷에서 원하는 이미지 저장하기 81
3. 캡처 도구로 저장하기 81

### 14 메모장으로 일기 쓰기 84
1. 글자 입력하기 85
2. 특수 문자 입력하기 86
3. 이모지로 꾸미고 저장하기 87

### 15 그림판으로 색칠하기 90
1. 색칠 도안 다운받기 91
2. 그림판 활용해서 색 채우기 94
3. 없는 색 만들어서 사용하기 96
4. 브러시 도구로 꾸며주기 98

### 16 구글 어스로 집에서 세계 여행하기 100
1. 구글 어스로 여행하기 101
2. 지역의 과거 모습 보기 103
3. 추상적인 지도 보기 104

### 17 효율적인 컴퓨터를 위한 파일 정리하기 106
1. 파일 압축하고 해제하기 107
2. 디스크 정리하기 109

### 18 외국 사이트 번역하여 인터넷 사용하기 112
1. 외국 박물관 사이트에 접속하여 언어 듣기 113
2. 한국어로 번역해서 외국 박물관 사이트 둘러보기 114

### 19 세계 시간 알아보고 일정 관리하기 116
1. 세계 시간 알아보기 117
2. 일정표 관리하기 119
3. 중요한 내용 메모하기 120

### 20 백신과 화면 보호기로 컴퓨터 보호하기 122
1. 컴퓨터 바이러스 감염 알아보기 123
2. 윈도우 백신으로 컴퓨터 검사하기 123
3. 화면 보호기 설정하기 125

### 21 계산기로 숫자와 관련된 문제 해결하기 128
1. 날짜 계산하기 129
2. 환율 계산하기 130
3. 부피 계산하기 130

### 22 마이크로소프트 스토어에서 앱 쇼핑하기 132
1. 앱 검색하여 설치하기 133
2. 앱 업데이트하고 관리하기 136

### 23 이메일 작성하고 관리하기 138
1. 이메일 계정 만들기 139
2. 이메일 보내기 140
3. 편지함 관리하기 142

### 24 클립 챔프로 작품 동영상 만들기 144
1. 클립 챔프에 동영상과 이미지 배치하기 145
2. 제목 카드 추가하고 배경 음악 넣기 147

# 01 수업 컴퓨터 올바르게 사용하기

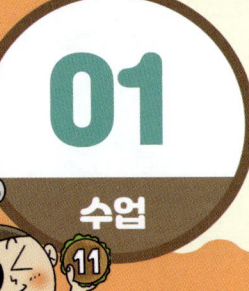

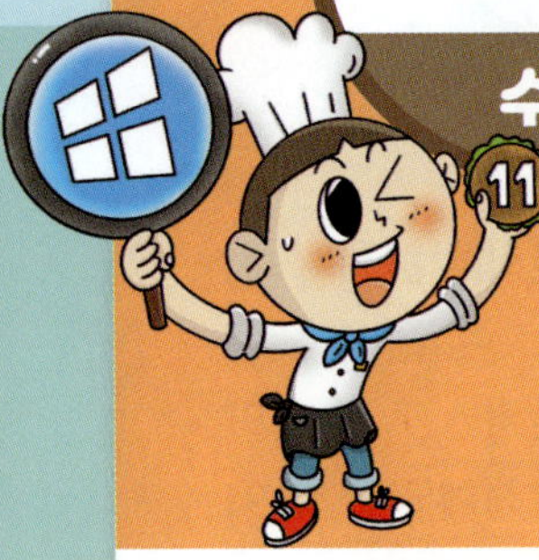


컴퓨터는 주변의 여러 가지 장치들과 함께 조심히 다루어야 해요. 그래서 컴퓨터를 다룰 때는 꼭 지켜야 할 약속이 있어요. 이번에는 컴퓨터를 켜고 화면을 살펴본 다음 사용이 끝난 컴퓨터는 어떻게 꺼야 안전한지 알아보아요.

**학습 목표**

- 컴퓨터를 사용할 때 지켜야 할 약속에 대해 알아보세요.
- 컴퓨터를 켜고 화면을 살펴보세요.
- 컴퓨터를 사용하고 안전하게 끄는 방법을 알아보세요.

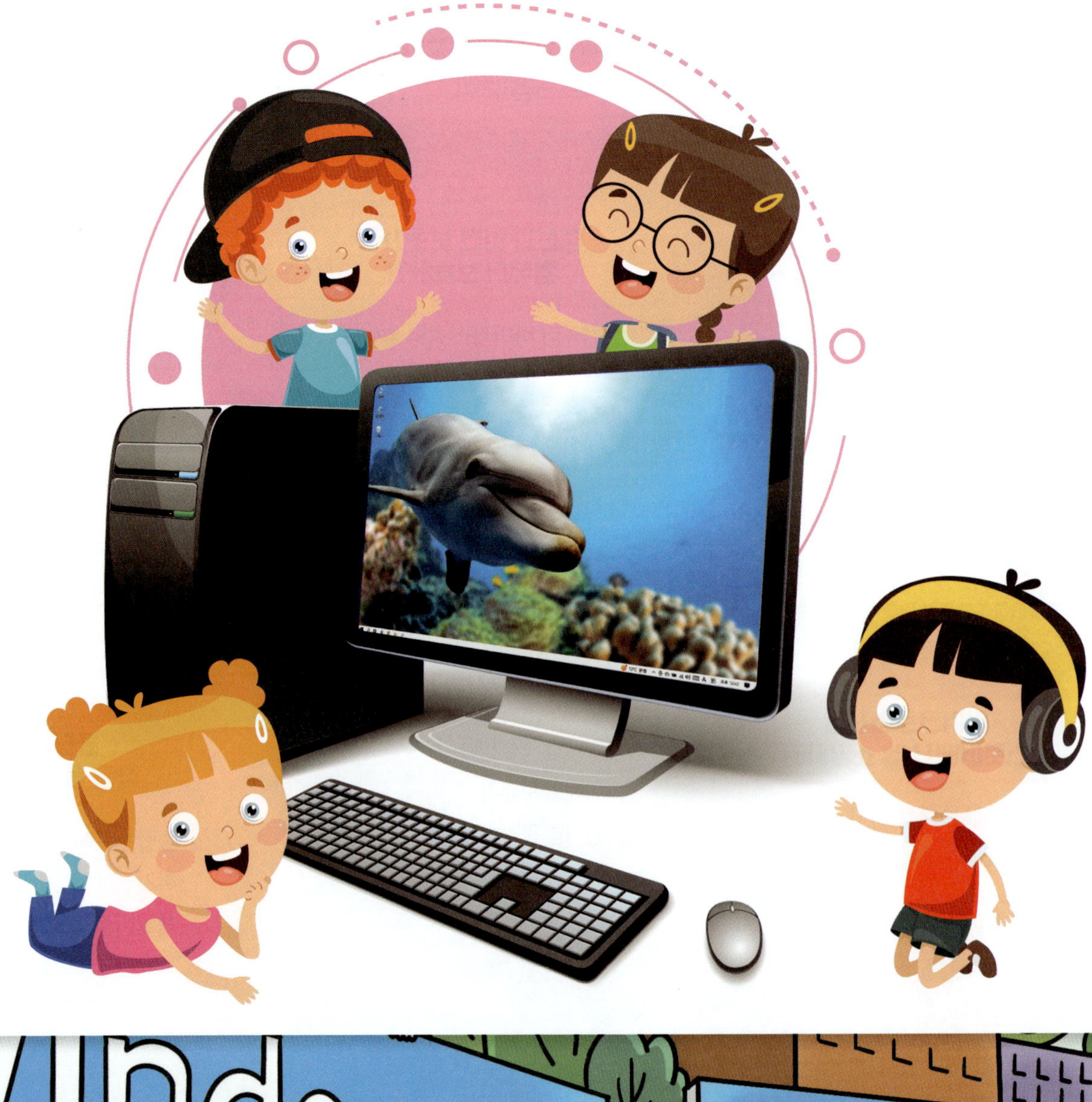

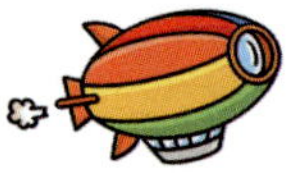

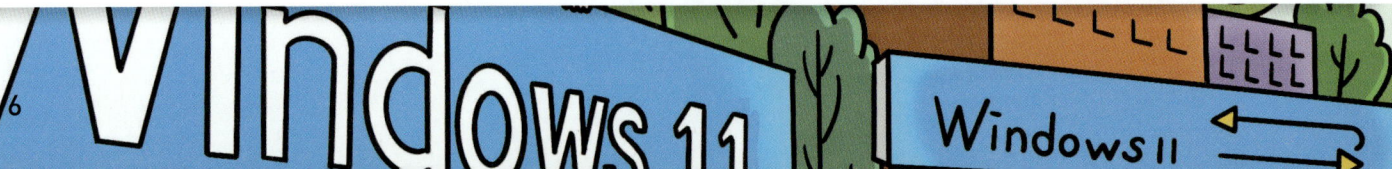

 **1 컴퓨터 사용할 때 약속하기**

**1** 선생님의 허락 없이 함부로 컴퓨터를 다루지 않습니다.

**2** 바른 자세로 컴퓨터 앞에 앉습니다.

**3** 모르는 것은 조용히 손을 들고 질문합니다.

**4** 컴퓨터 옆에는 먹을 것이나 장난감을 놓지 않습니다.

**5** 모니터를 손으로 만지거나 키보드를 세게 누르지 않습니다.

**6** 사용한 컴퓨터, 마우스, 헤드셋은 정리합니다.

**7** 컴퓨터나 모니터에 낙서하지 않고 뛰어다니지 않습니다.

 ## 2 컴퓨터 작동하기

**01** 컴퓨터 본체와 모니터의 전원 버튼을 차례대로 눌러요.

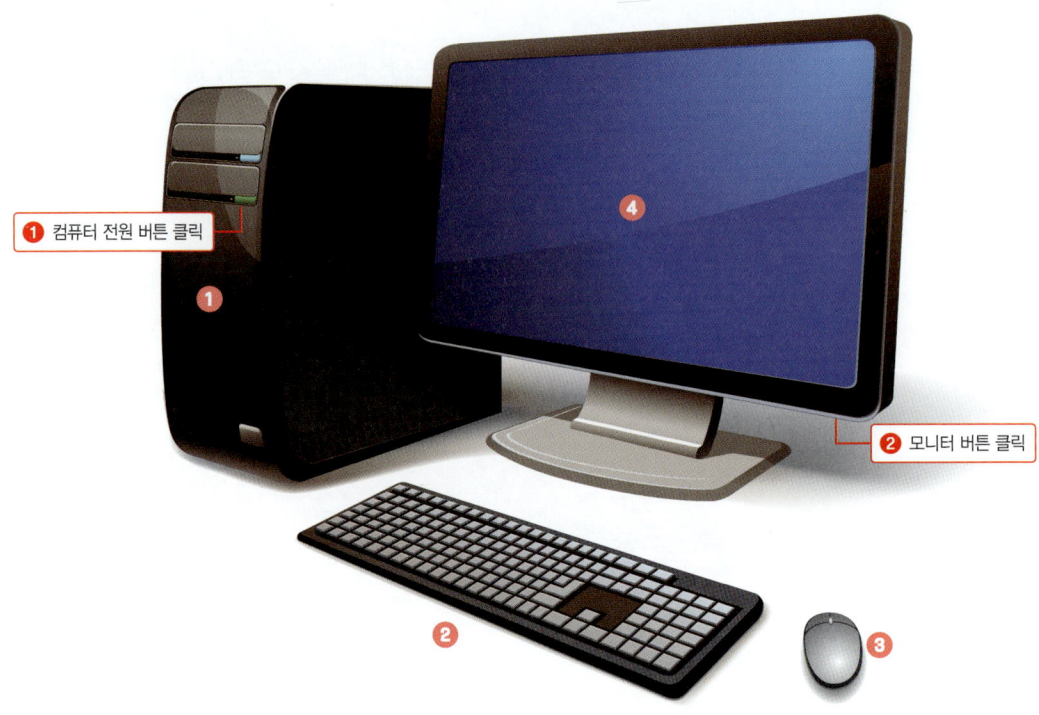

❶ **컴퓨터 본체** : 컴퓨터의 모든 일을 처리해요.
❷ **키보드** : 컴퓨터에 글자를 입력해서 복잡한 명령을 내릴 수 있어요.
❸ **마우스** : 마우스 버튼을 눌러 빠르게 명령을 내릴 수 있어요.
❹ **모니터** : 글자나 그림 등을 화면에 보여요.

 컴퓨터 부팅
컴퓨터의 전원 버튼을 누르면 컴퓨터를 점검하고 하드 디스크에서 파일을 읽어 들여 윈도우 화면이 나타나는 것을 말해요. 그래서 컴퓨터를 켜는 것을 '부팅'이라고 해요.

## WHY? 컴퓨터의 주변 장치

컴퓨터의 주변 장치는 크게 입력 장치, 출력 장치, 보조 기억 장치로 나눌 수 있어요. 각각의 장치를 살펴보고 어떤 장치일까 생각해 보세요.

▲ PC 카메라 : 화상 카메라라고도 하며 쌍방향 통신을 할 때 많이 사용해요.

▲ USB 메모리 : 문서, 이미지, 동영상 등의 파일을 저장해서 휴대할 수 있어요.

▲ 스피커 : 컴퓨터에서 나오는 소리나 음악을 들을 수 있어요.

▲ 헤드셋 : 헤드폰과 마이크가 연결된 장치예요.

▲ 스캐너 : 사진이나 문서 등을 컴퓨터로 읽어 들여 볼 수 있어요.

▲ 프로젝터 : 컴퓨터의 화면을 스크린으로 크게 볼 수 있어요.

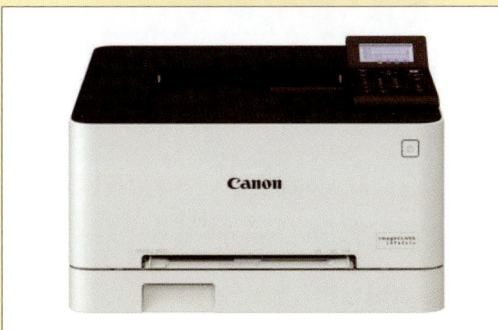

▲ 프린터 : 컴퓨터로 작업한 결과물을 종이에 출력해 주는 장치예요.

**02** 잠시 후 윈도우의 바탕 화면이 표시되면 살펴보세요.

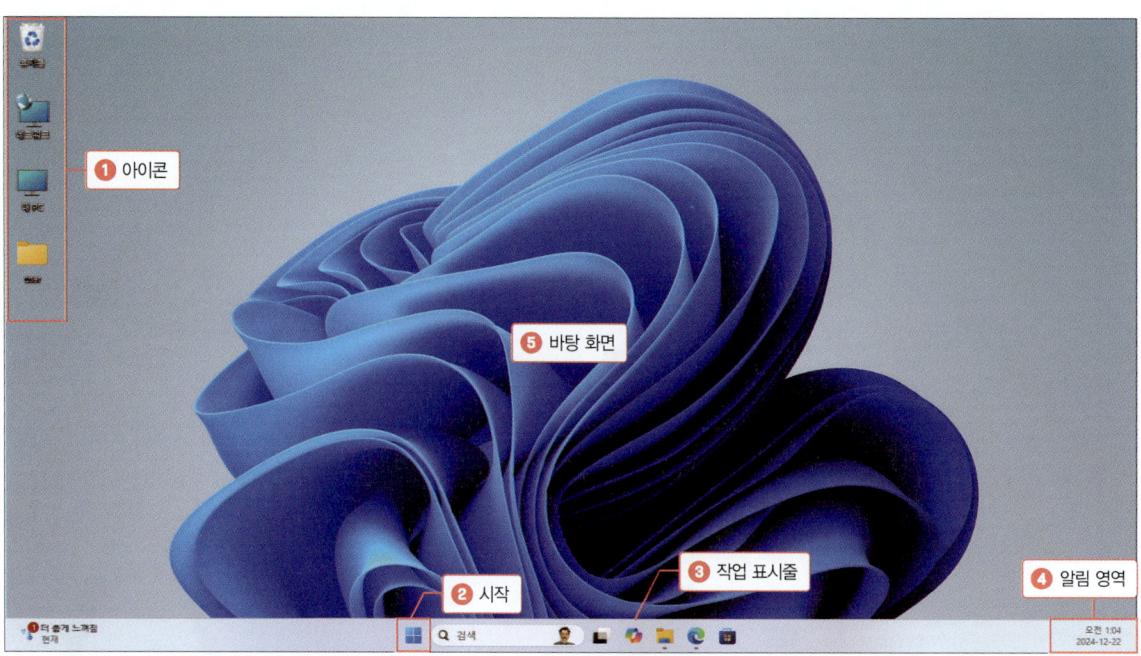

① **아이콘** : 앱을 실행하거나 파일 등을 나타내는 작은 그림이에요.
② **시작** : 윈도우 모양으로 앱을 실행하거나 컴퓨터를 끄는 작업을 해요.
③ **작업 표시줄** : 자주 쓰는 앱을 아이콘으로 표시하고 현재 작업하고 있는 앱의 창을 보여 줘요.
④ **알림 영역** : 현재 시간과 알림을 표시하는 곳으로 작업 표시줄의 오른쪽 끝에 있어요.
⑤ **바탕 화면** : 컴퓨터를 켜면 나오는 화면으로 아이콘들이 있어요.

## 3 컴퓨터 끄기

**01** 〔시작()〕을 클릭하고, 〔전원()〕을 클릭한 다음 '시스템 종료'를 선택해요.

① **잠금** : 잠금 화면으로 전환하여 컴퓨터를 보호해 줘요.
② **절전** : 잠시 쉴 때 선택하는 것으로, 컴퓨터가 꺼진 것처럼 바꾸어 전기를 절약해 줘요.
③ **시스템 종료** : 열려 있는 앱을 모두 닫고 컴퓨터를 꺼요.
④ **다시 시작** : 열려 있는 앱을 모두 닫고 컴퓨터를 끈 다음 다시 시작해요.

**02** 컴퓨터 본체가 꺼지면 모니터의 전원 버튼을 눌러요.

 컴퓨터는 절대 전원 버튼을 그냥 눌러서 끄면 안 돼요. 놀이를 마치고 깨끗이 정리하는 것처럼 컴퓨터도 현재 작업 중인 앱을 모두 종료한 다음 반드시 〔시작(▥)〕 → 〔전원(⏻)〕을 클릭하여 '시스템 종료'를 선택해서 컴퓨터를 꺼요. 그렇지 않으면 고장이 날 수 있으니 주의하세요!

## 01 ▶ 다음 보기에서 알맞은 답을 빈 칸에 적어 보세요.

**보기** 컴퓨터 본체, 키보드, 모니터, 마우스

- 컴퓨터에 글자를 입력해서 복잡한 명령을 내릴 수 있음 _____
- 마우스 버튼을 눌러 빠르게 명령을 내릴 수 있음 _____
- 글자나 그림 등을 화면에 보여 줌 _____

## 02 ▶ 컴퓨터를 켜는 것을 무엇이라고 하나요?

① 부팅　　② 종료　　③ 끄기　　④ 대기

## 03 ▶ 컴퓨터를 배우면서 앞으로 하고 싶은 일을 적어 보세요.

_____
_____
_____

## 04 ▶ 컴퓨터실에서 하지 말아야 하는 일에는 'x'표하고 해도 되는 일에는 'o'표 하세요.

- 선생님의 허락 없이 함부로 컴퓨터를 다루지 않습니다. (　)
- 바른 자세로 컴퓨터 앞에 앉습니다. (　)
- 모르는 것은 조용히 손을 들고 질문합니다. (　)
- 컴퓨터실에는 먹을 것이나 장난감을 가져옵니다. (　)
- 모니터를 손으로 만지거나 키보드를 세게 누르지 않습니다. (　)
- 사용한 컴퓨터, 마우스, 헤드셋은 정리합니다. (　)
- 낙서하지 않고 뛰어다닙니다. (　)

1 키보드/마우스/모니터
2 ①
3 프로그래머, 과학자, 신상품, 게임개발자 등
4 o, o, o, x, o, o, x

# 02 키보드 마스터하기

수업

컴퓨터를 잘하는 사람이 되려면 키보드를 잘 다루는 것은 기본인데요. 이번에는 키보드에서 기본 자리가 어디인지 알아보고 바른 자세로 앉아 한글을 입력할 때는 어떤 순서로 입력해야 하는지 알아보아요.

- 키보드를 사용할 때 올바른 자세를 알아보세요.
- 키보드의 기본 자리를 알아보세요.
- 올바른 한글 입력 순서를 알아보세요.
- 키보드의 다양한 키들을 살펴보세요.

   키보드와 손목은 최대한 수평이 되도록 자세를 잡아요. 손목이 꺾일수록 손목 관절에 무리를 줄 수 있어요.

 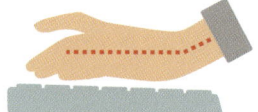 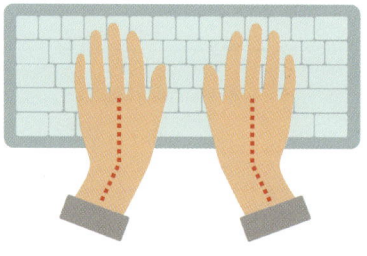  타이핑을 할 때는 좌우로 꺾지 말고 손목을 나란하게 최대한 펴세요.

# 1 키보드 바르게 익히기

**01** 먼저 의자에 바른 자세로 앉아요.

**02** 양손의 검지손가락을 들고 왼손은 'ㄹ', 오른손은 'ㅓ'에 올린 다음 나머지 손가락을 차례대로 키보드에 올려요. 이 상태가 키보드의 기본 자리예요. 다른 곳의 키를 눌렀더라도 항상 기본 자리로 돌아와 다음 키를 누를 준비를 해요.

## 2 기본 자리 알아보기

**01** 타자 연습 앱을 실행하여 키보드의 기본 자리를 알아보기 위해 〔시작(■)〕을 클릭한 다음 〔고정됨〕 앱 목록에서 〔모두〕를 클릭하고 '한컴 타자연습'을 선택해요.

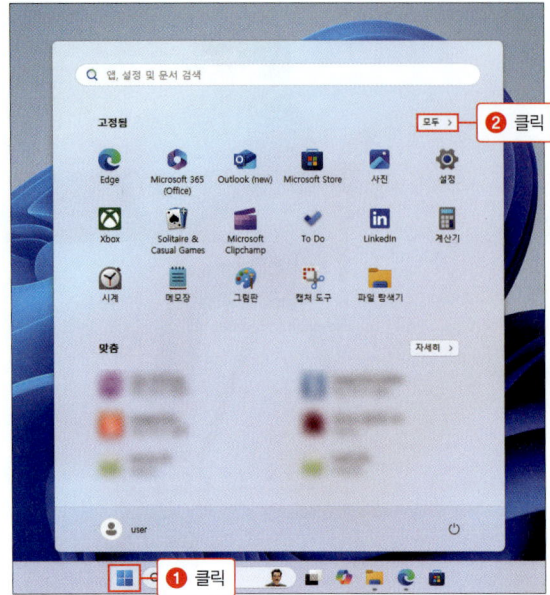 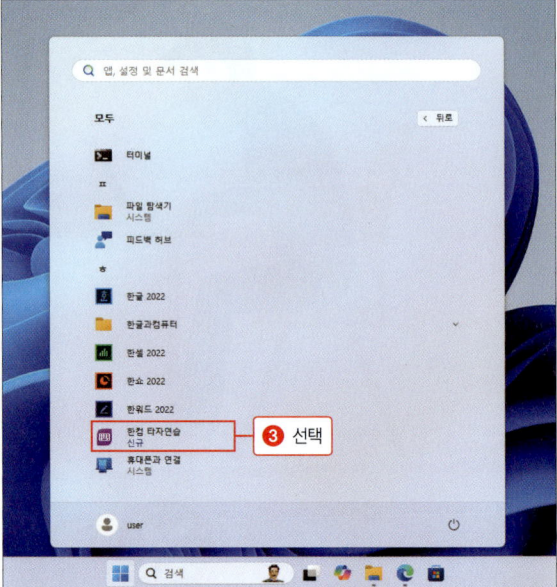

**02** 한컴 타자연습이 실행되면 〔시작〕을 클릭한 다음 '자리연습'을 선택하여 〔시작〕을 클릭해요.

**03** 타자 연습은 1단계부터 차례대로 시작하고 연습이 끝나면 단계 설정에서 다음 단계를 선택해요. 타자 연습을 종료하고 싶으면 [닫기(❌)]를 클릭한 다음 [끝냄]을 클릭해요.

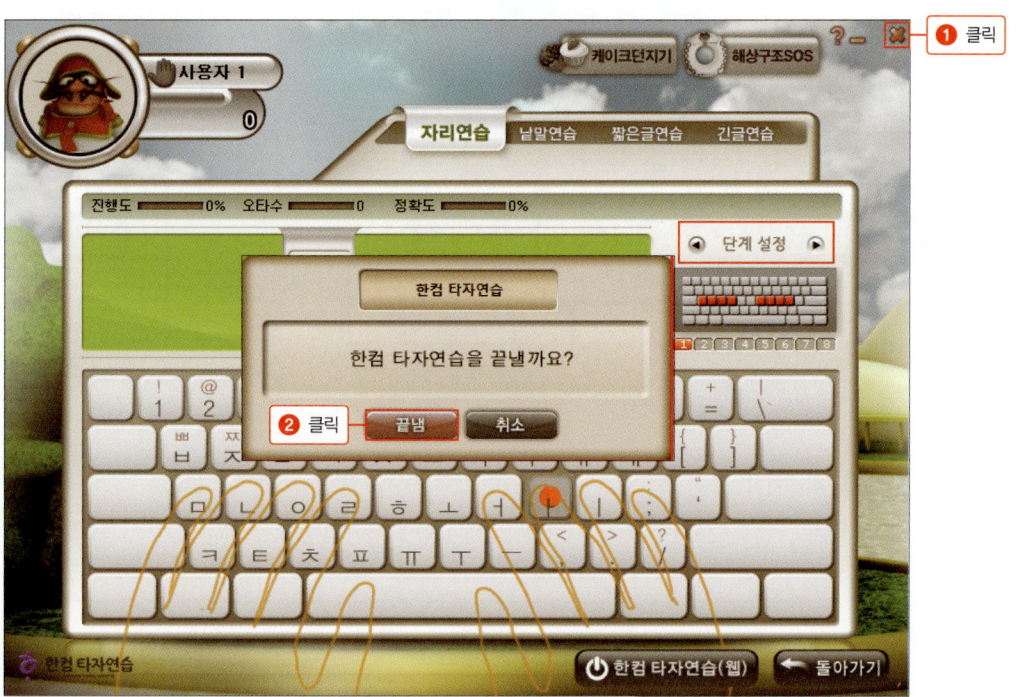

 ㄹ과 ㅣ를 찾아보고 다른 키와 무엇이 다른지 찾아보세요.

##  3 한글 입력 순서 알아보기

**01** 컴퓨터로 한글을 입력할 때는 글자를 쓸 때와 마찬가지로 순서대로 입력해야 해요.

| 쿵 |  → | ㅋ | ㅜ | ㅇ |  |  |
|---|---|---|---|---|---|---|
| 친 | 구 | → | ㅊ | ㅣ | ㄴ | ㄱ | ㅜ |

**02** 키보드를 잘 살펴보면 다음과 같이 두 글자씩 표시된 키들이 있어요. Shift 를 누른 상태에서 해당 키를 누르면 쌍자음(ㅃ, ㅉ, ㄸ, ㄲ, ㅆ) 또는 복잡한 이중 모음(ㅒ, ㅖ)을 입력할 수 있어요.

| ㅃ,ㅂ | ㅉ,ㅈ | ㄸ,ㄷ | ㄲ,ㄱ | ㅆ,ㅅ | ㅒ,ㅐ | ㅖ,ㅔ |  |  |  |
|---|---|---|---|---|---|---|---|---|---|
| 씨 | 앗 | → | ㅆ | ㅣ | ㅇ | ㅏ | ㅅ |  |  |
| 또 | 박 | 또 | 박 | → | ㄸ | ㅗ | ㅂ | ㅏ | ㄱ |
|  |  |  |  |  | ㄸ | ㅗ | ㅂ | ㅏ | ㄱ |

# 4 키보드 살펴보기

> **WHY? 복잡한 키보드 파헤치기**
> 키보드에는 프로그램마다 지정된 기능을 수행할 수 있는 키, 글자를 입력할 수 있는 키, 숫자 및 기호를 입력할 수 있는 키, 마우스의 커서를 이동하거나 숫자를 입력할 수 있는 키 등 다양한 키들이 있어요.

| 키 | 이름 | 기능 |
|---|---|---|
| Enter | 엔터 | 명령을 실행하거나 줄 바꿈 |
| Esc | 이에스시 | 명령의 취소나 중단, 앱의 종료 |
| Shift | 시프트 | 해당 키의 두 번째 기호를 입력하거나 대문자, 쌍자음 등을 입력 |
| 한/영 | 한/영 | 한글 또는 영어 입력 |
| Delete | 딜리트 | 선택한 것을 지움 |
| Spacebar | 스페이스 바 | 빈 칸을 입력 |
| Backspace | 백스페이스 | 글자를 뒤에서부터 지우거나 마우스 커서를 앞으로 이동 |
| F1~F12 | 기능 키 | 프로그램마다 지정된 기능을 수행 |
| Tab | 탭 | 마우스 커서를 8칸씩 이동하거나 다음 칸으로 이동 |
| Ctrl, Alt | 컨트롤, 알트 | 다른 키와 조합하여 특수한 기능을 수행 |
| Caps Lock | 캡스락 | 영문 대문자 또는 소문자 입력 |
| Num Lock | 넘버락 | 숫자 또는 방향키로 바꿈 |
| Insert | 인서트 | 뒤에 글자를 지우면서 수정할지 삽입할지를 선택 |
| Print Screen | 프린트 스크린 | 현재 화면을 이미지로 저장 |
| HOME | 홈 | 마우스 커서를 처음으로 이동 |
| END | 엔드 | 마우스 커서를 마지막으로 이동 |
| Page up | 페이지 업 | 한 화면의 앞으로 이동 |
| Page Down | 페이지 다운 | 한 화면의 뒤로 이동 |

**01** ▶ 키보드를 연습할 때 양손의 검지를 어디에 올려야 하는지 키 모양을 그려 보세요.

**02** ▶ 다음 단어를 입력하려면 어떤 키를 눌러야 하는지 키 모양을 완성해 보세요.

❶ 개나리

❷ 젤리곰

**03** ▶ 키보드에서 키캡의 모양과 그 기능을 알맞게 연결해 보세요.

❶ [Enter]     •         • ㉠ 빈 칸을 입력함

❷ [Spacebar]  •         • ㉡ 선택한 것을 지움

❸ [Esc]       •         • ㉢ 명령의 취소나 중단, 앱의 종료

❹ [Delete]    •         • ㉣ 명령을 실행하거나 줄 바꿈

# 03 마우스 다루기

컴퓨터의 구성 장치 중 입력 장치에 해당하는 마우스는 '쥐' 모양과 비슷하게 생겨서 '마우스'라는 이름을 갖게 되었어요. 마우스는 모니터를 보면서 바로바로 앱을 실행하거나 설정할 수 있어 사용하기도 쉬워요. 이번에는 마우스를 사용하는 방법과 어떤 일을 할 수 있는지 알아보아요.

- 마우스 사용법을 알아보세요.
- 마우스를 연습해 보세요.

**오른쪽 클릭** 오른쪽 버튼 한 번 누르기

**더블클릭** 왼쪽 버튼을 두 번 빠르게 누르기

**클릭** 왼쪽 버튼 한 번 누르기

**스크롤** 휠을 위, 아래로 움직이기

**드래그** 원하는 위치로 이동하기

마우스를 드래그할 때는 버튼을 누른 상태에서 손목을 펴고 이동시켜요.

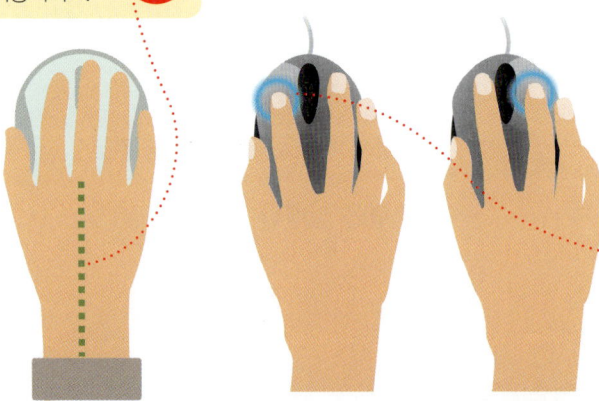

클릭과 더블클릭을 할 때는 검지로 버튼을 눌렀다가 떼고, 오른쪽 클릭을 할 때는 중지로 버튼을 눌러요.

 **1 마우스 사용하기**

**01** 마우스를 잡을 때는 오른쪽 손 기준으로 검지를 왼쪽 버튼, 중지를 오른쪽 버튼에 올리고, 나머지 손가락은 몸체를 가볍게 쥐어요.

| | |
|---|---|
| 마우스 커서( ) | 마우스를 천천히 움직이면 작은 화살표가 움직이는 것을 볼 수 있는데 이것을 마우스 커서라고 해요. |
| 클릭 | 마우스 왼쪽 버튼을 한 번 눌러요. 주로 메뉴를 실행할 때 사용해요. |
| 더블클릭 | 마우스 왼쪽 버튼을 두 번 이어서 빠르게 눌러요. 주로 앱을 실행할 때 사용해요. |
| 드래그 | 마우스 왼쪽 버튼을 누른 상태에서 원하는 위치로 이동해요. 아이콘이나 파일 등을 옮기거나 창의 크기 등을 조절할 때 사용해요. |
| 오른쪽 클릭 | 마우스의 오른쪽 버튼을 눌러요. 커서의 위치에서 단축 메뉴를 표시해요. |
| 스크롤 | 마우스 왼쪽 버튼과 오른쪽 버튼 사이에 있는 휠을 움직이면 화면에 표시된 내용을 위, 아래로 움직일 수 있어요. |

 **2 마우스 연습하기**

**01** 바탕 화면에서 마우스 커서를 〔휴지통( )〕으로 가져가 클릭해요.

**02** 〔휴지통( )〕을 드래그해서 이동해 보세요.

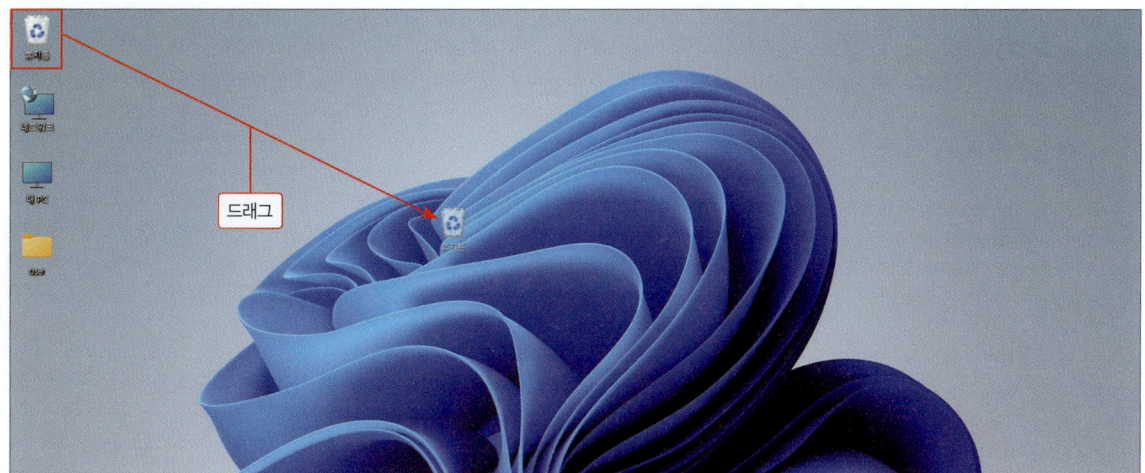

 아이콘이 움직이지 않는 경우 바탕 화면에서 마우스 오른쪽 버튼을 클릭한 다음 '보기'에서 '아이콘 자동 정렬'을 선택하여 체크 해제해요.

**03** 〔휴지통()〕을 더블클릭하여 〔휴지통〕 창이 표시되면 마우스 휠을 움직여 화면을 위, 아래로 움직이면서 휴지통에 어떤 파일이 있는지 살펴본 다음 〔닫기(✕)〕를 클릭해요.

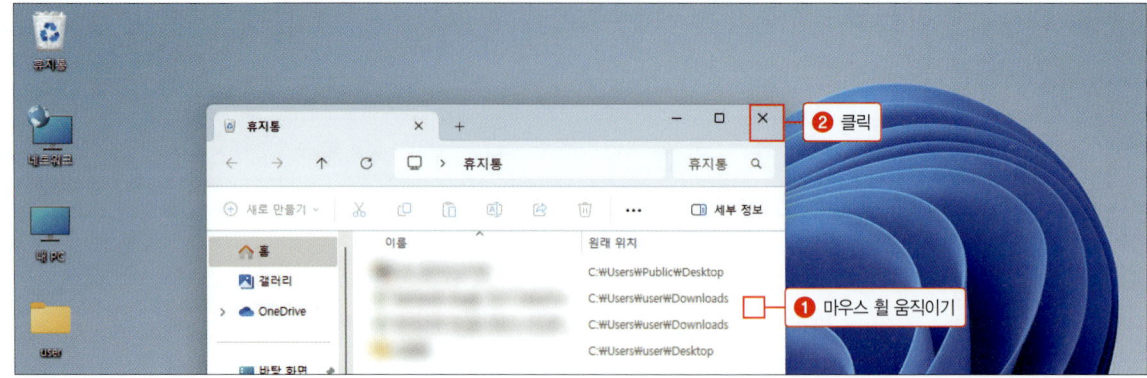

> 마우스 커서가 창 안쪽에 있어야 화면이 스크롤돼요.

**04** 마우스 오른쪽 버튼으로 〔휴지통()〕을 클릭한 다음 '휴지통 비우기'를 선택해요.

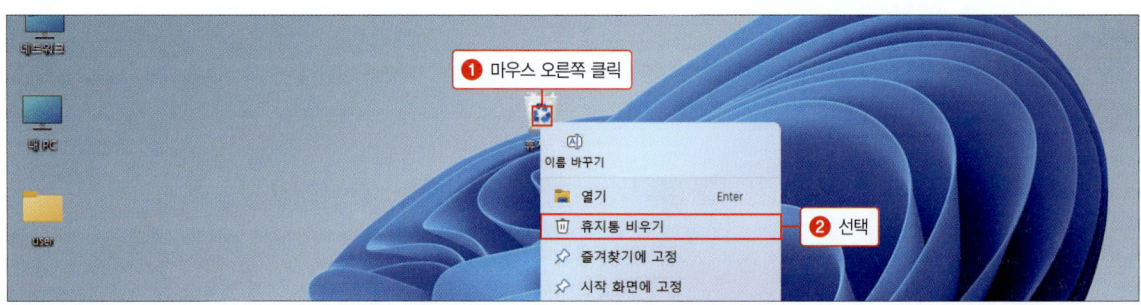

> 휴지통에는 우리가 평소에 삭제한 파일이나 폴더가 보관되어 있어요. 휴지통에 너무 많은 파일과 폴더가 있으면 컴퓨터의 속도가 느려지고 저장 공간도 부족하게 돼요. 그래서 우리가 청소할 때 휴지통을 비우는 것처럼 컴퓨터의 휴지통도 비우는 것이 좋아요. 만약 휴지통을 비우지 않고 오래 두면 어느 정도 용량이 찼을 때 오래 전에 삭제한 파일부터 차례대로 지워져요.

**05** 〔여러 항목 삭제〕 대화상자가 표시되면 휴지통에 있는 파일을 완전히 삭제하기 위해 〔예〕를 클릭해요. 비워진 휴지통 아이콘을 확인해요.

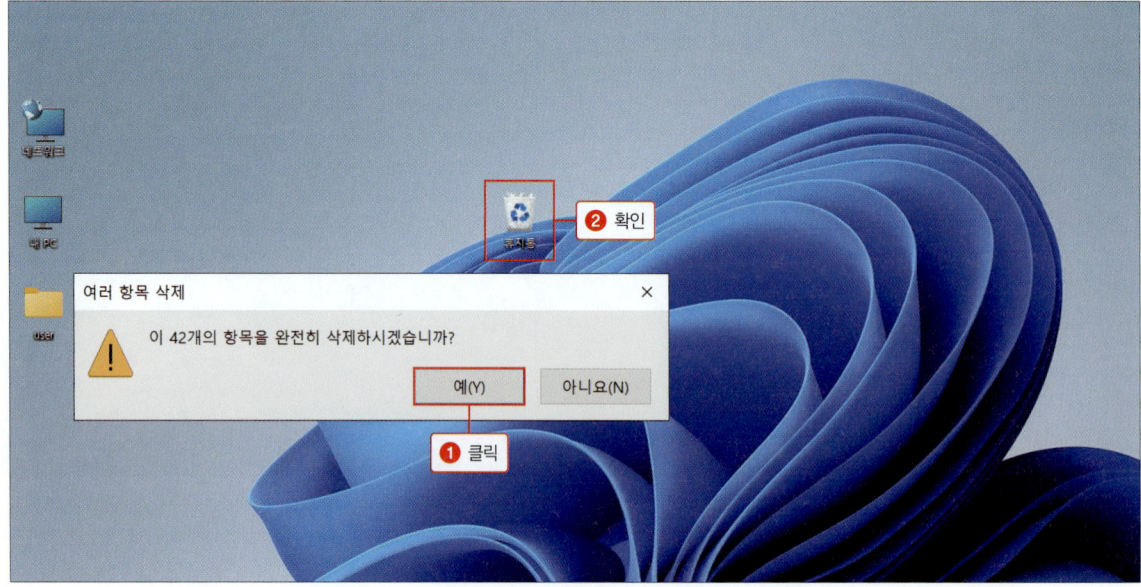

## 01 ▶ 그림과 같이 바탕 화면의 아이콘을 이동해 보세요.

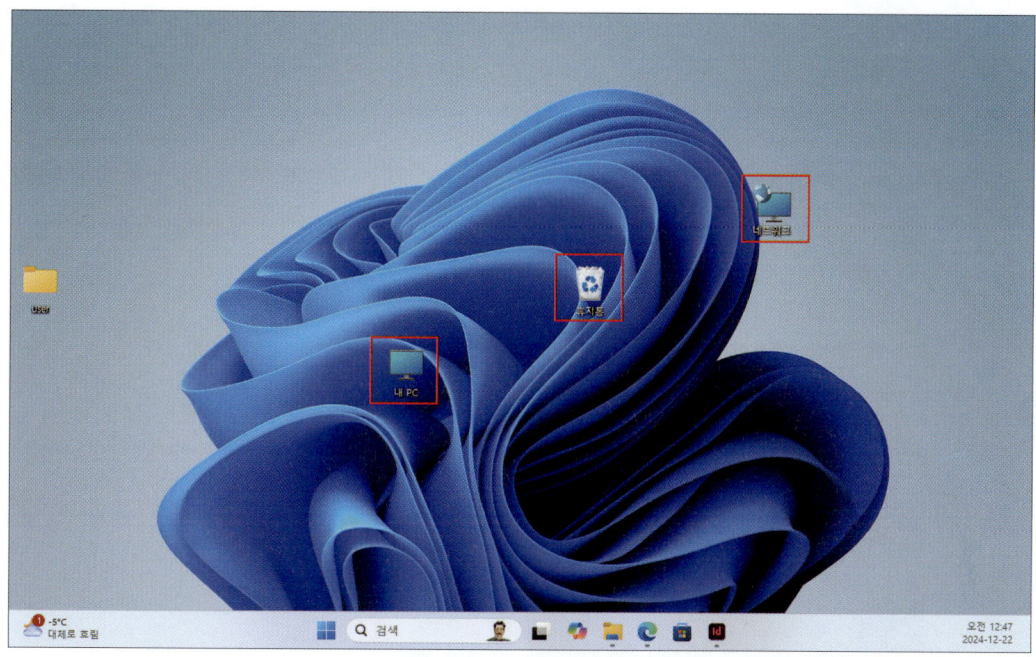

## 02 ▶ 여러 가지 마우스 연습 앱을 실행하여 마우스를 다뤄 보세요.

● **예제파일** : 03_고기굽기.exe, 두더지잡기.exe, 마우스 클릭 연습.exe

 마우스 연습 앱을 더블클릭하면 앱이 실행돼요.

# 수업 04 작업 표시줄 알아보기

컴퓨터에서는 다양한 앱을 실행해서 여러 가지 일을 할 수 있어요. 이번에는 작업 표시줄을 살펴보고 앱을 실행하는 여러 가지 방법에 대해 알아보아요.

**학습목표**
- 작업 표시줄을 살펴보고 사용 방법을 알 수 있어요.
- 작업 표시줄에 앱을 추가하고 삭제할 수 있어요.
- 창 크기를 조절해 보세요.

작업 표시줄에 앱을 추가할 수 있어요. **HOW!**

찾으려는 앱을 검색창을 이용해 빠르게 찾을 수 있어요. **HOW!**

앱의 창 크기를 화면에 꽉 차게 조절했어요. **HOW!**

## 1 작업 표시줄 알아보기

**01** 바탕 화면 아래쪽에 있는 작업표시줄을 살펴보세요.

① **날씨** : 날씨를 확인할 수 있어요.
② **시작 메뉴** : 설치된 앱, 시스템 종료, 절전 등을 실행할 수 있어요.
③ **검색** : 파일이나 폴더, 앱을 검색할 수 있어요.
④ **데스크톱** : 현재 실행 중인 데스크톱을 확인하고, 새 데스트톱을 추가할 수 있어요.
⑤ **앱 아이콘** : 작업 표시줄에 추가된 앱 아이콘이나 실행 중인 앱 아이콘이 표시돼요.
⑤ **날짜 및 시간** : 날짜 및 시간 등을 확인할 수 있어요.

## 2 작업 표시줄에 앱 고정하기

**01** 작업표시줄 검색창에 '스티커 메모'을 입력해요.

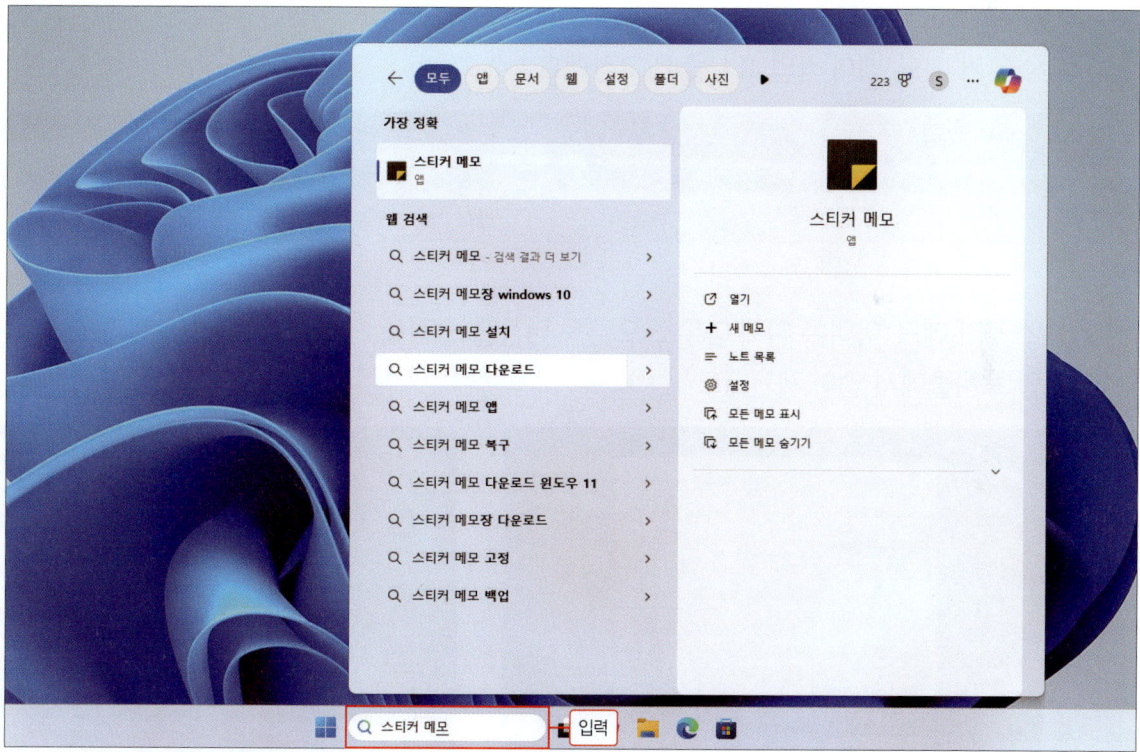

**02** 스티커 메모 앱의 (작업 표시줄에 고정)을 클릭해요.

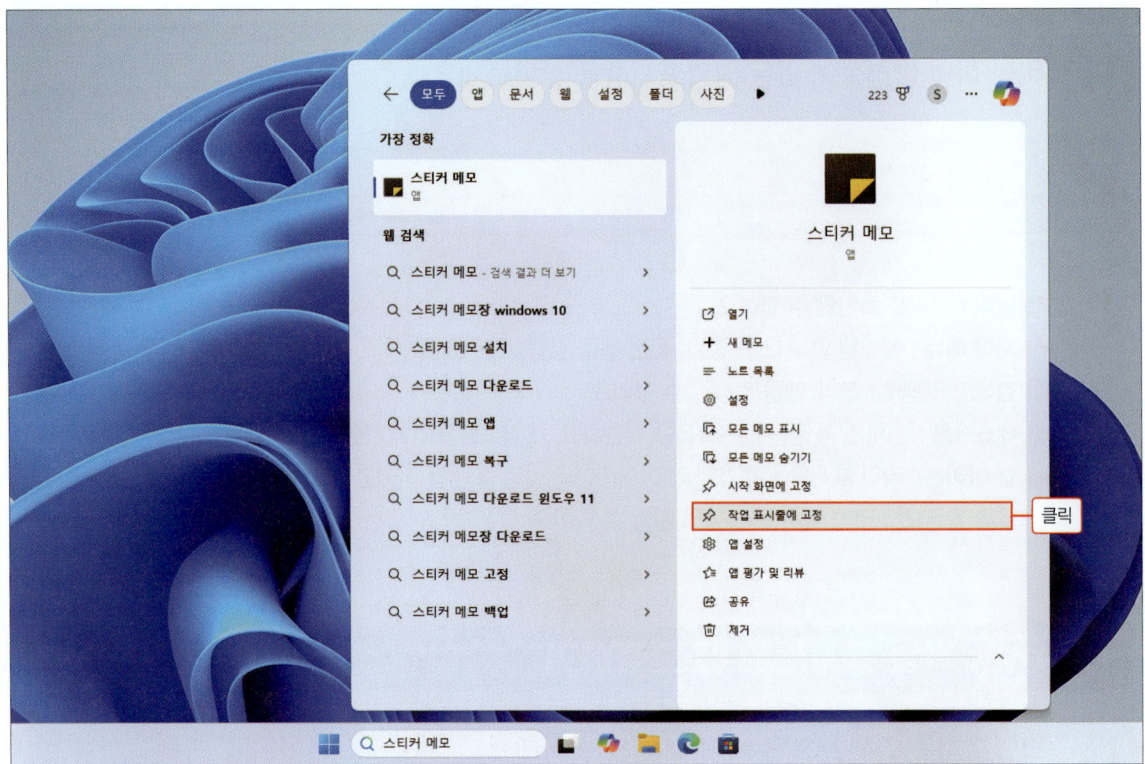

**03** '스티커 메모' 앱이 작업 표시줄에 고정돼요.

**04** '스티커 메모' 아이콘 위에 마우스 오른쪽 버튼을 클릭해 (작업 표시줄에서 제거)를 클릭하면 작업 표시줄에서 앱이 제거돼요.

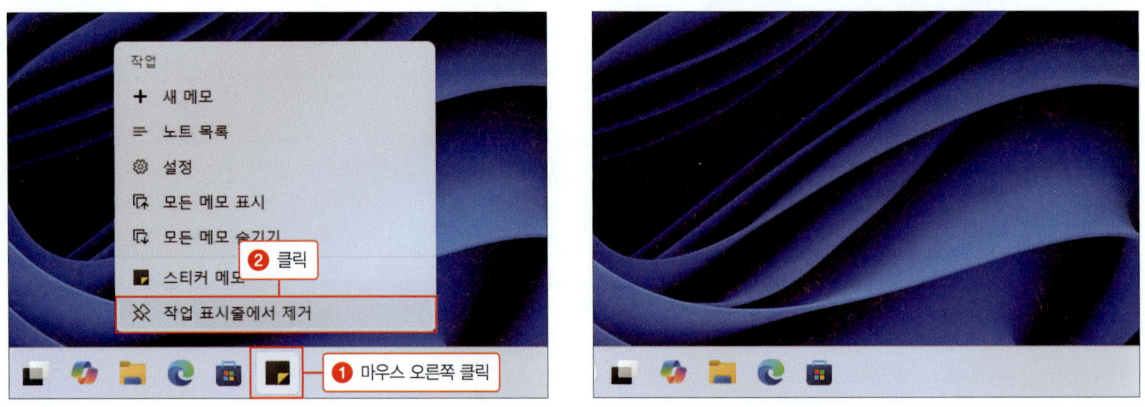

다시 작업 표시줄 검색창에서 스티커 메모를 검색하고 (작업 표시줄에서 제거)를 클릭해도 제거돼요.

## 3 앱 실행하기

**01** 작업표시줄 검색창에 '날씨'를 입력해요.

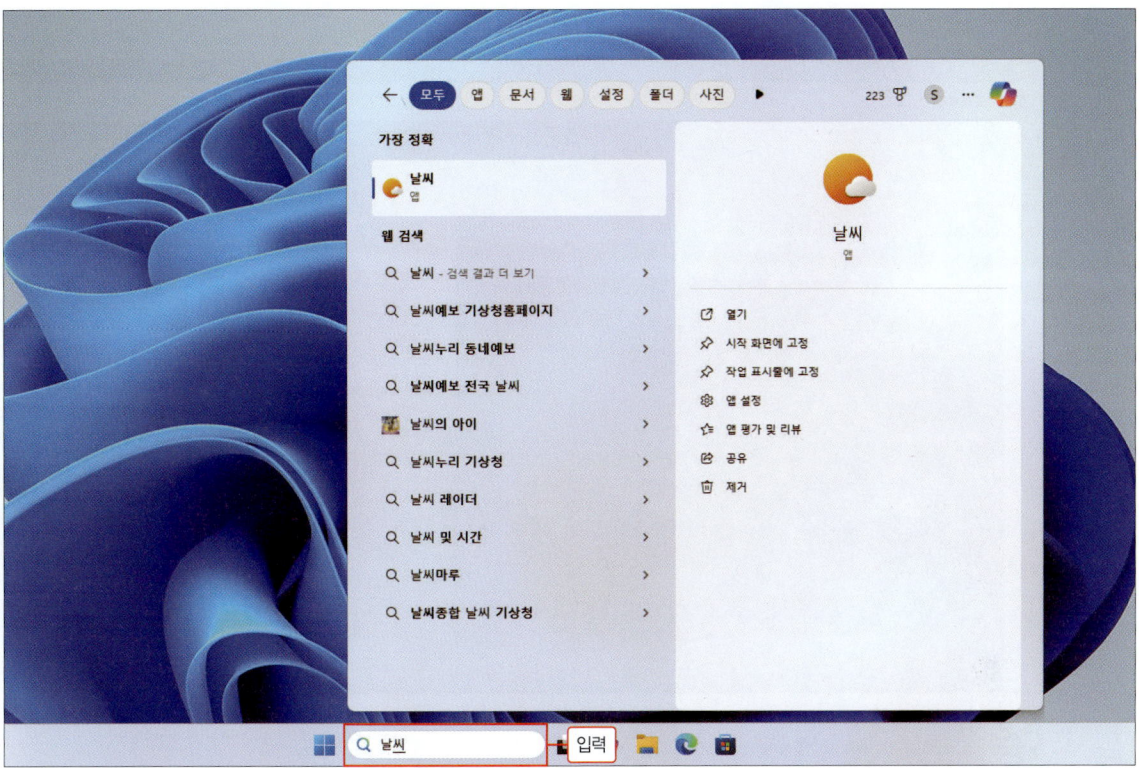

**02** 날씨 앱의 [열기]를 클릭하면 날씨 앱이 실행돼요.

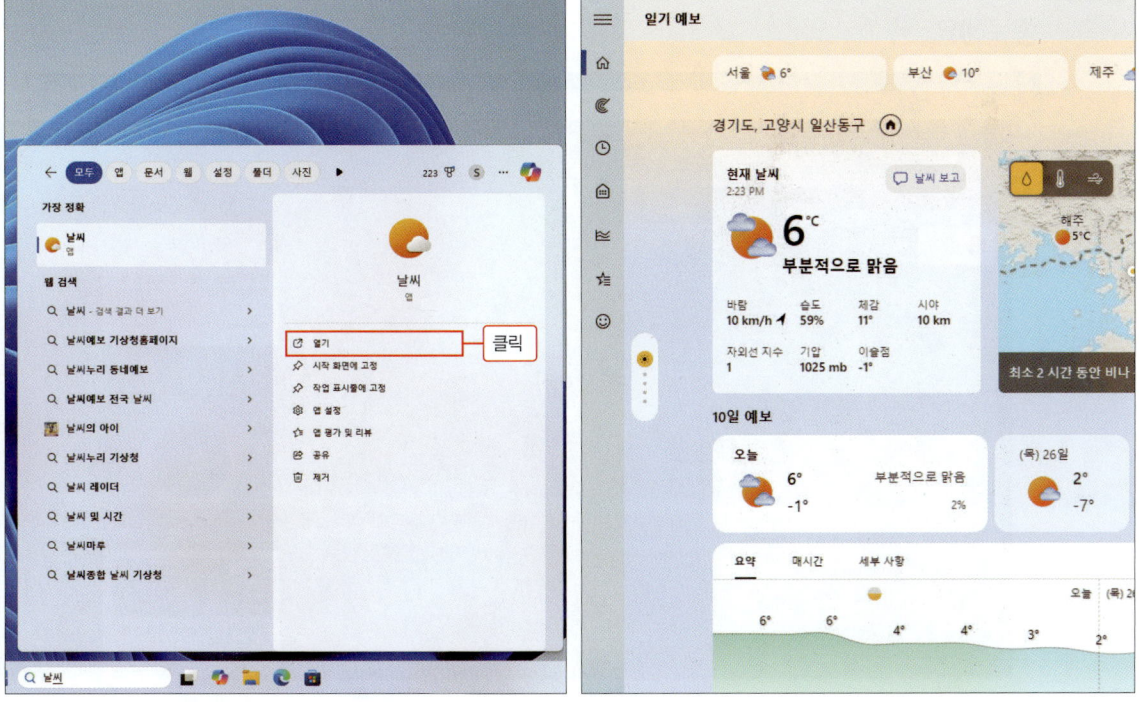

작업 표시줄 검색창에 '날씨'를 입력하고 Enter 키를 눌러도 실행돼요.

04 · 작업 표시줄 알아보기

 **4 앱의 창 크기 조절하기**

**01** 날씨에서 오른쪽 상단의 [최대화()]를 클릭하여 화면에 꽉 차게 창 크기를 조절하고 날씨를 살펴보세요.

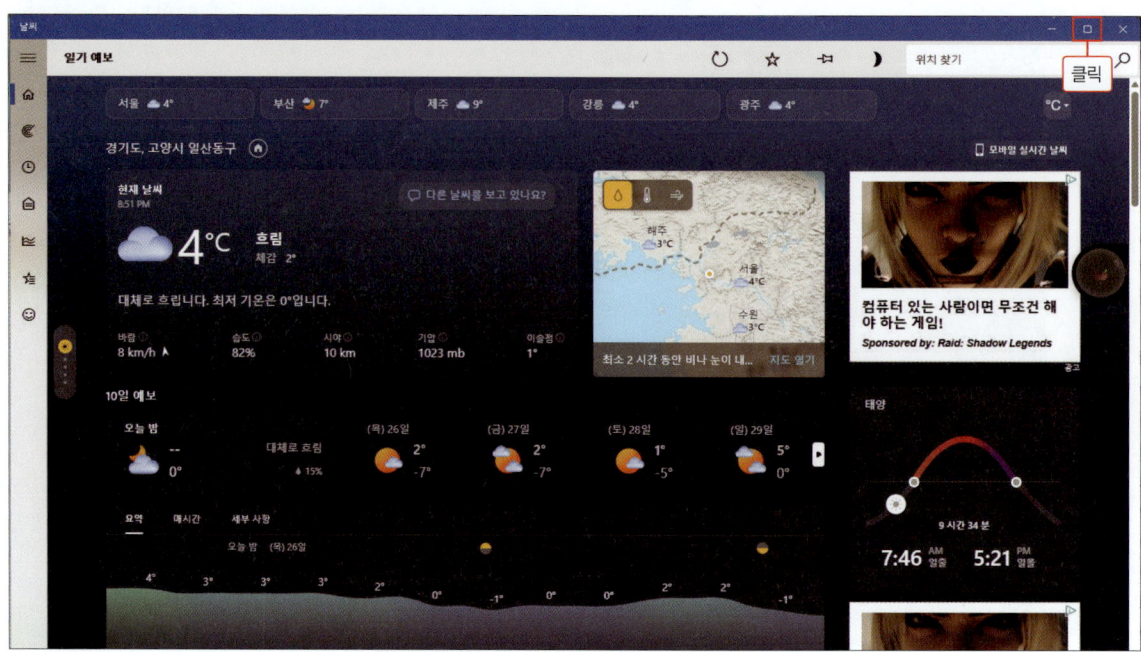

최대화된 창의 크기를 이전 크기로 되돌리려면 [이전 크기로 복원( )]을 클릭해요.

**02** [과거 날씨()]를 클릭하여 우리 동네 강수량과 눈 온 날을 살펴보고, [닫기( )]를 클릭하여 종료해요.

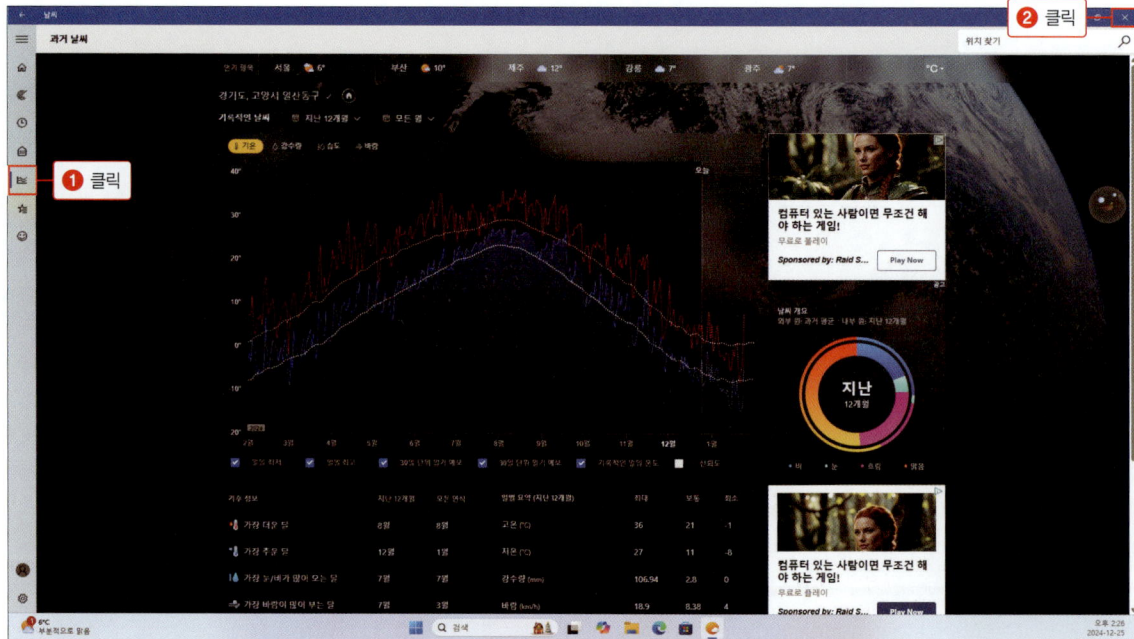

**01** ▶ 날씨를 실행하고 〔즐겨찾기(★)〕를 클릭한 다음 좋아하는 장소를 등록해 보세요.

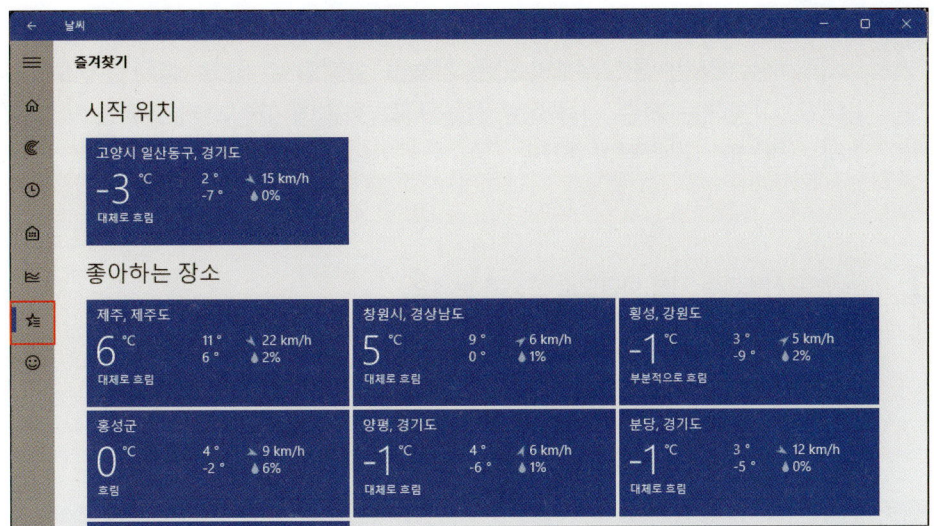

힌트 〔추가( + )〕를 클릭하여 가고 싶은 장소를 검색해서 등록해요.

**02** ▶ '시계'를 실행하고 〔집중 세션〕을 시작해요.

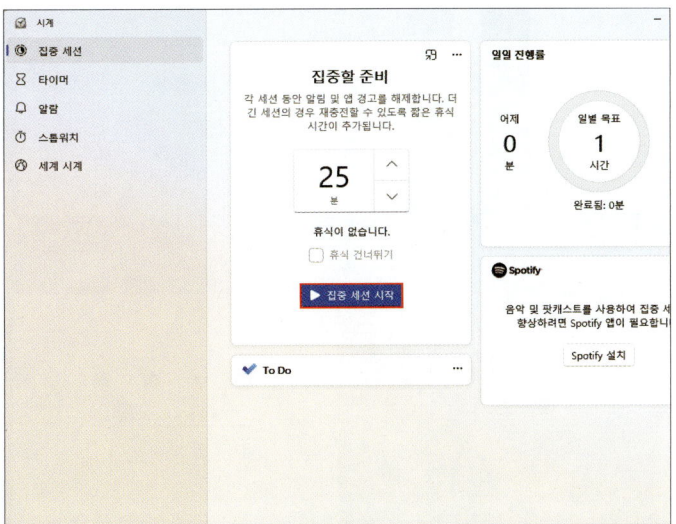

힌트
❶ 작업 표시줄의 〔윈도우 실행 창(🔍)〕을 클릭한 다음 '시계'를 입력하고 Enter를 누르면 빠르게 앱을 실행할 수 있어요.
❷ 〔집중 세션〕을 클릭하여 집중 시간을 설정하고 〔집중 세션 시작〕을 클릭해요.
❸ 집중 시간 동안 컴퓨터 알림 메시지가 표시되지 않습니다.

# 05 시작 화면 관리하기

시작 메뉴에서는 윈도우11의 모든 기능을 실행할 수 있고, 설치된 앱도 모두 실행할 수 있어요. 이번에는 자주 사용하는 앱을 시작 화면에 고정시키고 별도의 그룹을 만들어 관리하는 방법에 대해 알아보아요.

- 앱을 선택하여 시작 화면으로 고정해 보세요.
- 별도의 그룹을 만들고 이름을 지정해 보세요.

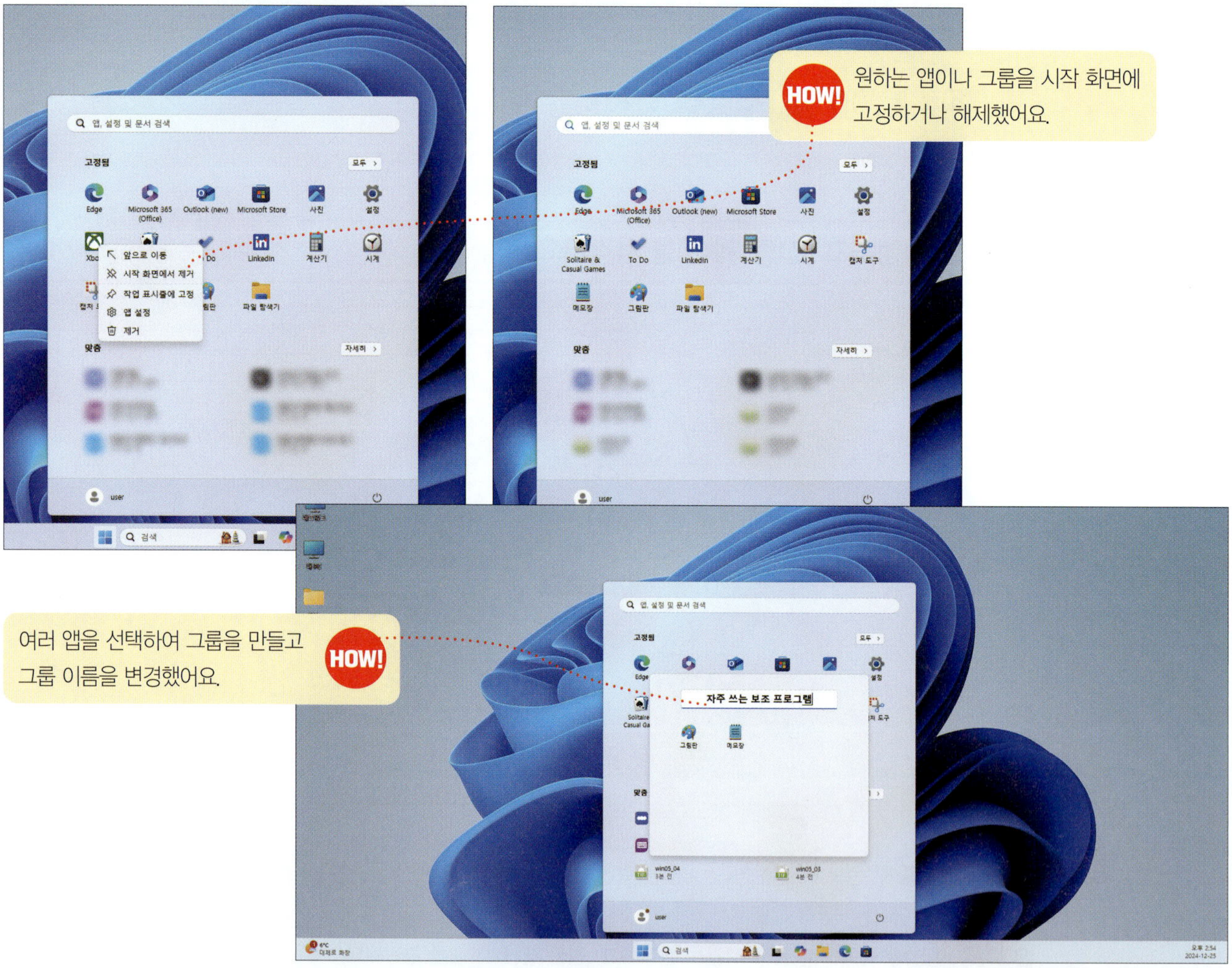

원하는 앱이나 그룹을 시작 화면에 고정하거나 해제했어요.

여러 앱을 선택하여 그룹을 만들고 그룹 이름을 변경했어요.

## 1 시작 화면 살펴보기

**01** 〔시작(■)〕을 클릭한 다음 시작 메뉴를 살펴보세요.

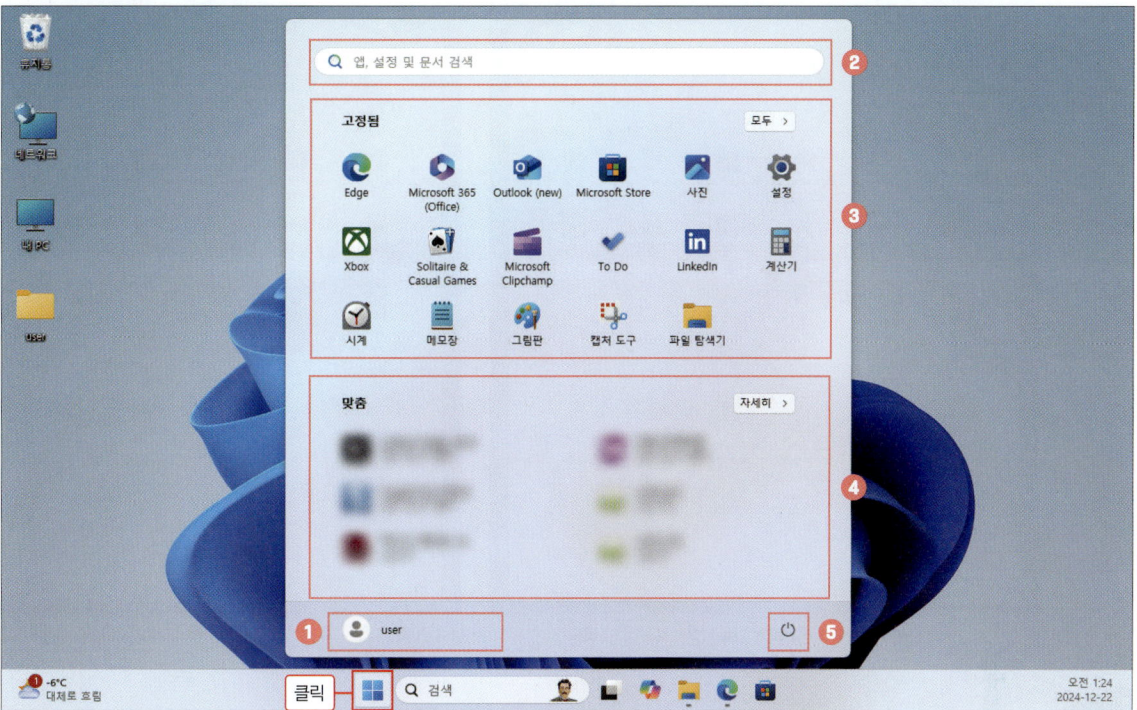

❶ **계정** : 현재 로그인 중인 사용자를 표시하고, 계정 설정을 변경하거나 잠글 수 있어요.
❷ **검색** : 검색어를 입력하여 앱을 검색해서 실행하거나 저장된 파일을 검색할 수 있어요.
❸ **고정됨** : 시작 화면에 항상 표시되는 앱이 나타납니다.
❹ **맞춤** : 최근에 사용한 파일들이 표시돼요.
❺ **전원** : 컴퓨터의 잠금, 절전, 시스템 종료, 다시 시작을 선택할 수 있어요.

## 2 시작 화면에서 앱 삭제하기

**01** 작업 표시줄의 시작 메뉴를 클릭해요.

**02** 〔고정됨〕 앱 목록에서 삭제할 앱 아이콘 위에 마우스 오른쪽 버튼을 클릭한 다음 〔시작 화면에서 제거〕를 클릭해요.

 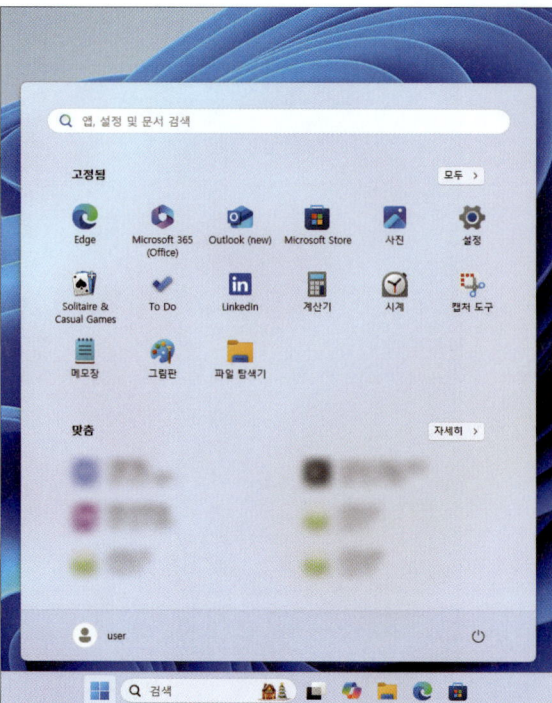

##  3 시작 화면에서 앱 추가하기

**01** 작업 표시줄의 시작 메뉴를 클릭한 다음 시작 메뉴 오른쪽 위에 있는 〔모든 앱〕을 클릭해요.

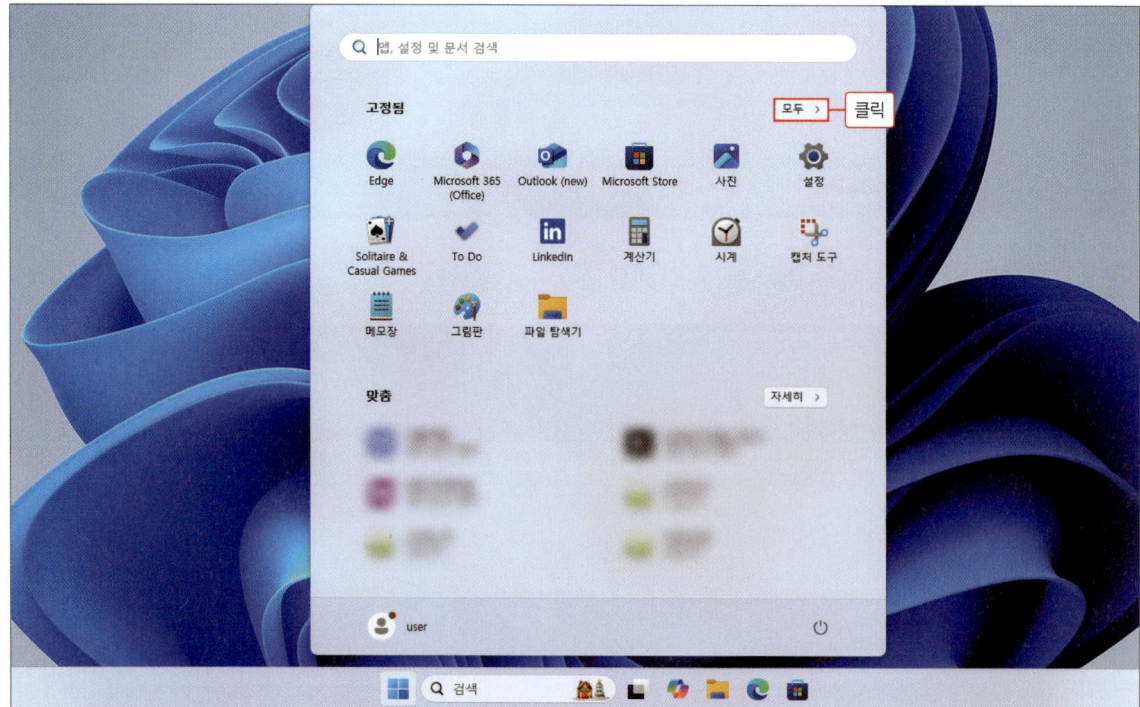

**03** 아래로 스크롤 하여 (Google Chrome)을 찾아봐요.

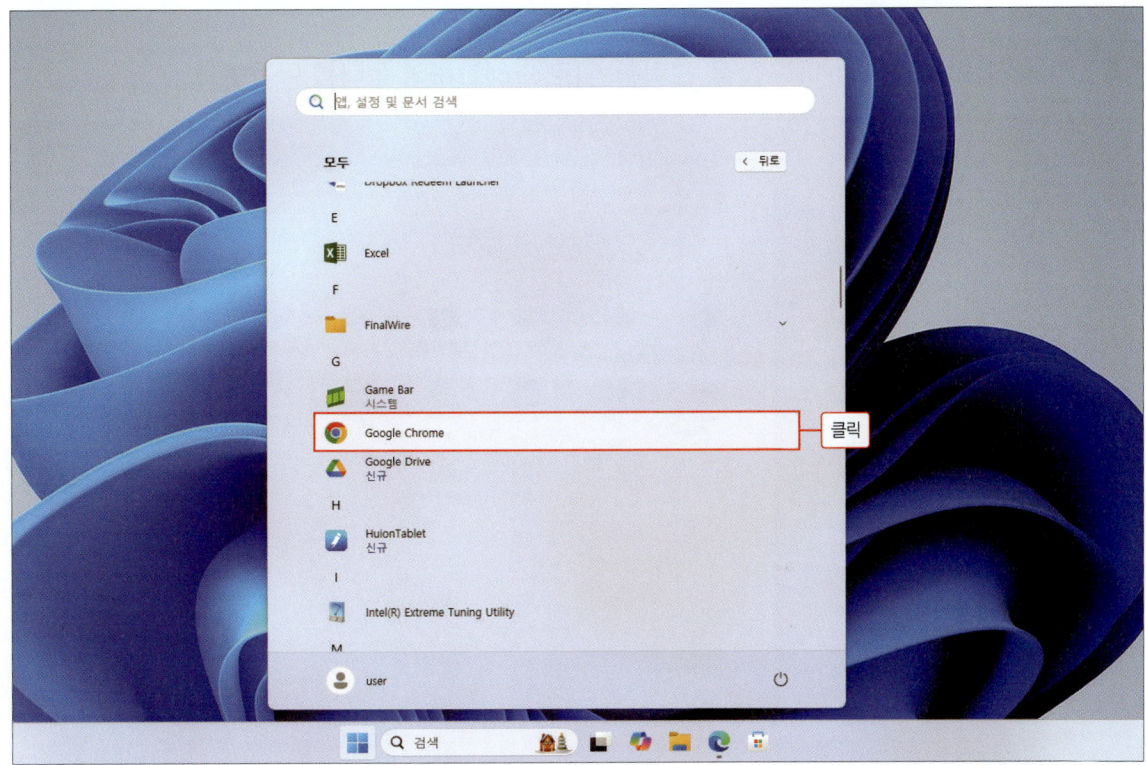

**04** (Google Chrome) 앱 위에서 마우스 오른쪽 버튼을 눌러 (기타)-(시작 화면에 고정)을 클릭해요.

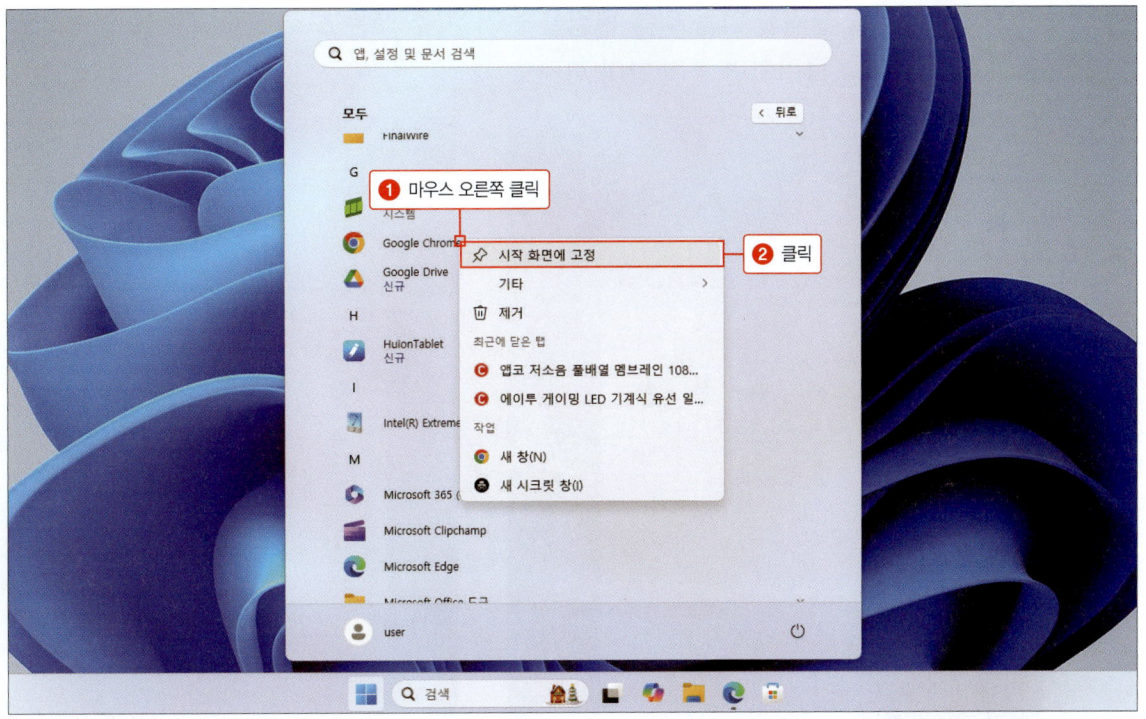

## 4 시작 화면의 앱을 폴더로 묶기

**01** (시작)을 클릭하여 '메모장'을 '그림판' 위로 드래그하여 폴더를 만들어요.

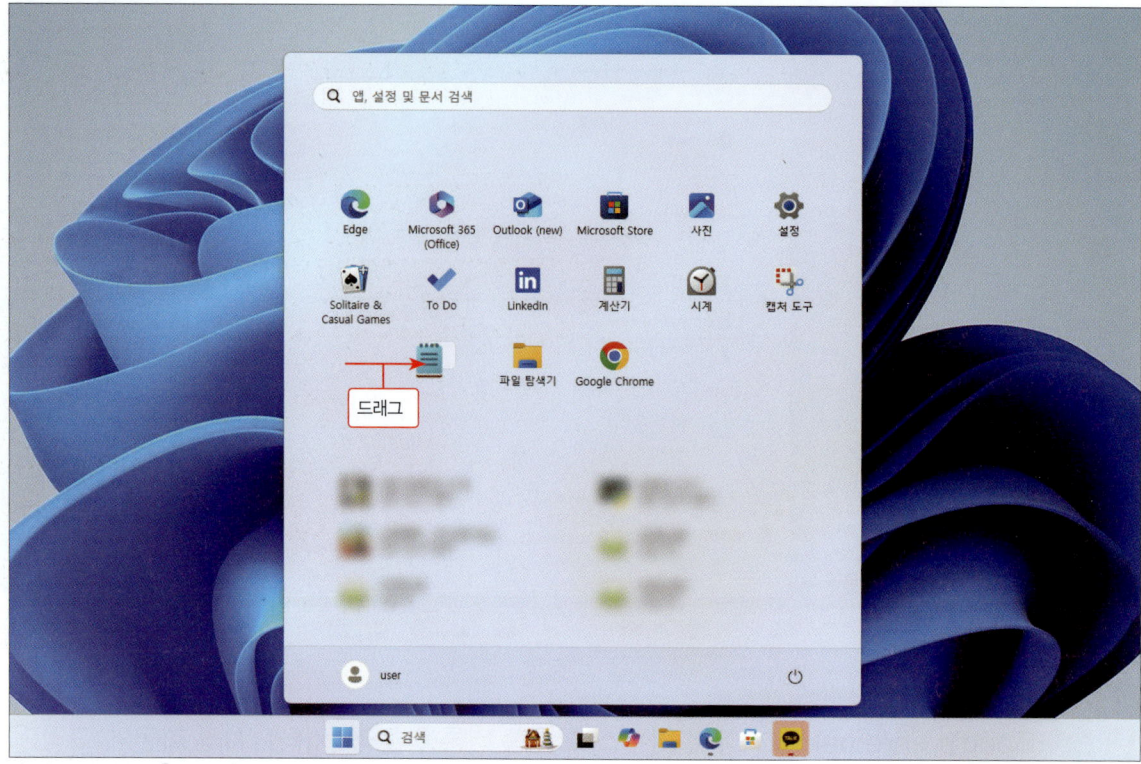

**02** 만들어진 폴더를 클릭한 다음 이름 편집을 눌러 '자주 쓰는 보조 프로그램'을 입력하고 시작 화면의 아무 곳이나 클릭하면 폴더 창이 꺼져요.

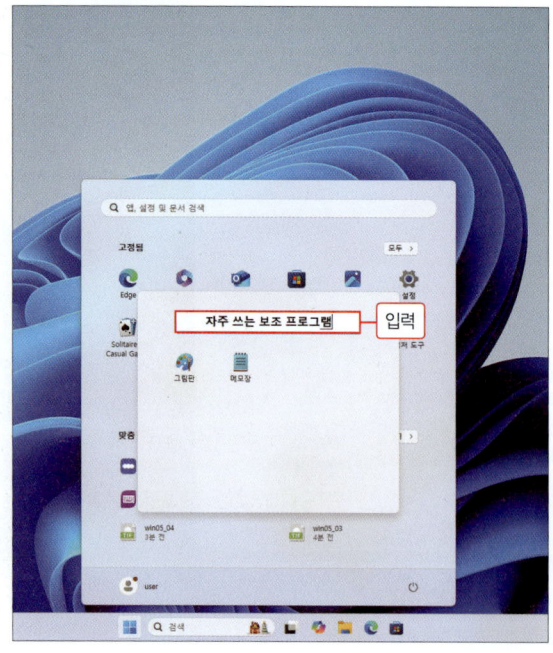 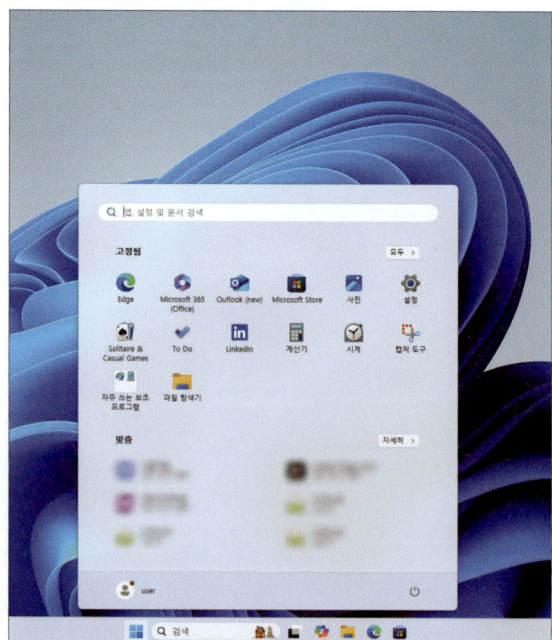

## 01 ▶ 시작 화면을 왼쪽으로 옮겨 보아요.

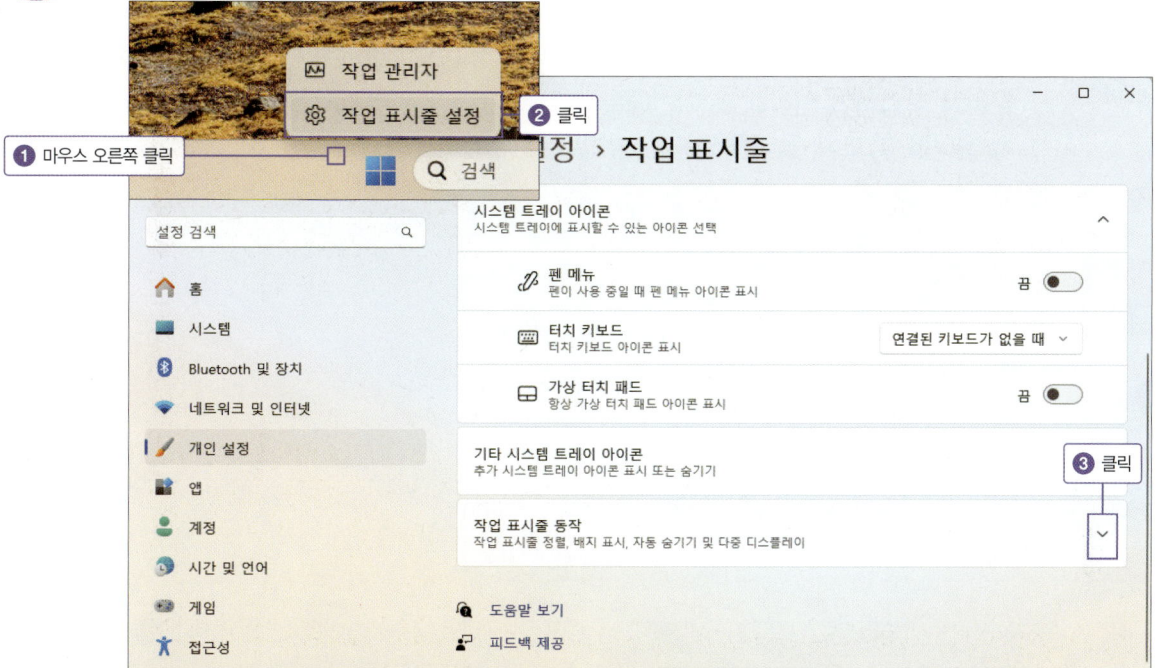

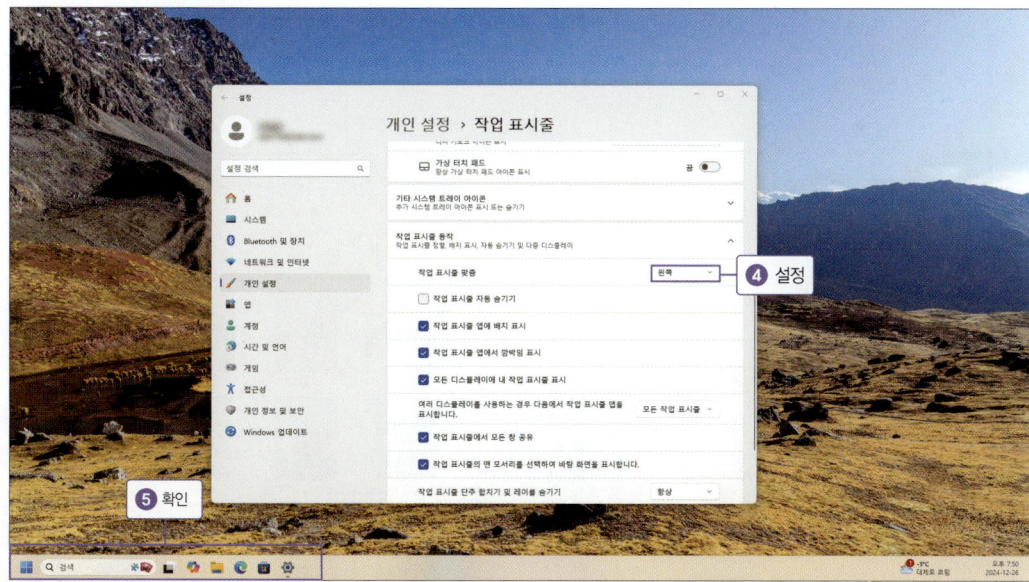

① 작업 표시줄의 빈 곳을 마우스 오른쪽 버튼으로 클릭한 다음 [작업 표시줄 설정]을 클릭해요.

② 작업 표시줄 창의 뜨면 [작업 표시줄 동작] 항목 오른쪽에 있는 ⌄를 눌러 항목을 펼쳐요.

③ [작업 표시줄 맞춤]을 [왼쪽]으로 설정하면 시작 화면 아이콘이 화면 왼쪽으로 옮겨져요.

05 · 시작 화면 관리하기    33

# 06 파일과 폴더 탐색하기

### 수업 11

컴퓨터에는 여러 가지 앱과 데이터가 있어요. 수많은 데이터는 잘 정리해 두어야 나중에 찾아서 작업하기 편리해요. 이번에는 파일과 폴더가 무엇인지 알아보고, 탐색기를 이용해서 폴더를 찾고 새 폴더를 만드는 방법에 대해 알아보아요.

**학습목표**
- 파일과 폴더에 대해서 알아보세요.
- 파일 탐색기를 실행하고 살펴보세요.
- 탐색기 창에서 폴더를 찾고, 새 폴더를 만들어 보세요.

● 예제파일 : 06_07 폴더

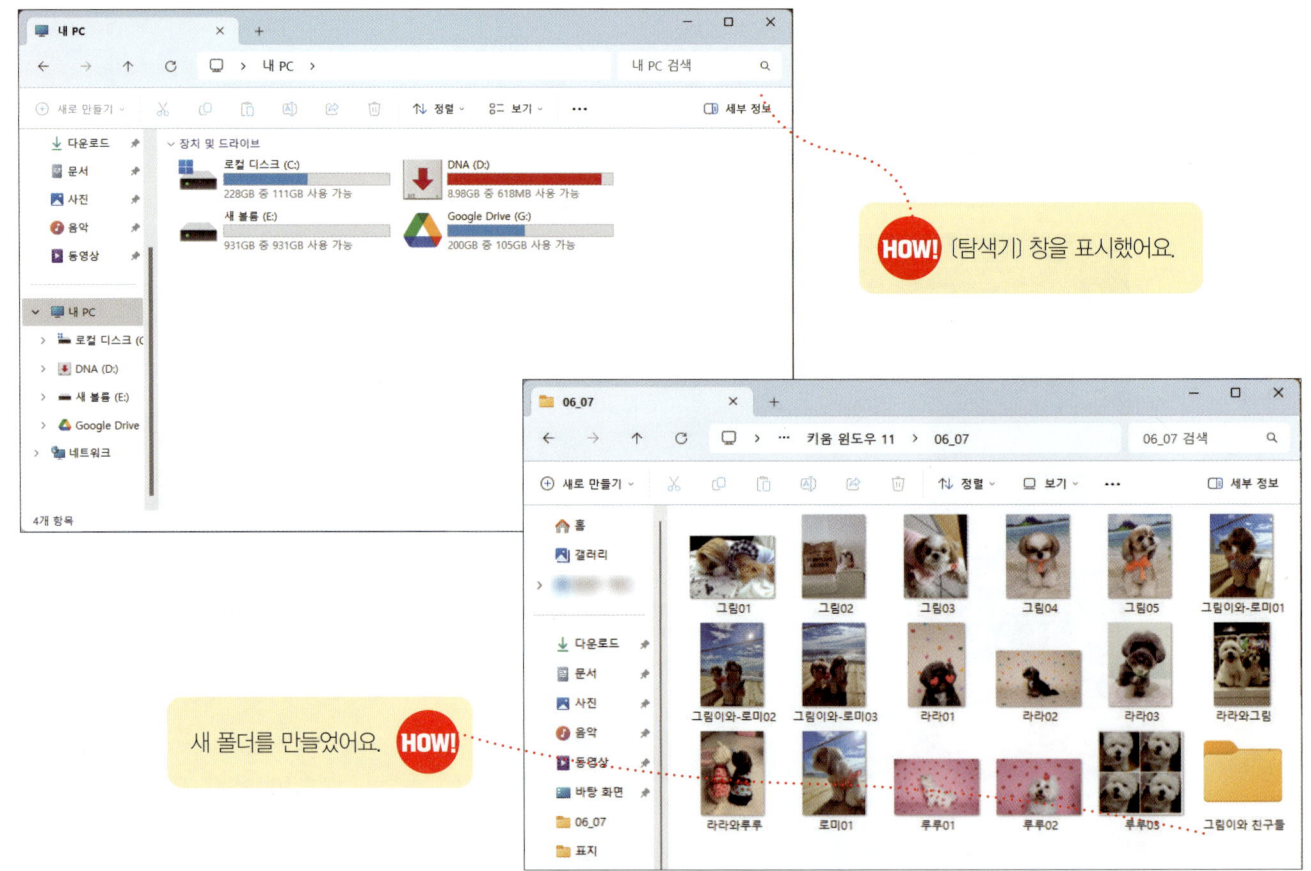

HOW! [탐색기] 창을 표시했어요.

새 폴더를 만들었어요. HOW!

## 1 파일과 폴더 알아보기

**01** '파일'은 컴퓨터에 있는 앱이나 데이터를 의미하고, '폴더'는 프로그램이나 데이터를 잘 정리하는 파일 보관함을 의미해요. 연필(파일)이나 지우개(파일)를 담은 필통(폴더)을 다시 책(파일)이 들어 있는 책가방(폴더)에 담을 수 있듯이 폴더도 다른 폴더에 담을 수 있어요.

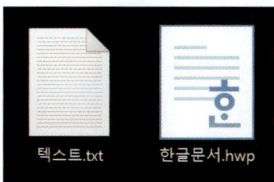
▲ 문서 파일

▲ 이미지 파일

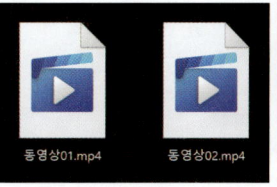
▲ 동영상 파일

▲ 폴더

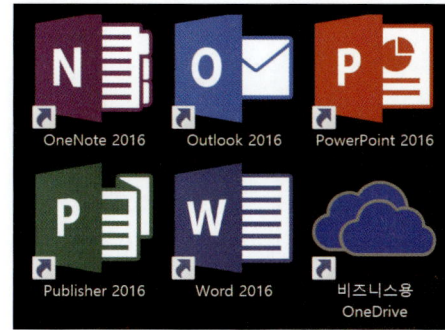
▲ 앱 파일

> **WHY? 파일과 폴더 조금 더 알아보기**
> - 파일들을 모아 놓는 곳을 '폴더'라고 해요.
> - 파일과 폴더의 이름은 바꿀 수 있어요.
> - 폴더 안에 파일을 넣을 수 있어요.
> - 폴더 안에 폴더를 넣을 수 있어요.
> - 같은 폴더 안이나 드라이브 공간에 이름이 같은 폴더나 파일은 만들 수 없어요.

## 2 파일 탐색기를 실행하고 살펴보기

**01** 작업 표시줄에서 [파일 탐색기( 📁 )]를 클릭해요.

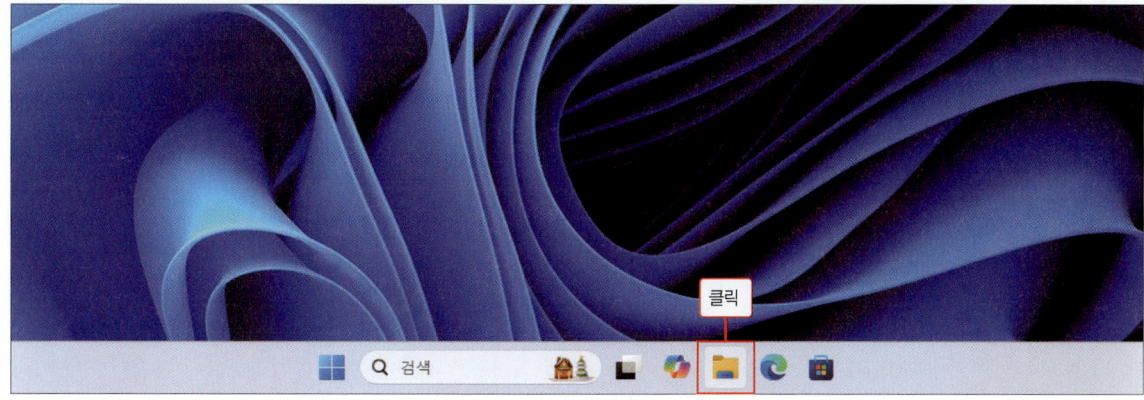

06 · 파일과 폴더 탐색하기 **35**

**02** [파일 탐색기] 창이 표시되면 왼쪽에서 '내 PC'를 선택한 다음 폴더와 장치 및 드라이브를 살펴보세요.

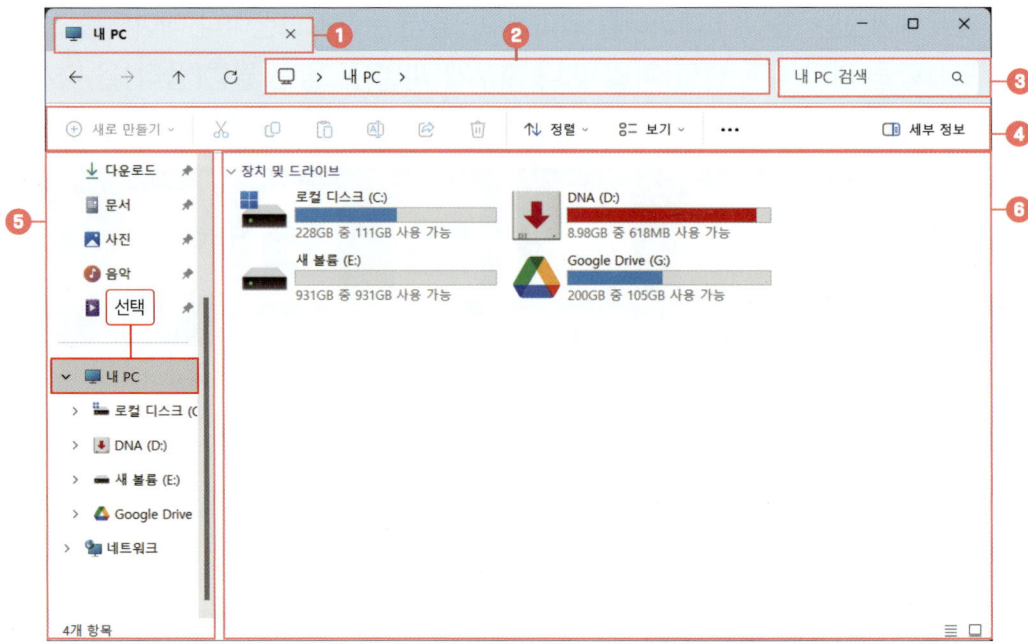

① **제목 표시줄 :** 현재 파일 목록 창에 내용이 나타나고 있는 폴더의 이름이 표시돼요.
② **주소 표시줄 :** 현재 파일의 경로가 표시돼요.
③ **검색 상자 :** 검색어를 입력해 현재 폴더에 저장된 파일이나 하위 폴더의 파일을 검색해요.
④ **메뉴 :** 탐색기에서 사용할 수 있는 메뉴들이 표시돼요. 메뉴 끝에 있는 더보기 아이콘을 클릭하면 더 많은 메뉴를 볼 수 있어요.
⑤ **탐색 창 :** 파일이나 폴더의 위치를 탐색해요.
⑥ **파일 목록 :** 탐색 창에서 선택한 폴더의 내용이 표시돼요.

  **탐색 창에서 폴더 찾고 새 폴더 만들기**

**01** '내 PC'를 선택하고 '드라이브 C:'를 선택해요.

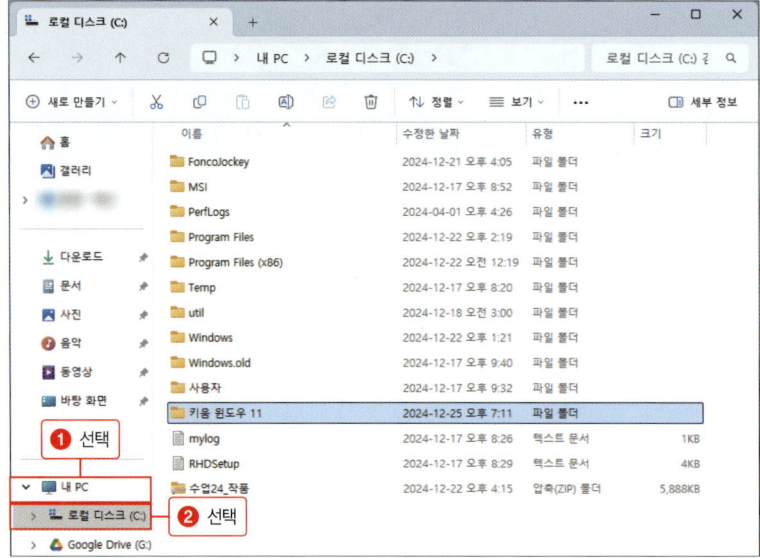

**02** 다운 받은 예제 파일의 '06_07' 폴더를 선택하여 열어요.

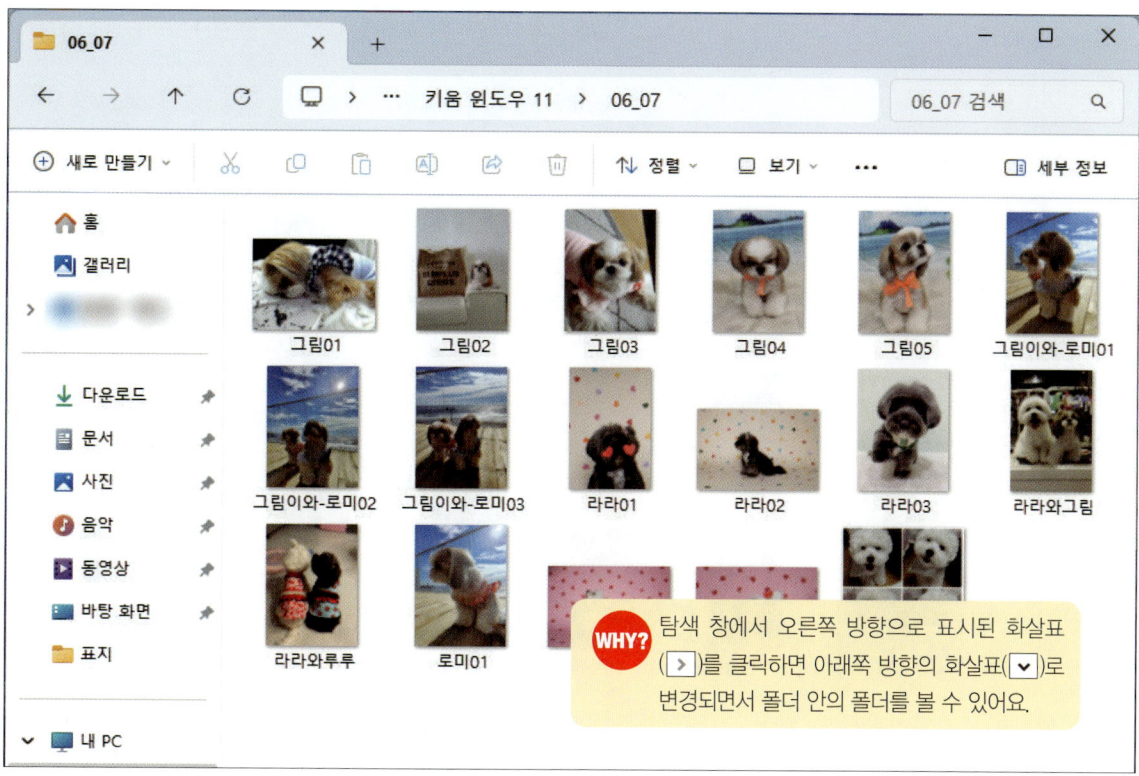

> **WHY?** 탐색 창에서 오른쪽 방향으로 표시된 화살표(>)를 클릭하면 아래쪽 방향의 화살표(∨)로 변경되면서 폴더 안의 폴더를 볼 수 있어요.

**03** 창의 빈 곳에서 마우스 오른쪽 버튼을 클릭한 다음 '새로 만들기'에서 '폴더'를 선택해요.

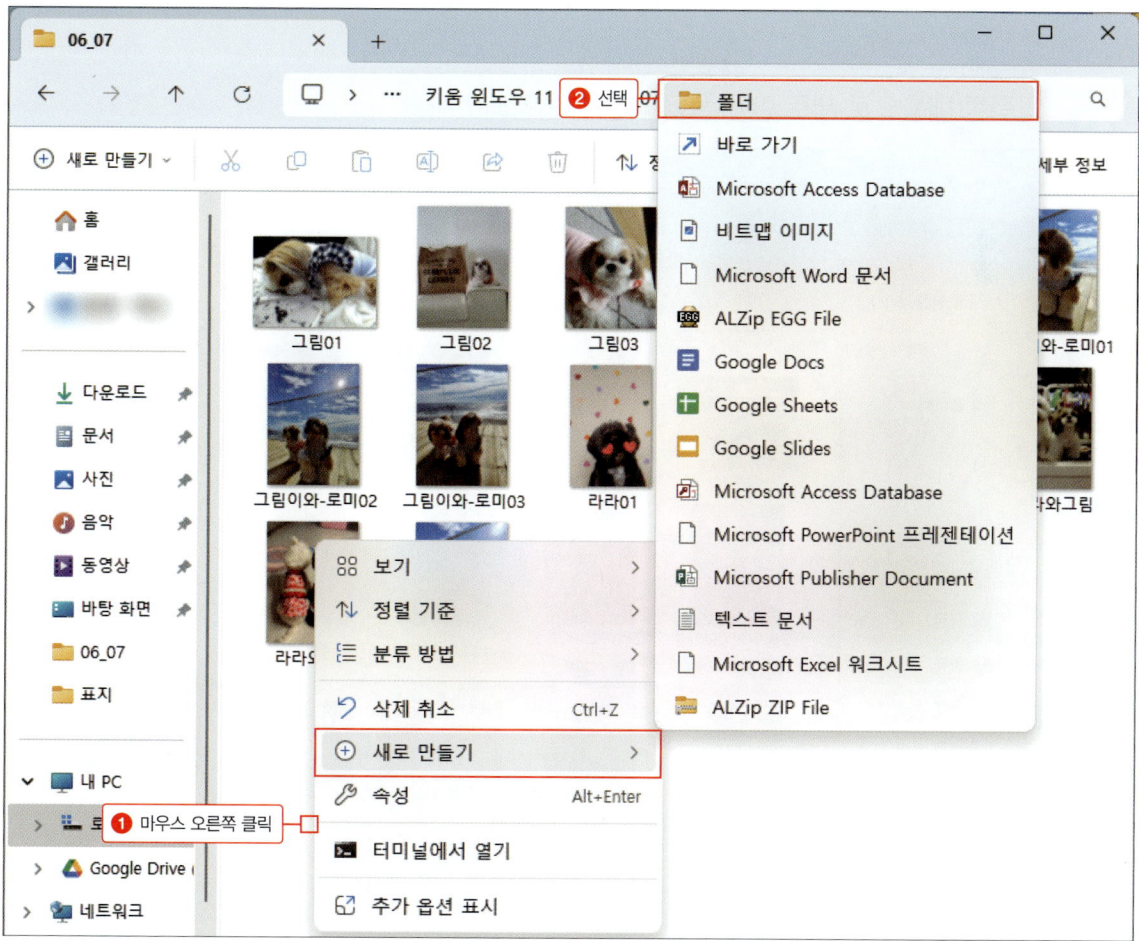

**04** 폴더 이름으로 '그림이와 친구들'을 입력하고 Enter 를 눌러요.

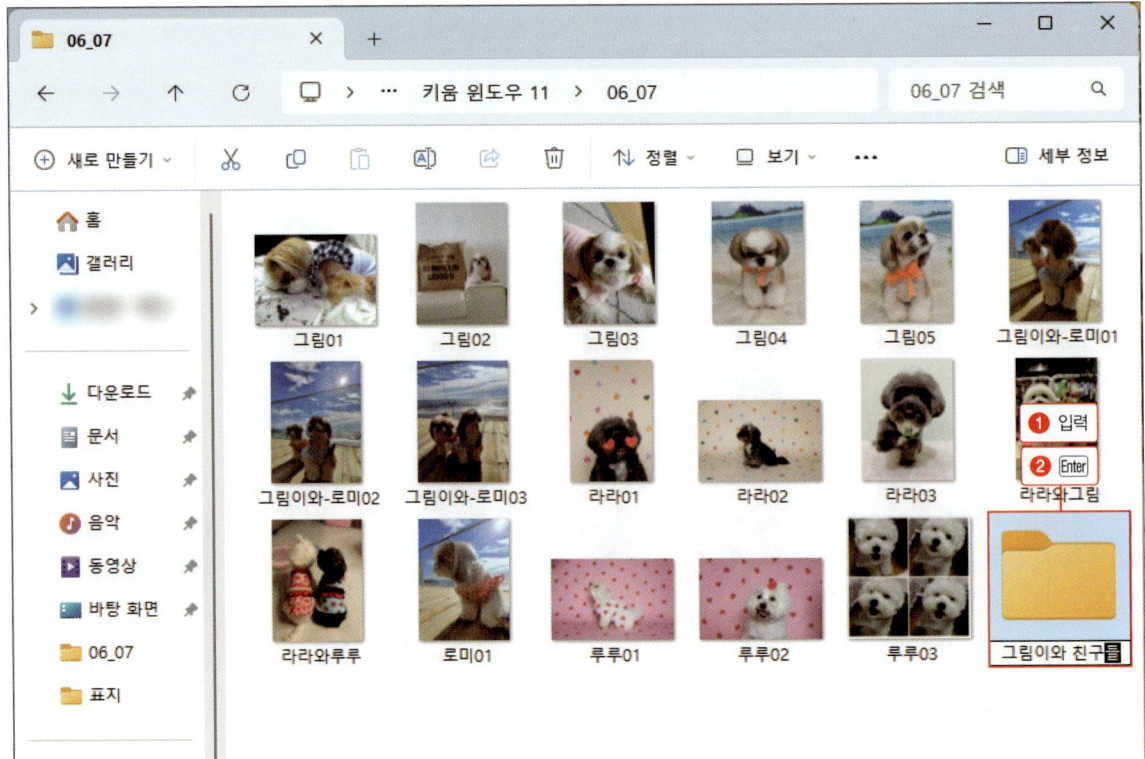

폴더 이름이나 파일 이름으로 사용할 수 없는 문자는 다음과 같아요. 이 문자들은 컴퓨터의 시스템이나 명령어 등 프로그램에 사용되는 문자와 겹치기 때문에 사용할 수 없어요.
사용할 수 없는 문자 : ₩ / : * ? " < > |

**05** 입력한 내용으로 새로 만든 폴더 이름이 변경되었어요.

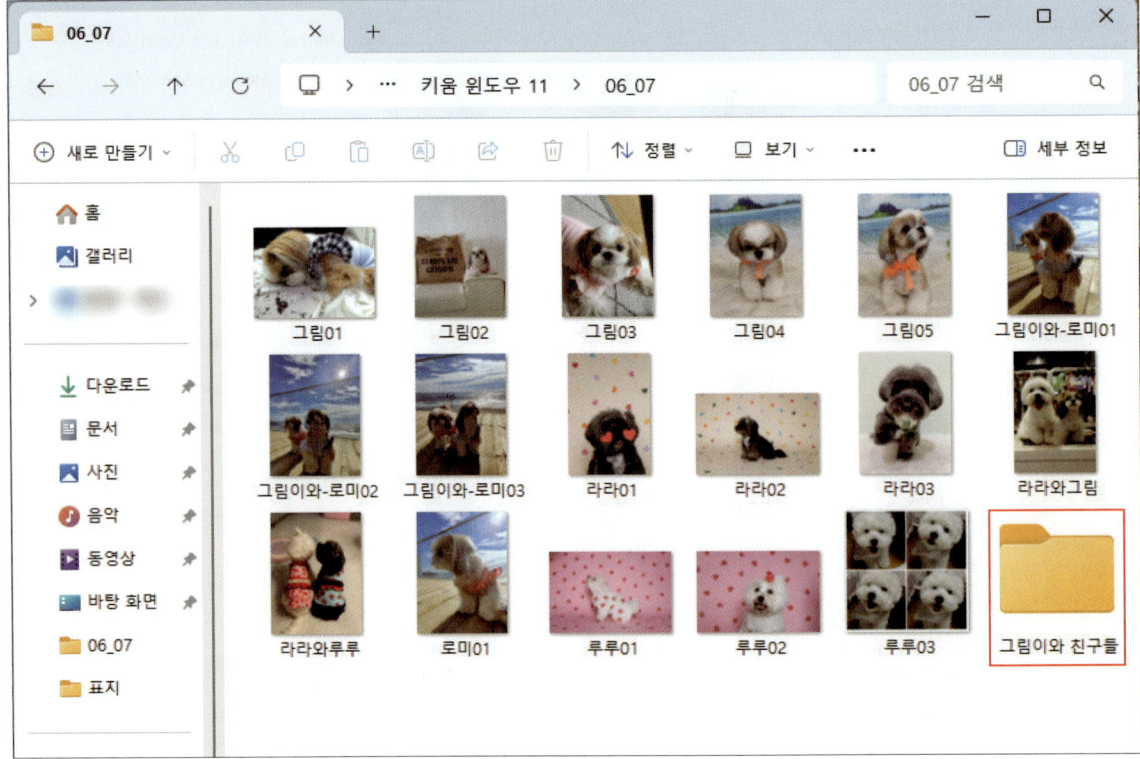

**01** ▶ 바탕 화면에 그림과 같이 폴더를 만들고 비밀 폴더로 변경해 보세요.

❶ 새 폴더를 만든 다음 이름을 '비밀폴더'로 변경해요.
❷ 비밀 폴더로 변경하기 위해 폴더에서 마우스 오른쪽 버튼을 클릭한 다음 '속성'을 선택해요.
❸ 〔속성〕 창이 표시되면 '숨김'을 체크 표시하고 〔확인〕을 클릭해요.
❹ 바탕 화면에 폴더가 감쪽같이 사라져요. 작업 표시줄의 〔파일 탐색기 (📁)〕 아이콘을 클릭해요.
❺ 〔파일 탐색기〕 창이 표시되면 〔보기〕 메뉴를 선택하고, 〔표시〕 탭에서 '숨긴 항목'을 체크 표시하면 비밀 폴더가 표시돼요.

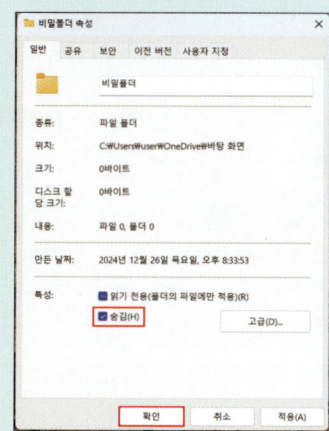
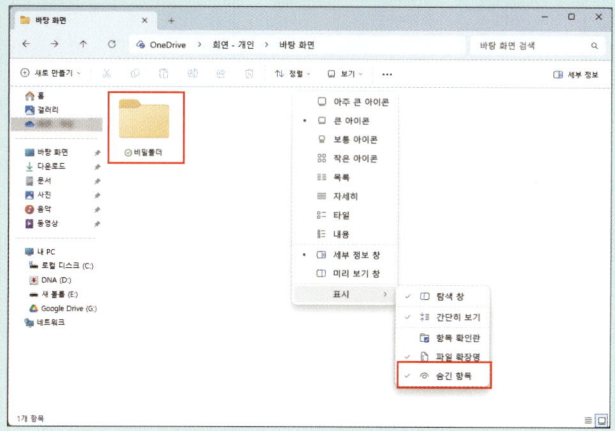

06 · 파일과 폴더 탐색하기

# 07 파일과 폴더 관리하기

수업 11

컴퓨터의 파일과 폴더 관리는 기본이에요. 이번에는 파일과 폴더를 복사, 이동, 삭제하는 방법부터 지운 파일을 되살리는 복원하는 방법까지 스마트하게 관리하는 방법에 대해 알아보아요.

**학습목표**
- 파일을 선택해 보세요.
- 파일을 복사해서 붙여 넣어 보세요.
- 지운 파일 다시 되살려 보세요.

● 예제파일 : 06_07 폴더

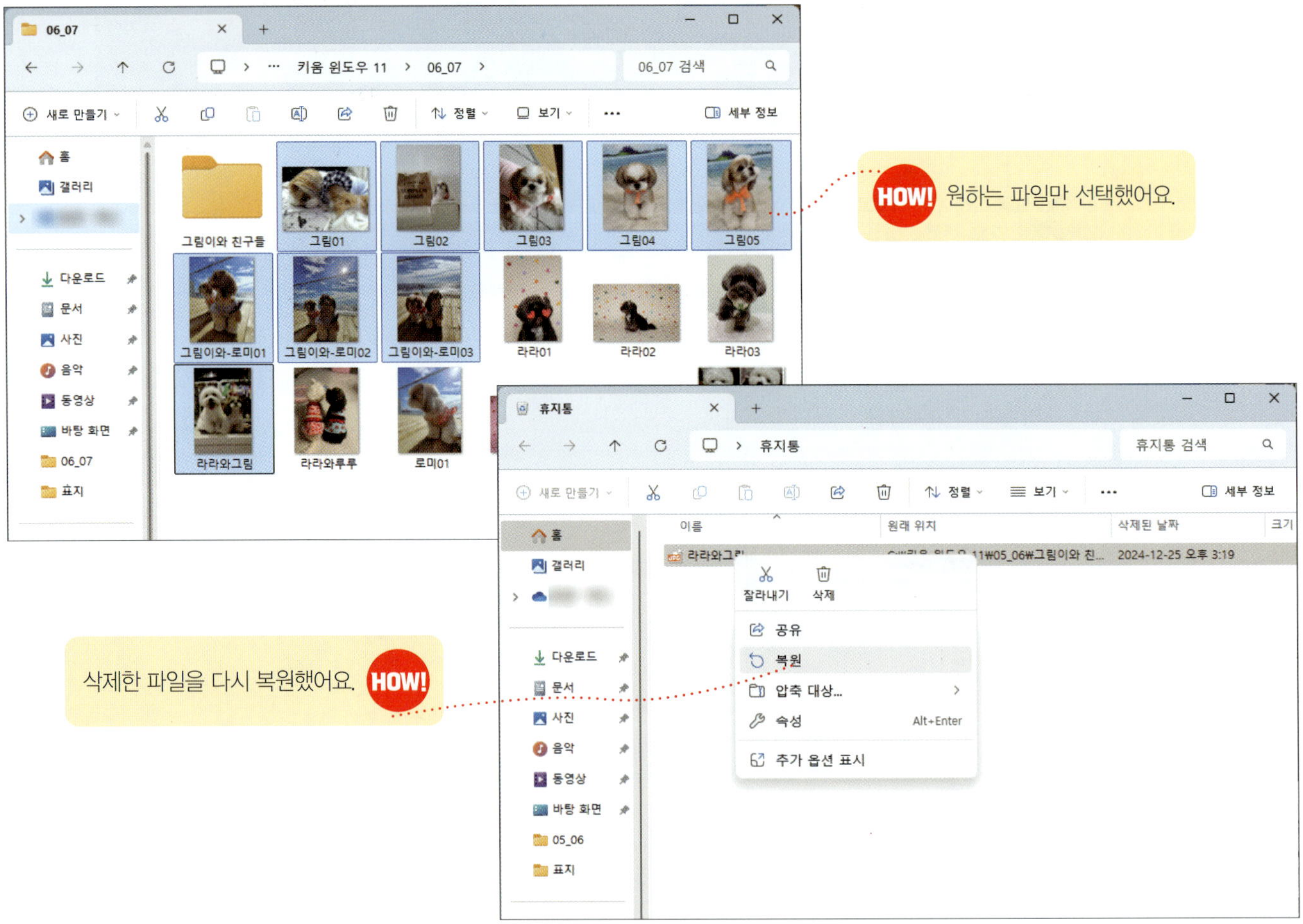

HOW! 원하는 파일만 선택했어요.

삭제한 파일을 다시 복원했어요. HOW!

## 1 스마트하게 파일 선택하기

**01** 06_07 폴더에서 '그림01.jpg' 파일을 선택한 다음 Shift 를 누른 상태로 '그림05.jpg' 파일을 선택해요.

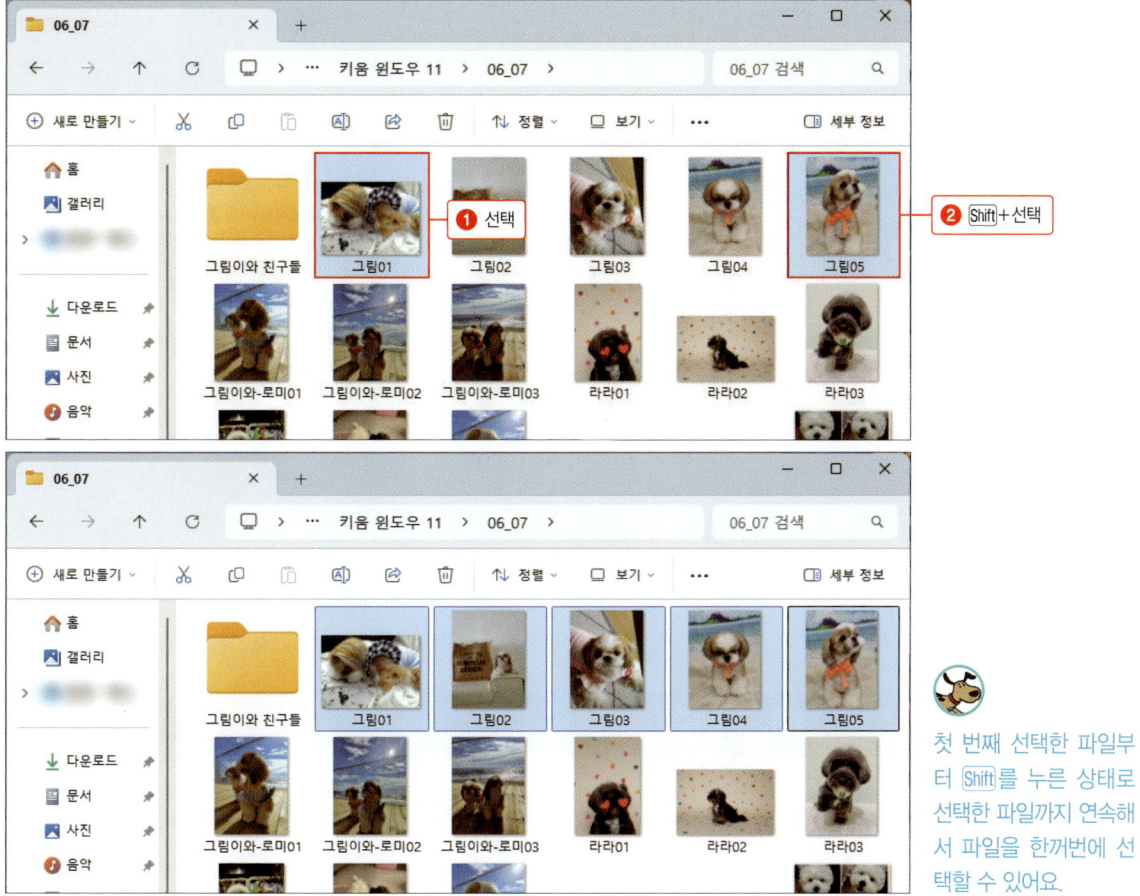

첫 번째 선택한 파일부터 Shift 를 누른 상태로 선택한 파일까지 연속해서 파일을 한꺼번에 선택할 수 있어요.

**02** Ctrl 을 누른 상태로 06_07 폴더에서 '그림이와 로미01.jpg' ~ '그림이와 로미03.jpg', '라라와그림.jpg' 파일을 클릭해서 선택해요.

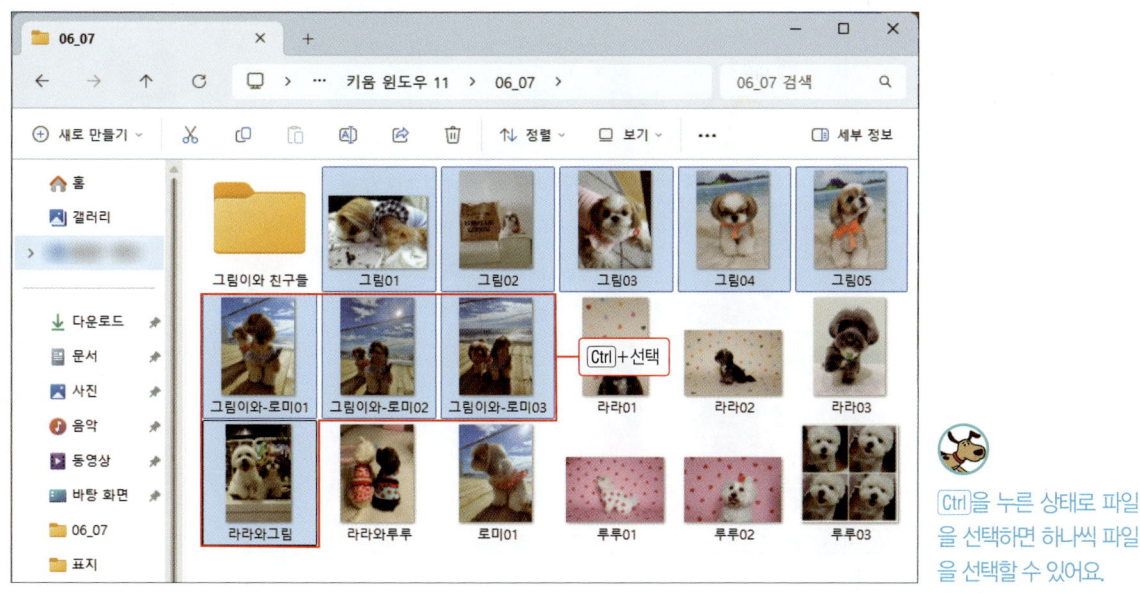

Ctrl 을 누른 상태로 파일을 선택하면 하나씩 파일을 선택할 수 있어요.

**WHY?** 컴퓨터의 파일 이미지가 예제처럼 안 보여요.

예제와 같이 파일 이미지가 작은 아이콘 모양으로 보이지 않는 경우 [보기] 메뉴에서 [큰 아이콘]이 선택되어 있는지 확인해요. 그래도 아이콘 모양만 보이고 이미지가 보이지 않은 경우에는 [옵션(▥)]을 클릭한 다음 '폴더 및 검색 옵션 변경'을 선택해요. [폴더 옵션] 대화상자가 표시되면 [보기] 탭에서 '아이콘은 항상 표시하고 미리 보기는 표시하지 않음'을 체크 해제한 다음 [확인]을 클릭해요.

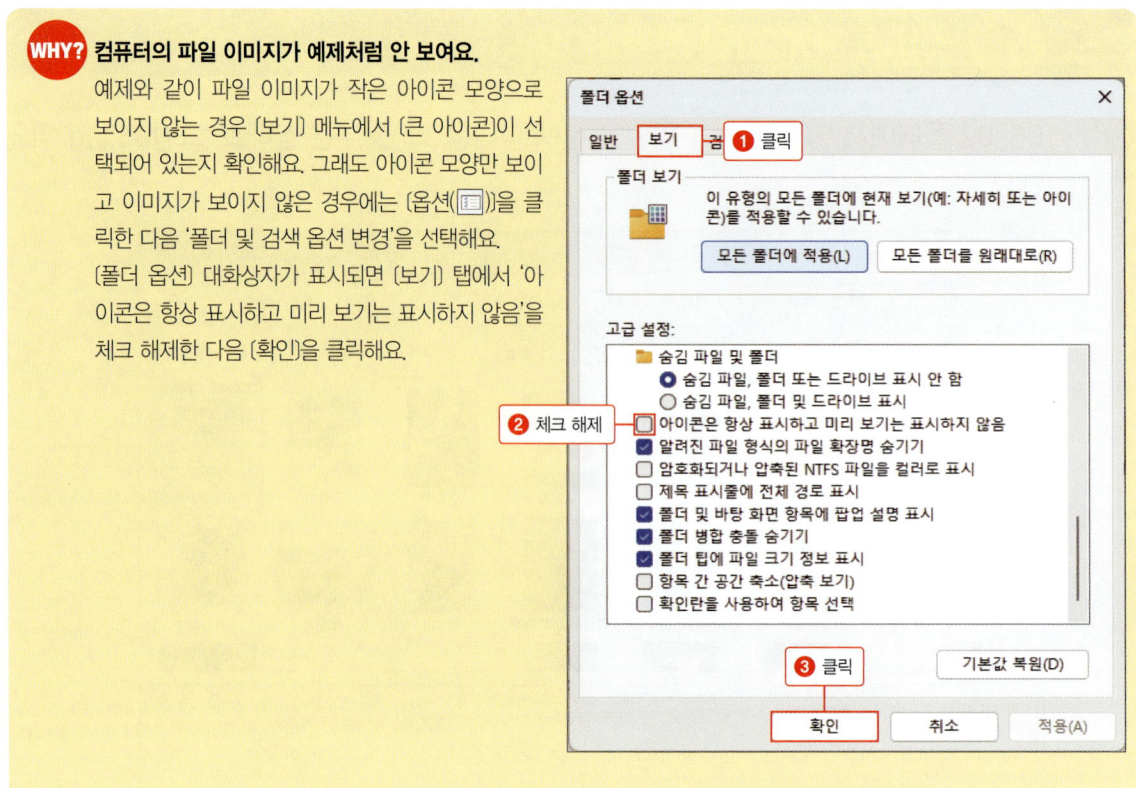

## 2 파일 복사하고 붙여 넣기

**01** 파일을 모두 선택했으면 선택된 파일에서 마우스 오른쪽 버튼을 클릭한 다음 '잘라내기'를 선택해요.

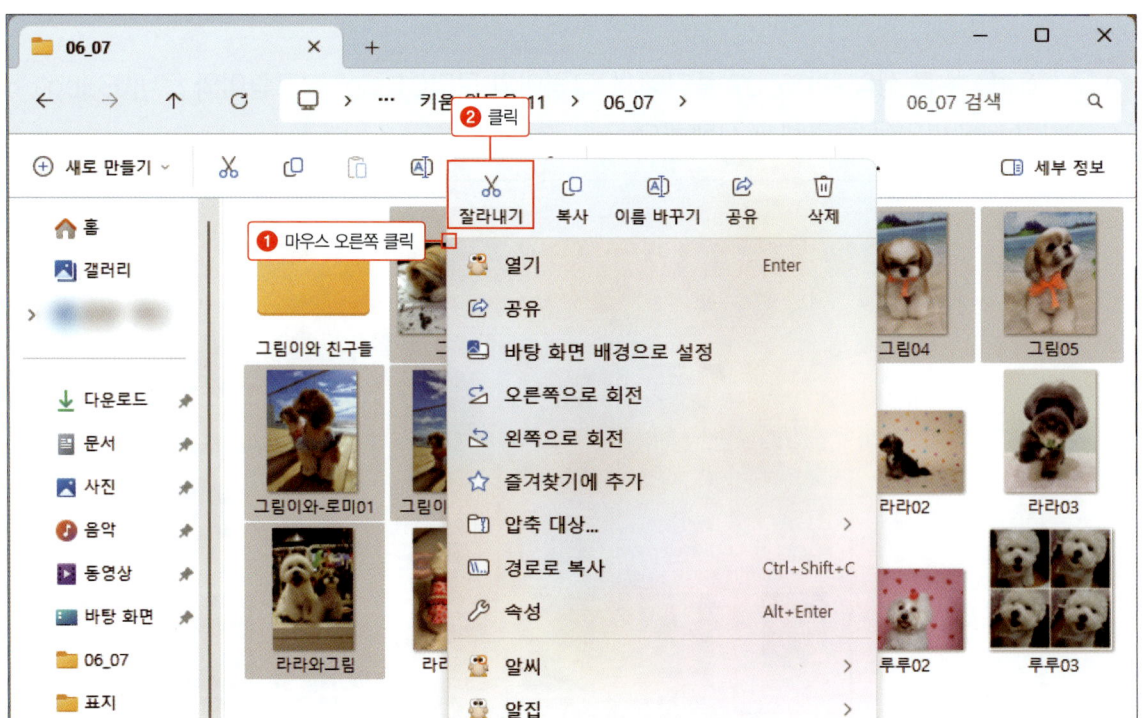

**02** 파일을 붙여 넣기 위해 '그림이와 친구들' 폴더를 더블클릭해요.

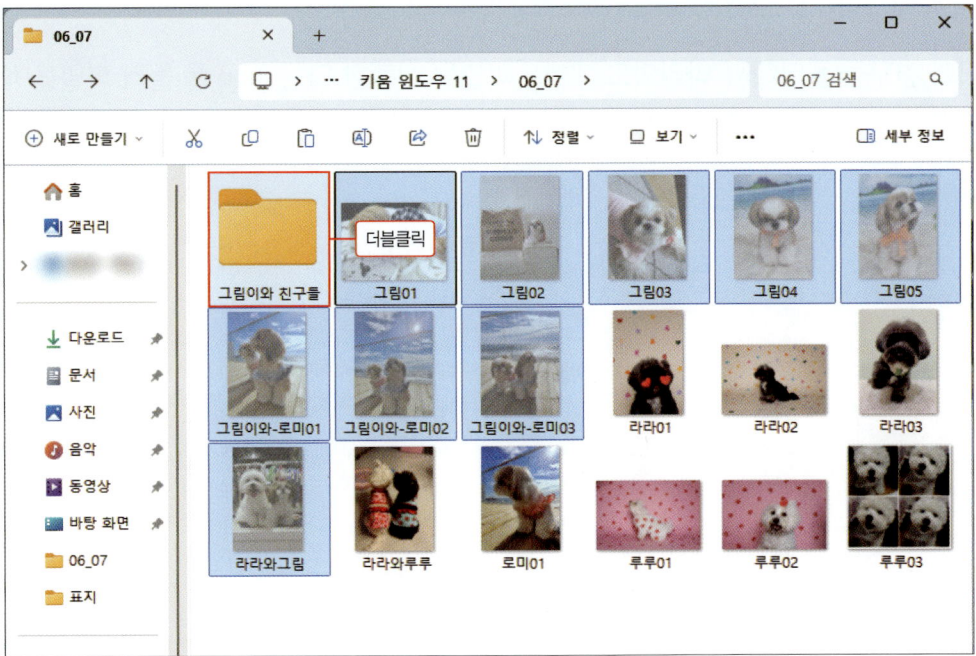

**03** 폴더로 이동되면 마우스 오른쪽 버튼을 클릭한 다음 '붙여넣기'를 선택해요.

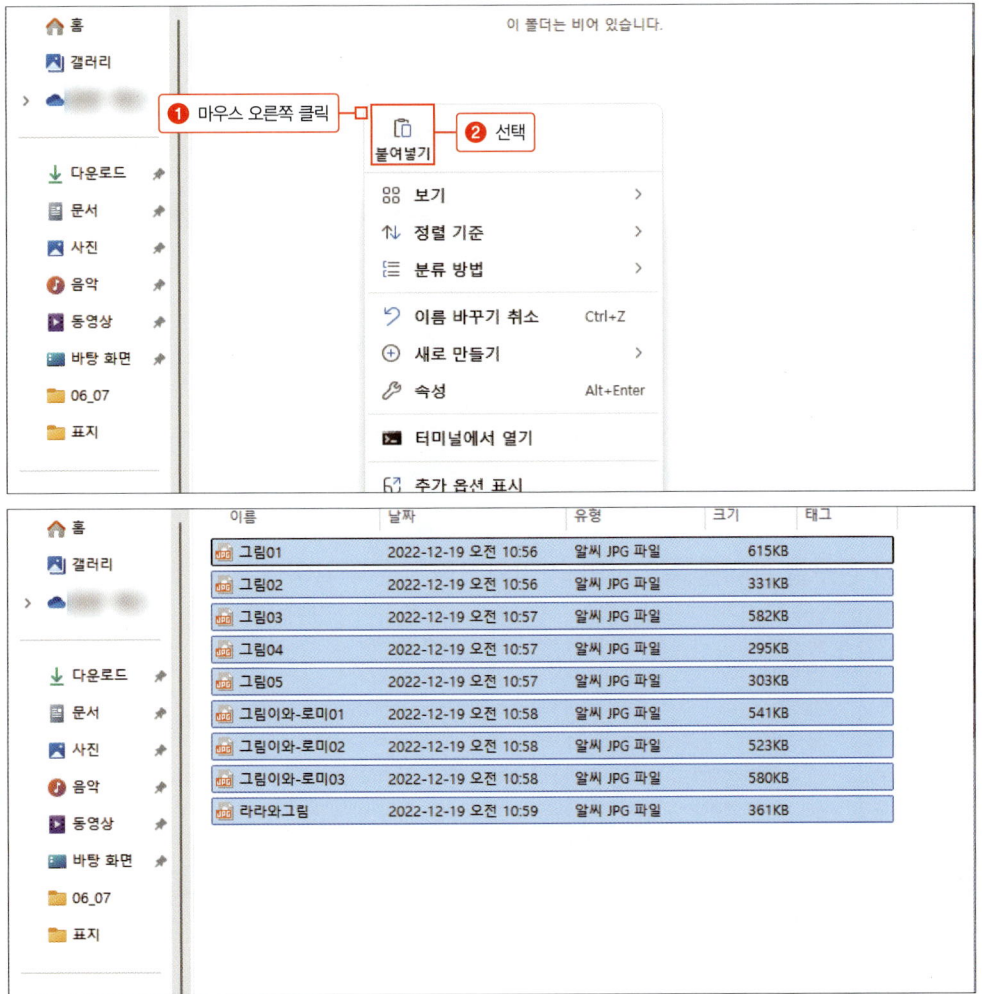

07 · 파일과 폴더 관리하기 **43**

## 3 파일 삭제하고 복원하기

**01** 그림이와 친구들 폴더에서 '라라와그림.jpg' 파일을 선택한 다음 Delete 를 눌러 파일을 삭제해요. 바탕 화면으로 이동하기 위해 [최소화(-)]를 클릭해요.

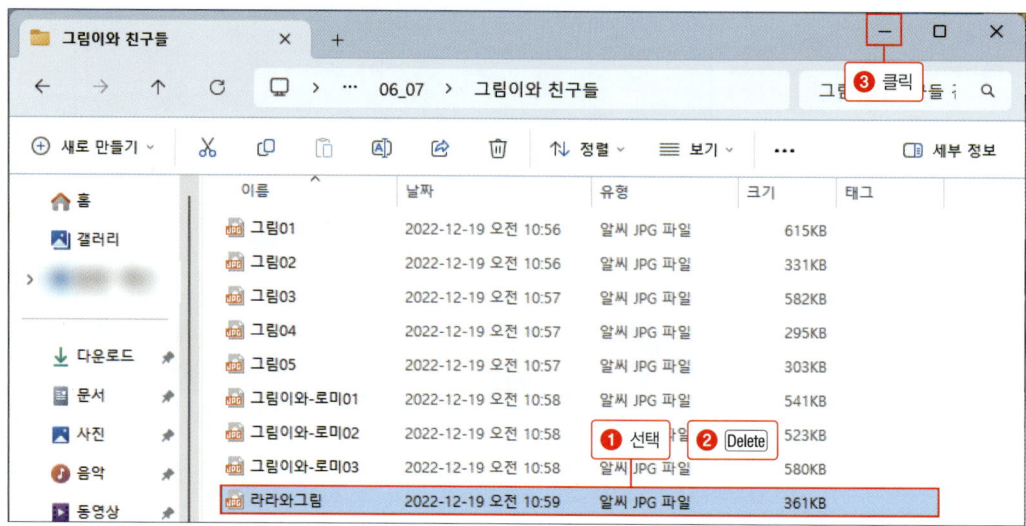

 파일을 잘못 삭제했다면 마우스 오른쪽 버튼을 클릭한 다음 '삭제 취소'를 선택하거나 Ctrl + Z 를 누르면 삭제된 파일이 다시 원래 자리에 생겨요.

**02** 바탕 화면에서 [휴지통(🗑)]을 더블클릭해요. [휴지통] 창이 표시되면 삭제한 '라라와그림.jpg' 파일을 마우스 오른쪽 버튼으로 클릭한 다음 '복원'을 선택해요.

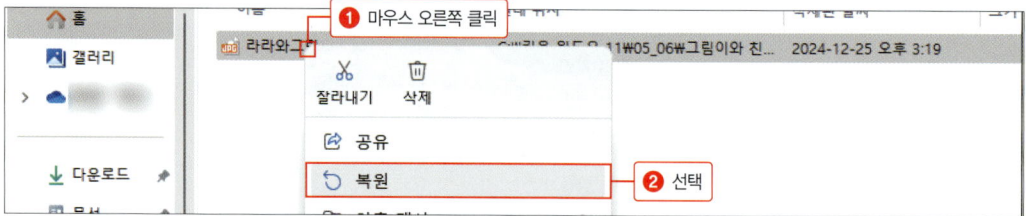

 Shift 를 누른 상태로 Delete 를 눌러 파일을 삭제하면 휴지통을 거치지 않고 영원히 파일이 삭제돼요. 혹시라도 복원할지 모르는 파일이라면 Delete 만 눌러 파일을 삭제해요.

**03** 다시 그림이와 친구들 폴더를 확인하면 '라라와그림.jpg' 파일이 복원된 것을 확인할 수 있어요.

## 01 ▶ 그림과 같이 폴더를 만들고 강아지 이미지 파일을 정리해 보세요.

● 예제파일 : 06_07 폴더

그림　　　그림이와 친구들　　　라라

라라와 친구들　　　로미　　　루루

❶ 그림과 같이 새 폴더를 만들어요.
❷ 이미지 파일을 선택하고, 마우스 오른쪽 버튼을 클릭한 다음 '잘라내기'를 선택해요.
❸ 만든 폴더로 이동하여 마우스 오른쪽 버튼을 클릭한 다음 '붙여넣기'를 선택해요.

## 02 ▶ 삭제한 파일을 되살리는 작업을 무엇이라고 할까요?

① 복제　　② 복원　　③ 복사　　④ 복수

## 03 ▶ 파일을 연속해서 빠르게 선택할 때 어떤 키를 사용할까요?

① Shift　　② Ctrl　　③ Alt　　④ Delete

## 04 ▶ 내가 선택하고 싶은 파일만 골라 선택할 때 유용한 키는 어떤 것일까요?

① Shift　　② Ctrl　　③ Alt　　④ Delete

# 08 수업 정보의 바다 인터넷 접속하기

윈도우11에는 인터넷을 위한 '마이크로소프트 엣지(Microsoft Edge)'가 설치되어 있어요. 이번에는 엣지 브라우저를 살펴보고 원하는 사이트를 검색한 다음 접속하는 방법에 대해 알아보아요.

- 마이크로소프트 엣지 브라우저를 살펴보세요.
- 원하는 사이트를 검색하고 접속해 보세요.
- 크롬 뮤직랩 송 메이커 사이트에 접속하여 작곡 놀이를 해 보세요.

● 완성파일 : 08_작곡(완성).wav

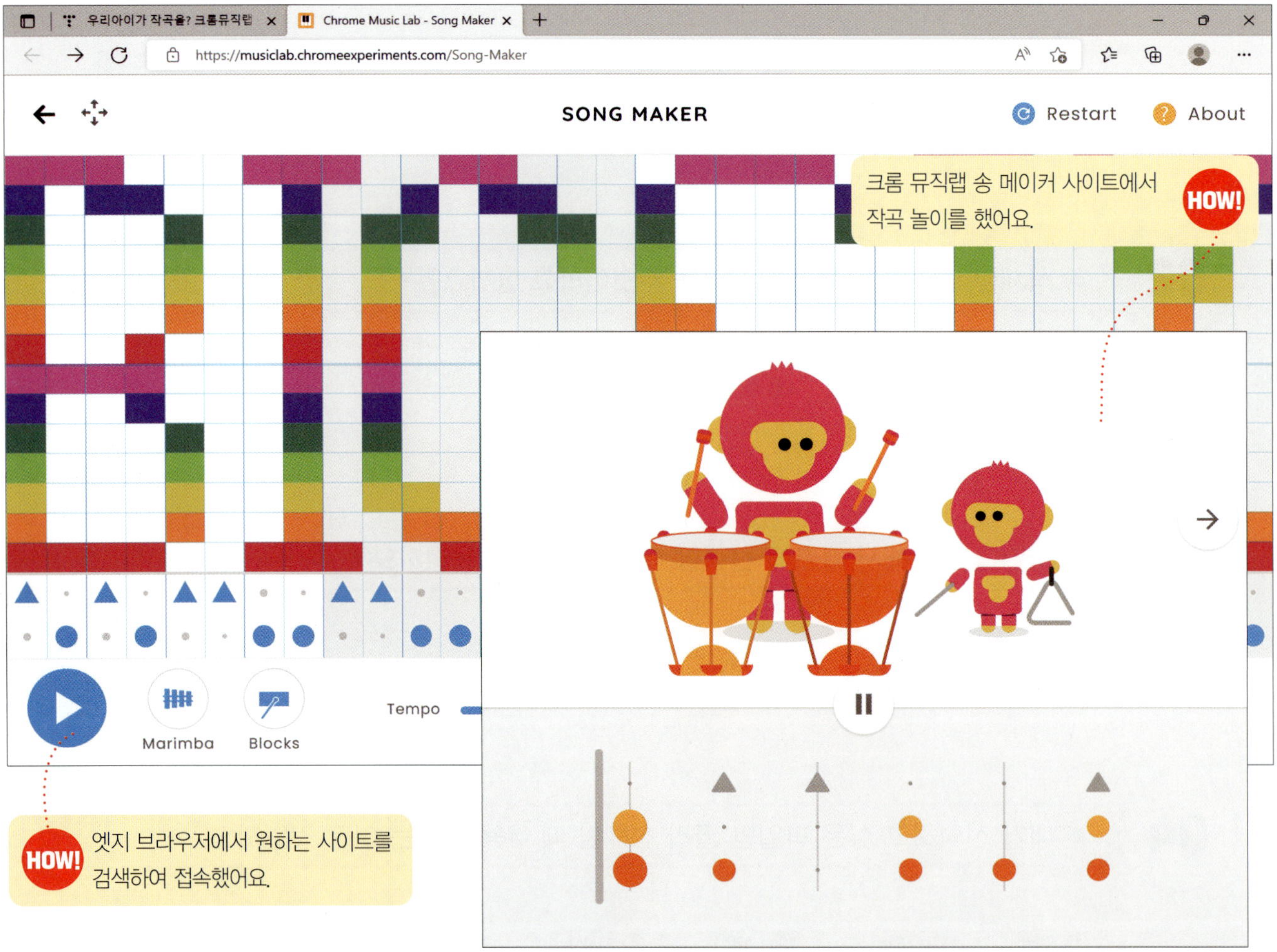

크롬 뮤직랩 송 메이커 사이트에서 작곡 놀이를 했어요.

엣지 브라우저에서 원하는 사이트를 검색하여 접속했어요.

## 엣지 브라우저 살펴보기

**01** 〔시작(■)〕을 클릭한 〔고정됨〕 앱 목록에서 〔마이크로소프트 엣지(Microsoft Edge)(🌀)〕를 클릭하여 웹 브라우저를 실행해요.

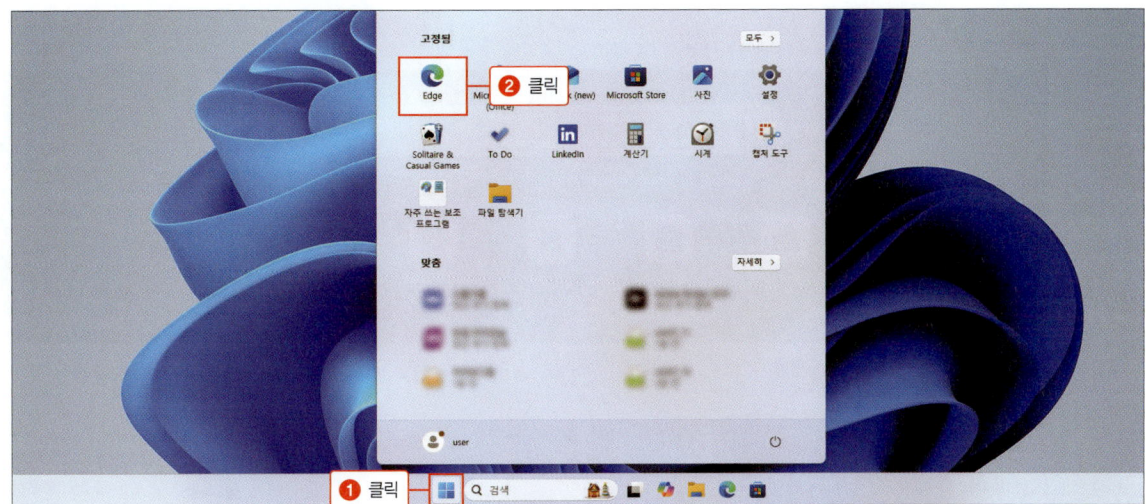

 작업 표시줄의 빠른 실행 아이콘에서 〔마이크로소프트 엣지(Microsoft Edge)(🌀)〕를 클릭하여 실행해도 좋아요. 라이브 타일이나 작업 표시줄에도 없는 경우에는 〔윈도우 실행 창(🔍)〕을 클릭한 다음 'Microsoft Edge'를 입력해서 실행해요.

**02** 마이크로소프트 엣지(Microsoft Edge)가 실행되고 웹 브라우저 화면이 표시돼요.

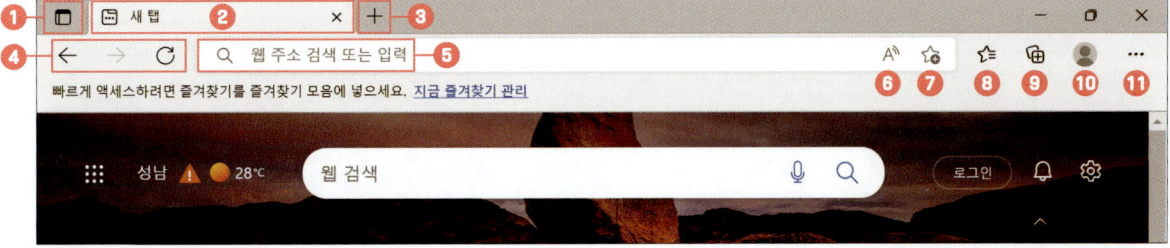

❶ **탭 작업 메뉴** : 탭의 위치를 변경하거나 검색 기록을 확인하고 열려 있는 탭을 컬렉션에 추가할 수 있어요.
❷ **제목 표시줄** : 접속된 사이트의 제목을 표시해요.
❸ **새 탭** : 새로운 탭을 추가해요.
❹ **뒤로/앞으로/새로 고침** : 보고 있는 사이트의 이전이나 다음 페이지로 이동하거나 새로 고쳐요.
❺ **주소 표시줄** : 현재 열린 사이트의 주소가 표시돼요.
❻ **이 페이지 소리 내어 읽기** : 사이트의 내용을 읽어 줘요.
❼ **이 페이지를 즐겨찾기에 추가** : 현재 열려 있는 페이지를 즐겨찾기에 추가해요.
❽ **즐겨찾기** : 즐겨찾기를 폴더별로 관리할 수 있어요.
❾ **컬렉션** : 온라인에서 찾은 콘텐츠를 저장하고 공유할 수 있어요.
❿ **프로필** : 현재 윈도우10에 로그인된 계정의 프로필이 표시돼요.
⓫ **설정 및 기타** : 마이크로소프트 엣지의 다양한 기능을 설정하고 추가할 수 있어요.

## 2 사이트 검색하고 접속하기

**01** 검색창에 '크롬 뮤직랩 송 메이커'를 입력하고 〔검색(🔍)〕을 클릭해요.

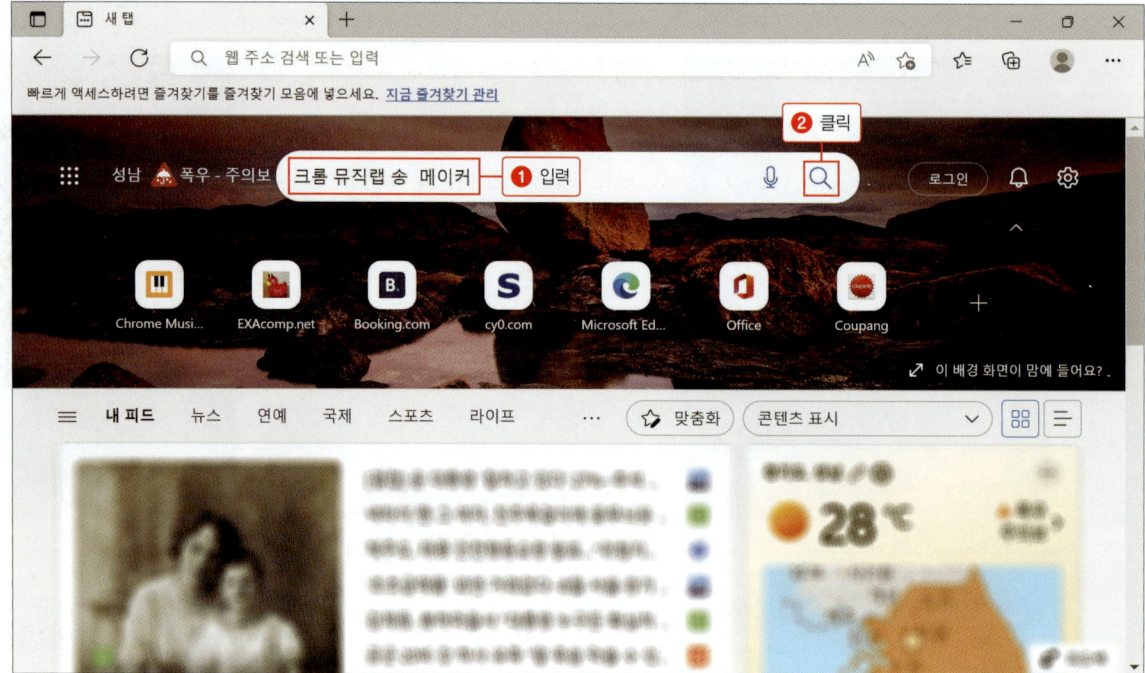

**02** 검색 결과가 표시되면 〔Song Maker〕를 클릭하여 접속해요.

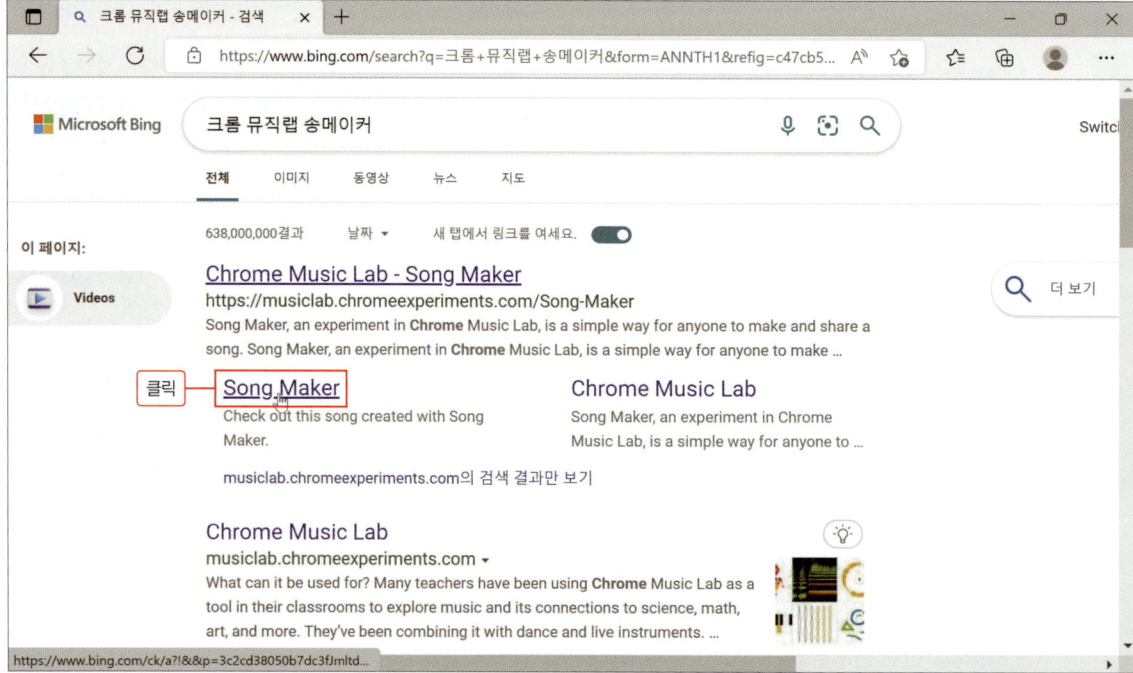

## 3 크롬 뮤직랩 송 메이커를 활용하여 작곡 놀이하기

**01** 크롬 뮤직랩 송 메이커 사이트에 접속되면 칸을 클릭 또는 드래그하여 그림과 같이 음계를 입력해요.

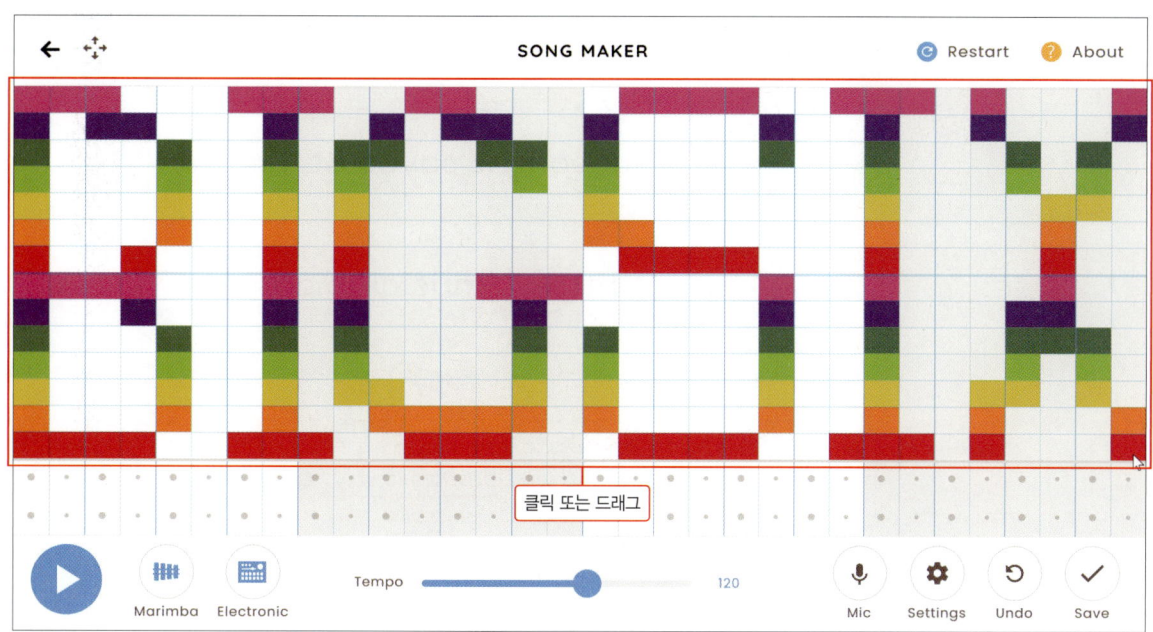

화면의 위쪽은 계이름, 아래쪽은 박자 구간이에요. (재생(▶))을 클릭하여 어떤 음악이 만들어졌는지 바로 들으면서 확인할 수 있어요.

**02** 아래쪽 박자 구간을 클릭하여 ▲와 ●의 비트를 추가한 다음 모두 완성되었으면 (Save(✓))를 클릭하여 음악을 저장해요.

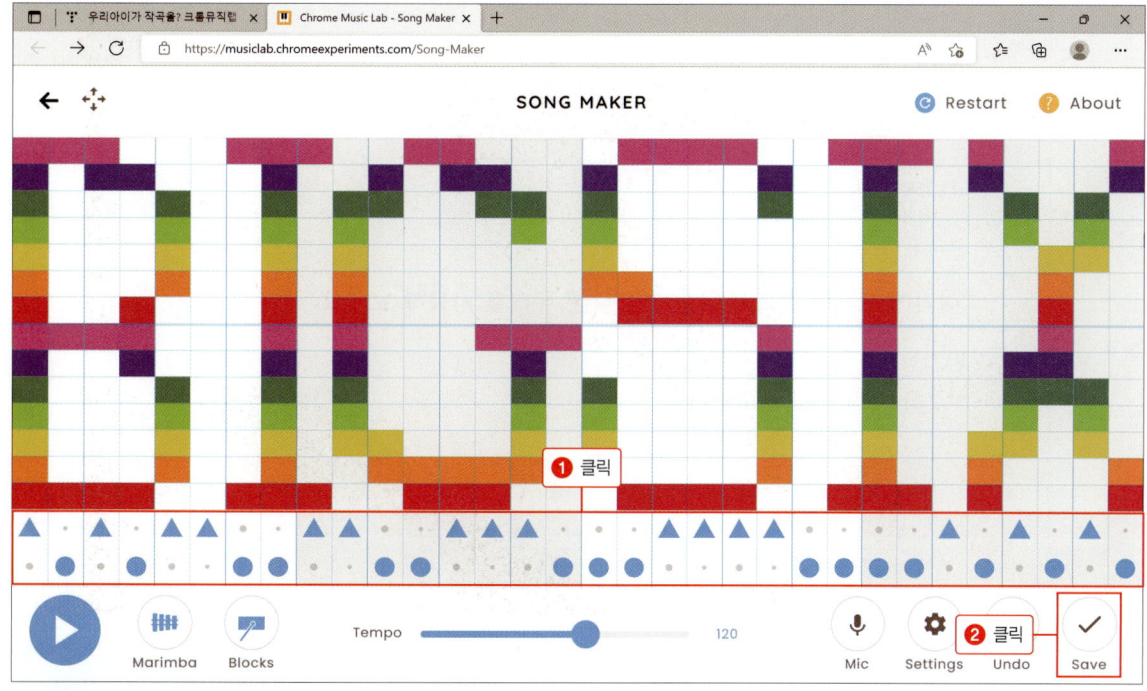

(Marimba(▥))와 (Blocks(▱))를 클릭하면 다른 악기로 변경이 가능해요. (Marimba(▥))를 클릭하면 계이름 구간의 악기를 (Blocks(▱))를 클릭하면 박자 구간의 악기를 지정할 수 있어요.

08 • 정보의 바다 인터넷 접속하기  **49**

**03** 그림과 같이 메시지가 표시되면 〔DOWNLOAD WAV〕를 클릭해요. 오른쪽 상단에 〔다운로드〕 창이 표시되면 〔파일 열기〕를 클릭해요.

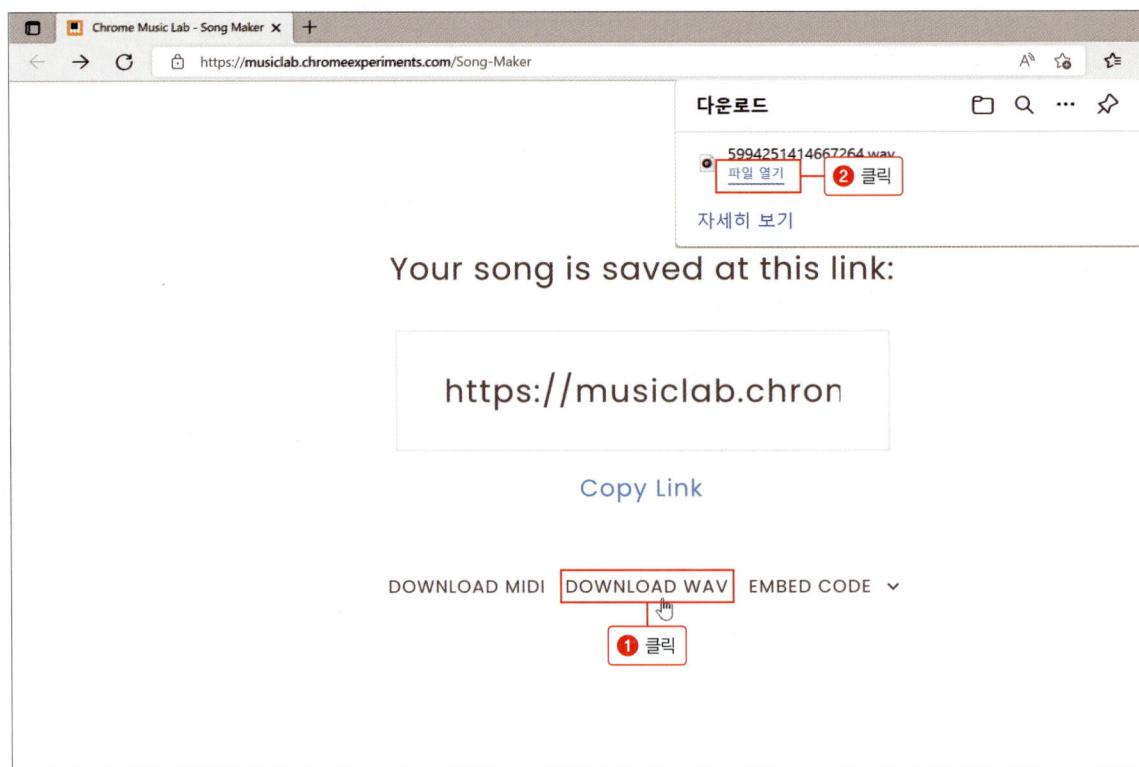

**04** 작곡한 음악이 잘 저장되었는지 들어 보며 확인해요.

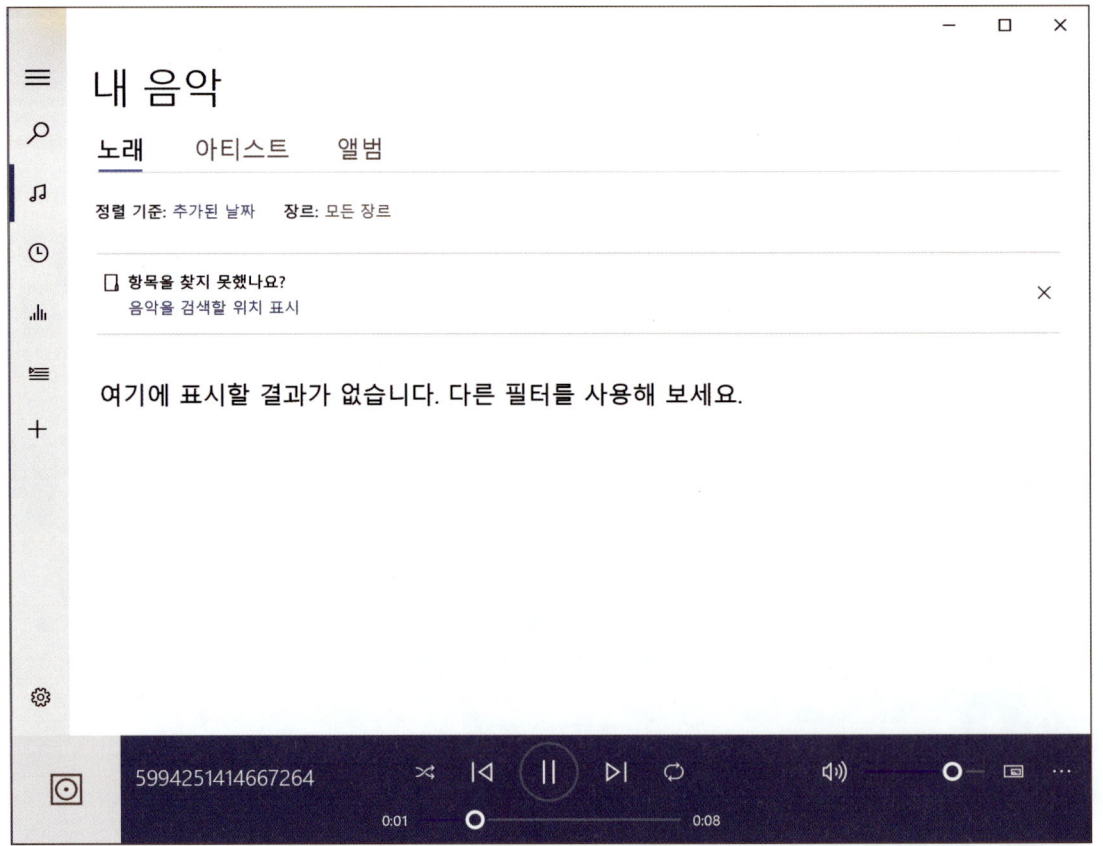

### 01 ▶ 다음 내용과 맞는 마이크로소프트 엣지 기능의 번호를 적어 보세요.

- 접속된 사이트의 제목을 표시해요. _____
- 사이트의 내용을 읽어줘요. _____
- 현재 열려 있는 페이지를 즐겨찾기에 추가해요. _____
- 현재 윈도우11에 로그인된 계정의 프로필이 표시돼요. _____
- 마이크로소프트 엣지의 다양한 기능을 설정하고 추가할 수 있어요. _____

### 02 ▶ 크롬 뮤직랩에서 '리듬'을 선택하여 북과 트라이앵글의 리듬을 만들어 보세요.

 크롬 뮤직랩(musiclab.chromeexperiments.com) 사이트에 접속한 다음 '리듬'을 선택해요. 리듬은 특정 시간 내 소리의 패턴이에요. 가장 일반적인 리듬은 4박자마다 반복되지만, 3, 5, 6 등의 박자마다 반복될 수도 있어요. 격자를 클릭하여 나만의 리듬을 만들어요.

# 09 엣지 브라우저 활용하기

수업 11

엣지 브라우저를 실행했을 때 처음 표시되는 시작 페이지를 변경하고, 내가 좋아하는 사이트를 즐겨찾기에 추가하고, 컬렉션 기능으로 저장하는 방법에 대해 알아보아요.

**학습목표**
- 시작 페이지를 변경해 보세요.
- 내가 좋아하는 사이트를 즐겨찾기에 추가해 보세요.
- 컬렉션 기능을 이용해 보세요.

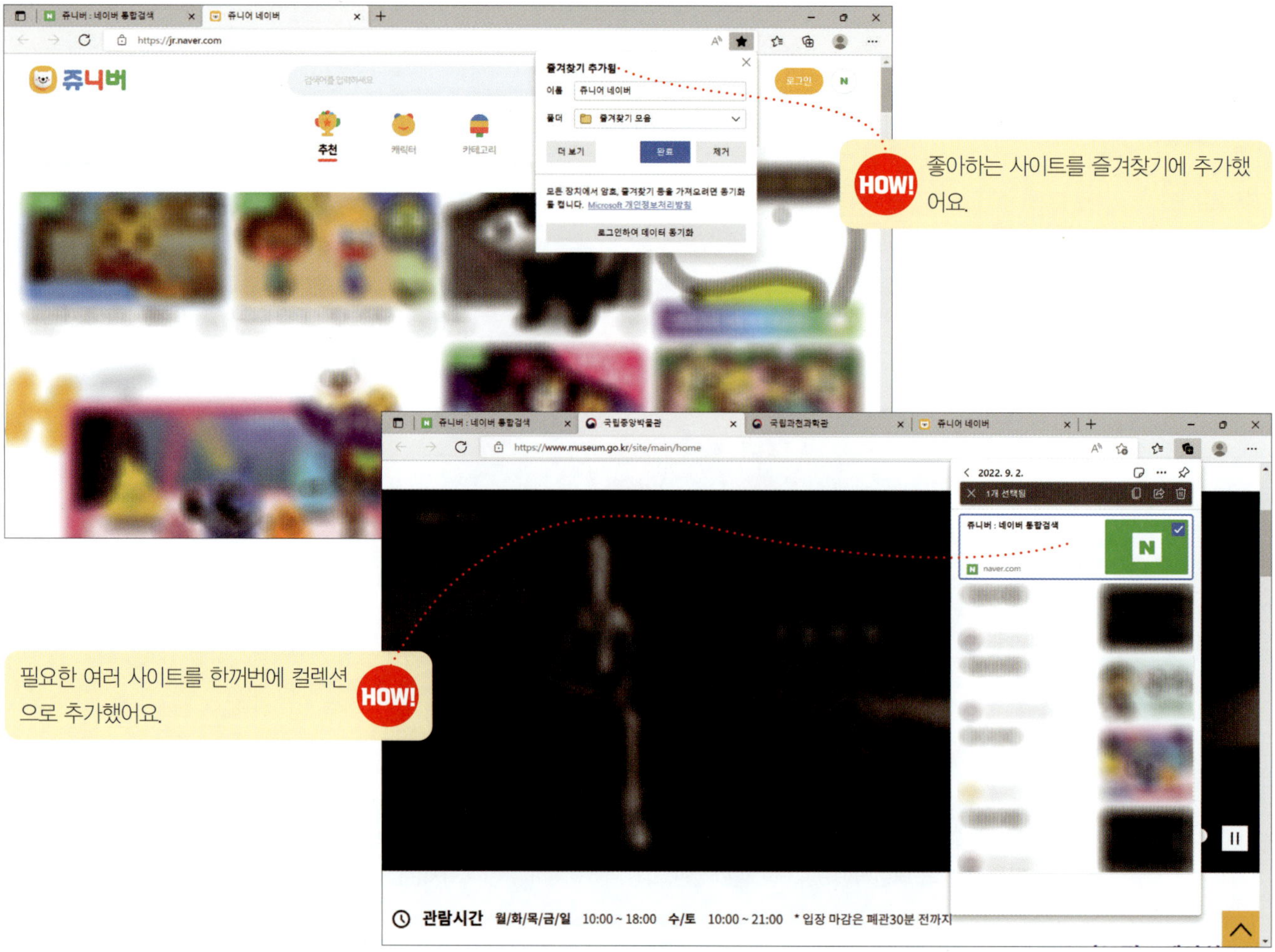

HOW! 좋아하는 사이트를 즐겨찾기에 추가했어요.

필요한 여러 사이트를 한꺼번에 컬렉션으로 추가했어요. HOW!

## 1 네이버를 시작 페이지로 지정하기

**01** 〔시작(▦)〕을 클릭한 〔고정됨〕 앱 목록에서 〔마이크로소프트 엣지(Microsoft Edge)(◉)〕를 클릭하여 웹 브라우저를 실행해요. 오른쪽 상단에서 〔설정 및 기타(⋯)〕를 클릭한 다음 '설정'을 선택해요.

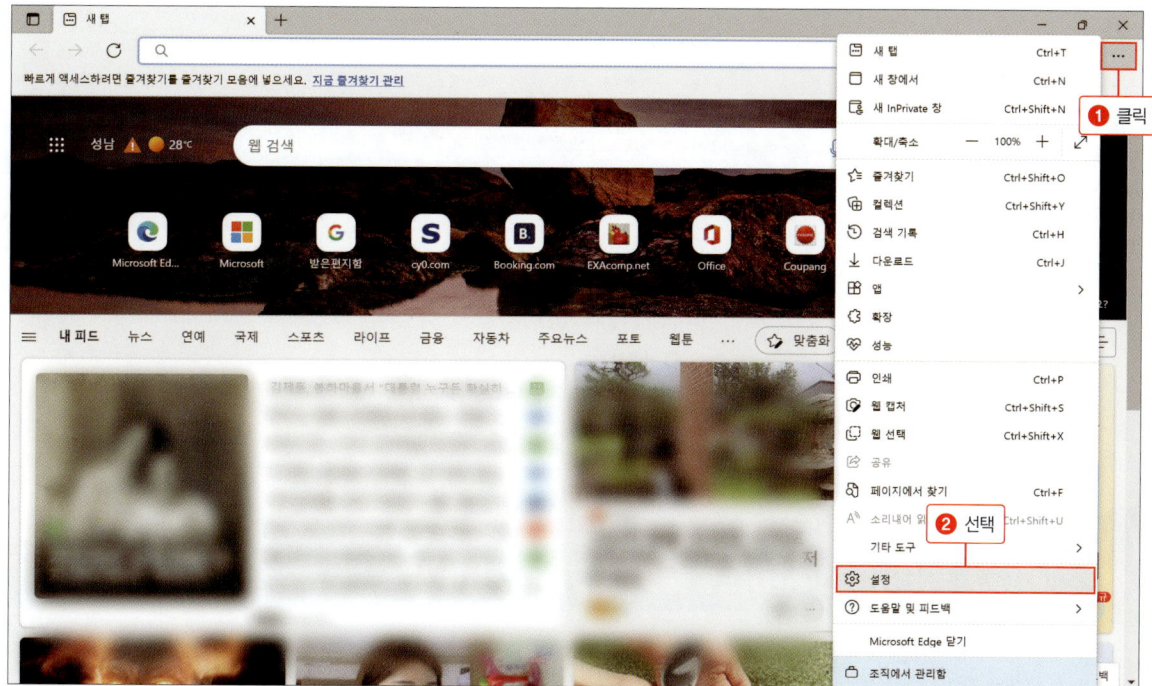

**02** '시작, 홈 및 새 탭'을 선택하고, '다음 페이지를 열 수 있습니다.'를 선택한 다음 〔새 페이지 추가〕를 클릭해요.

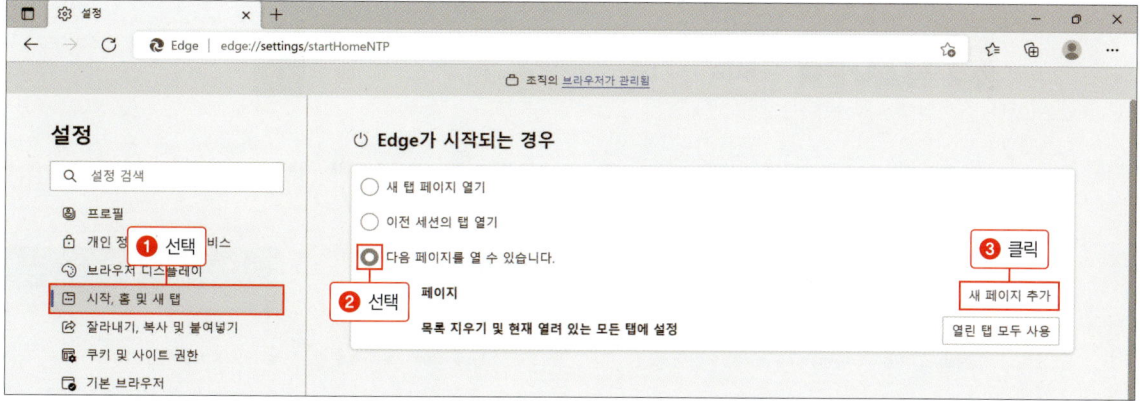

**03** 〔새 페이지 추가〕 대화상자가 표시되면 URL 입력에 'www.naver.com'을 입력한 다음 〔추가〕를 클릭해요.

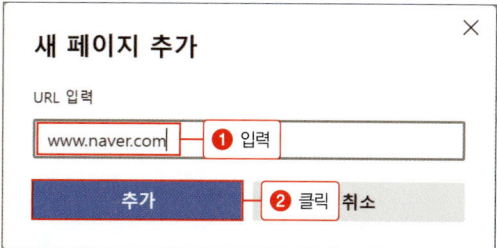

**04** 시작 페이지가 네이버로 설정된 것을 확인하고 〔닫기()〕를 클릭하여 웹 브라우저를 종료해요.

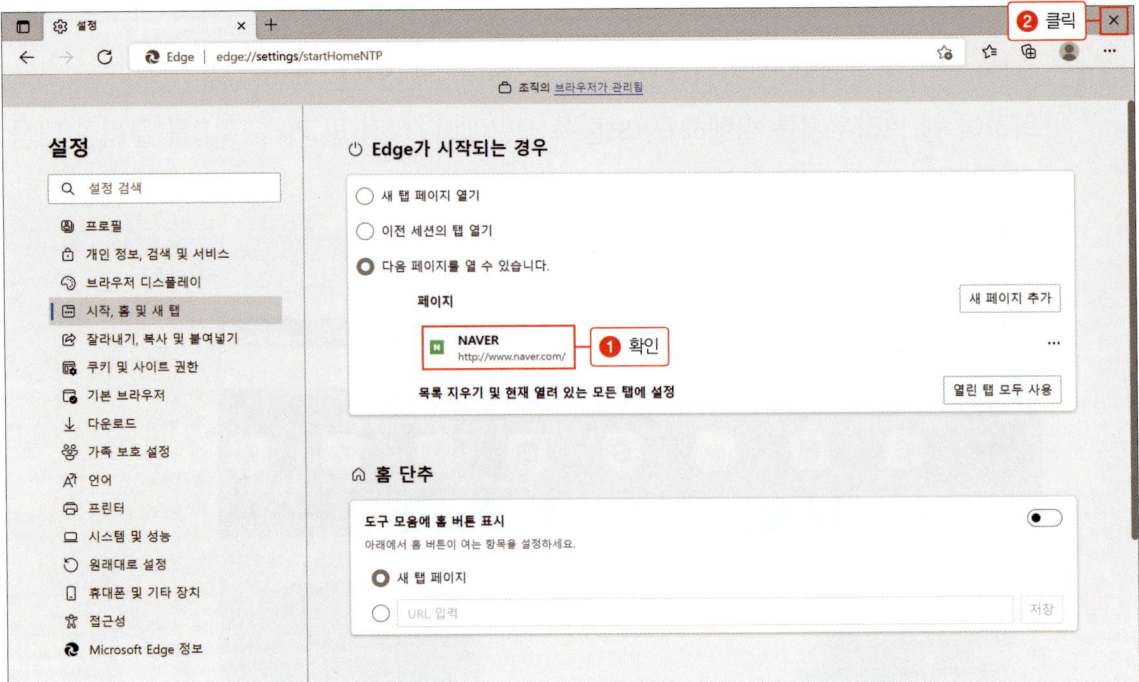

## 2 좋아하는 사이트 즐겨찾기 추가하기

**01** Microsoft Edge 웹 브라우저를 실행한 다음 네이버 검색창에 '쥬니버'를 검색하여 '쥬니어네이버' 사이트에 접속해요.

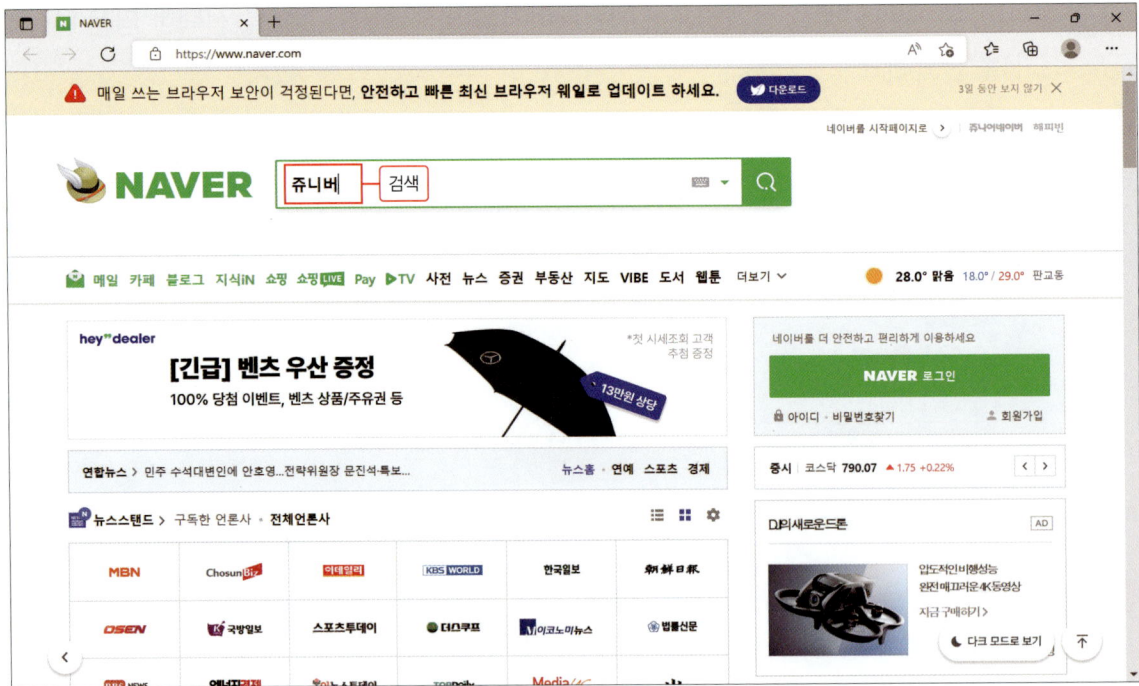

**02** 새 탭이 자동으로 추가되면서 '쥬니어네이버' 사이트가 표시되면 [이 페이지를 즐겨찾기에 추가 (☆)]를 클릭해요. 저장할 이름과 폴더를 지정한 다음 [완료]를 클릭해요.

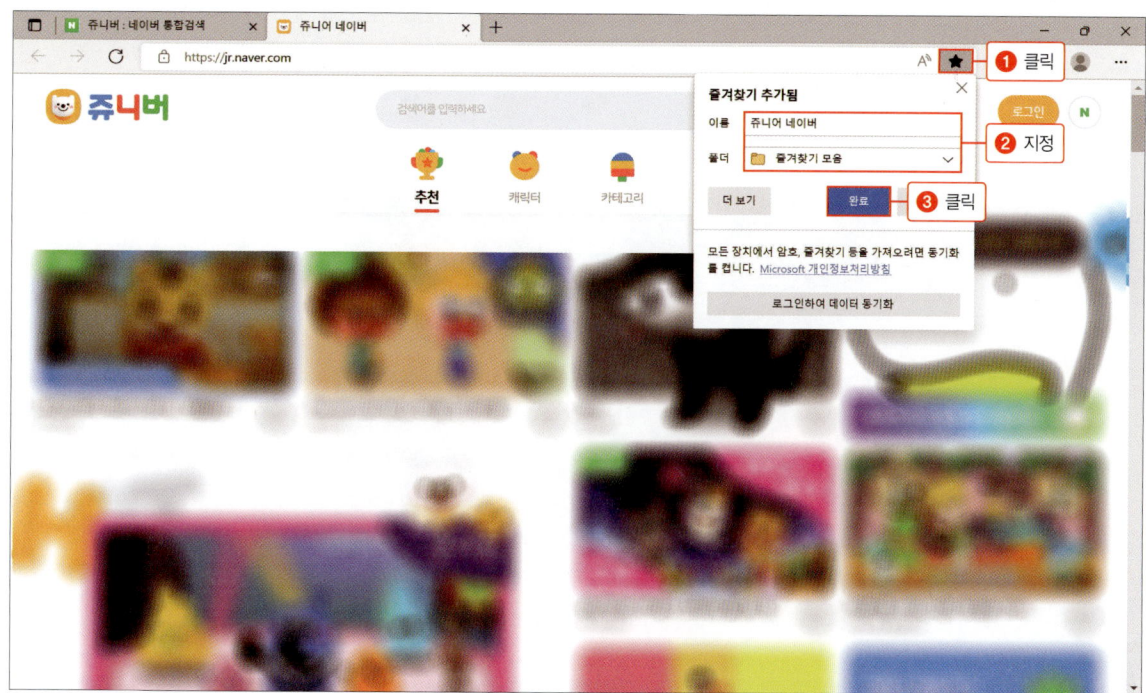

**03** [즐겨찾기(☆)]를 클릭하여 '쥬니어 네이버'가 추가된 것을 확인해요.

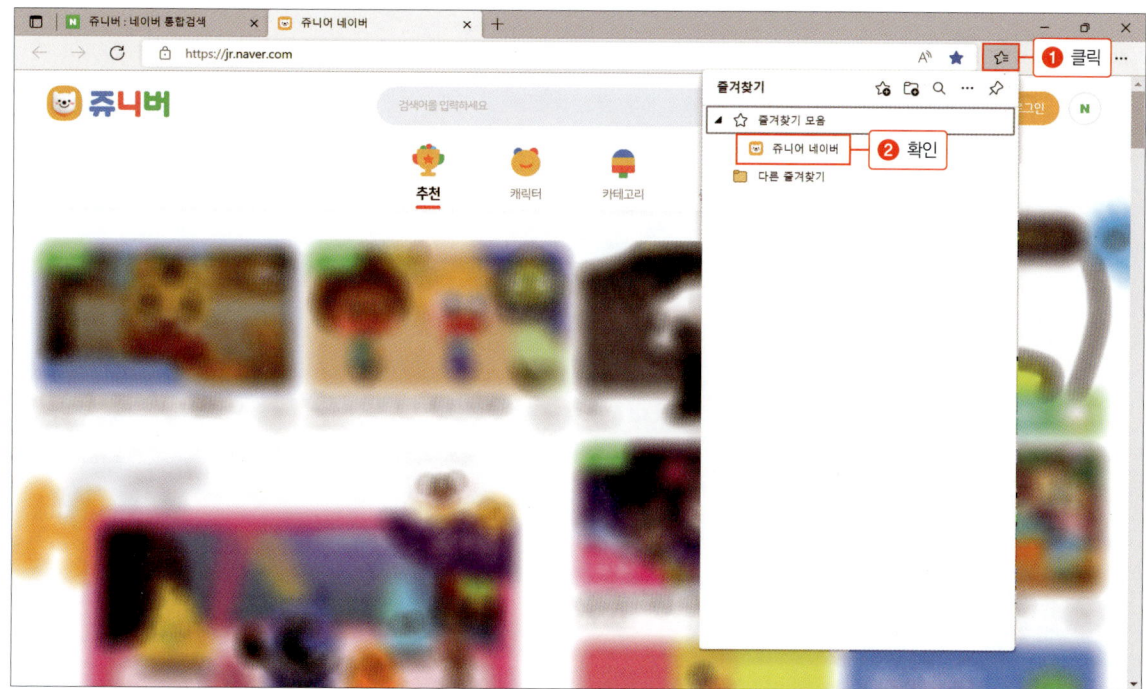

즐겨찾기 목록에서 사이트를 삭제하려면 마우스 오른쪽 버튼을 클릭한 다음 '삭제'를 선택해요.

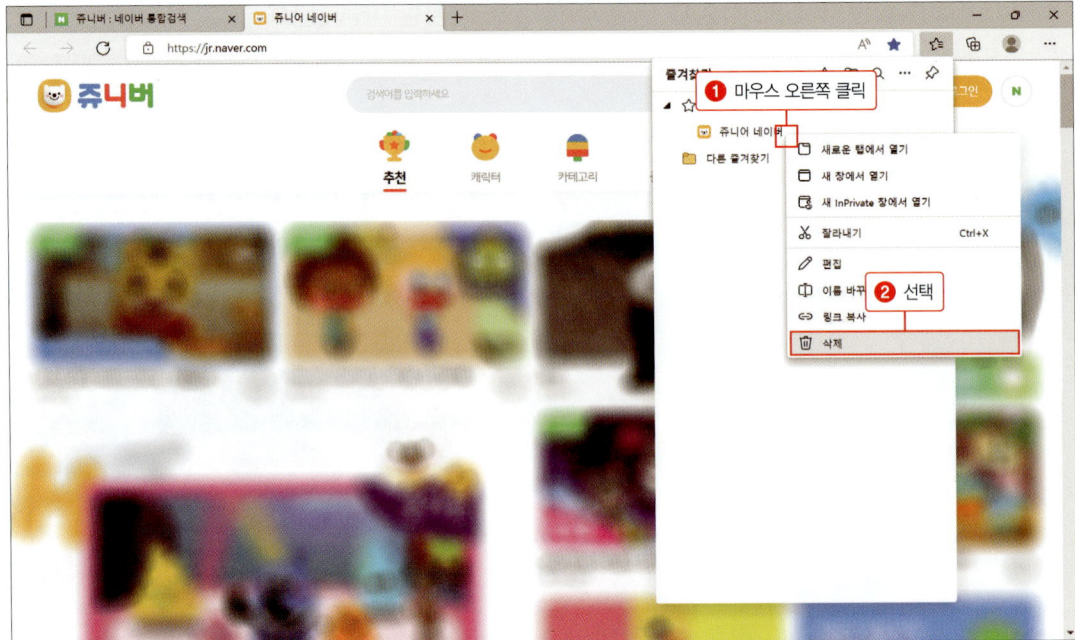

## 3 컬렉션 기능 이용하기

**01** [네이버] 탭을 클릭하여 검색창에 '과천과학관'을 검색한 다음 '국립과천과학관' 사이트에 접속해요.

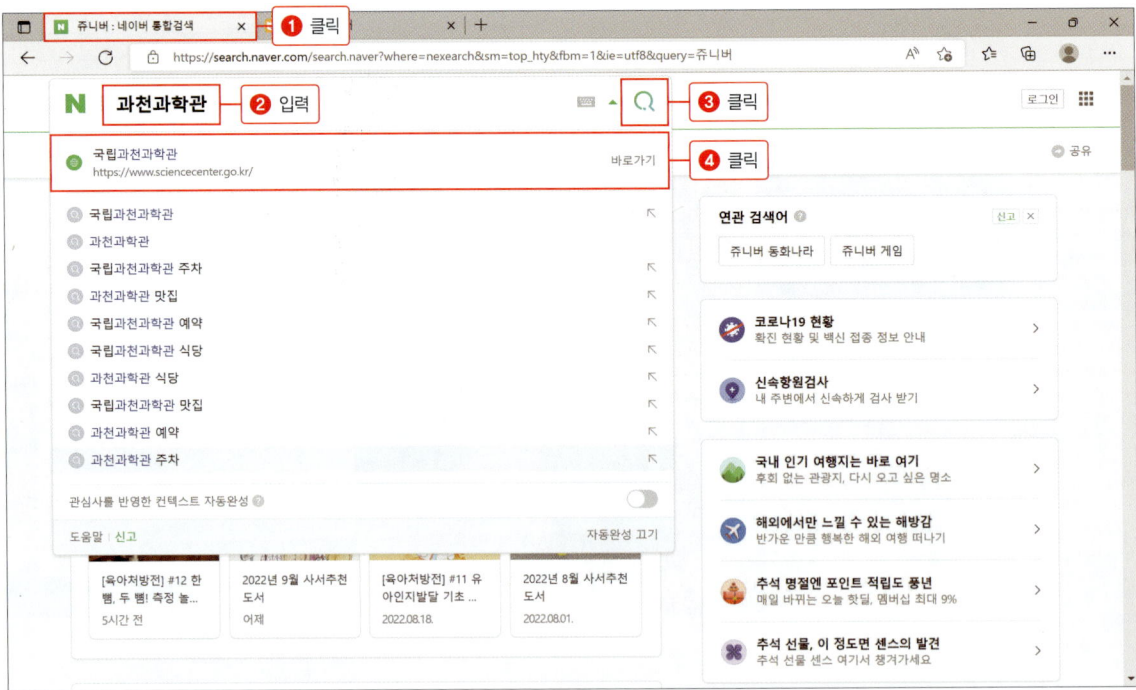

**02** 새 탭이 자동으로 추가되면서 '국립과천과학관' 사이트에 접속돼요. 같은 방법으로 '국립중앙박물관' 사이트도 접속해요.

**03** '쥬니어 네이버', '국립과천과학관', '국립중앙박물관' 사이트가 모두 열린 상태에서 [탭 작업 메뉴(□)]를 클릭한 다음 '컬렉션에 모든 탭 추가'를 선택해요.

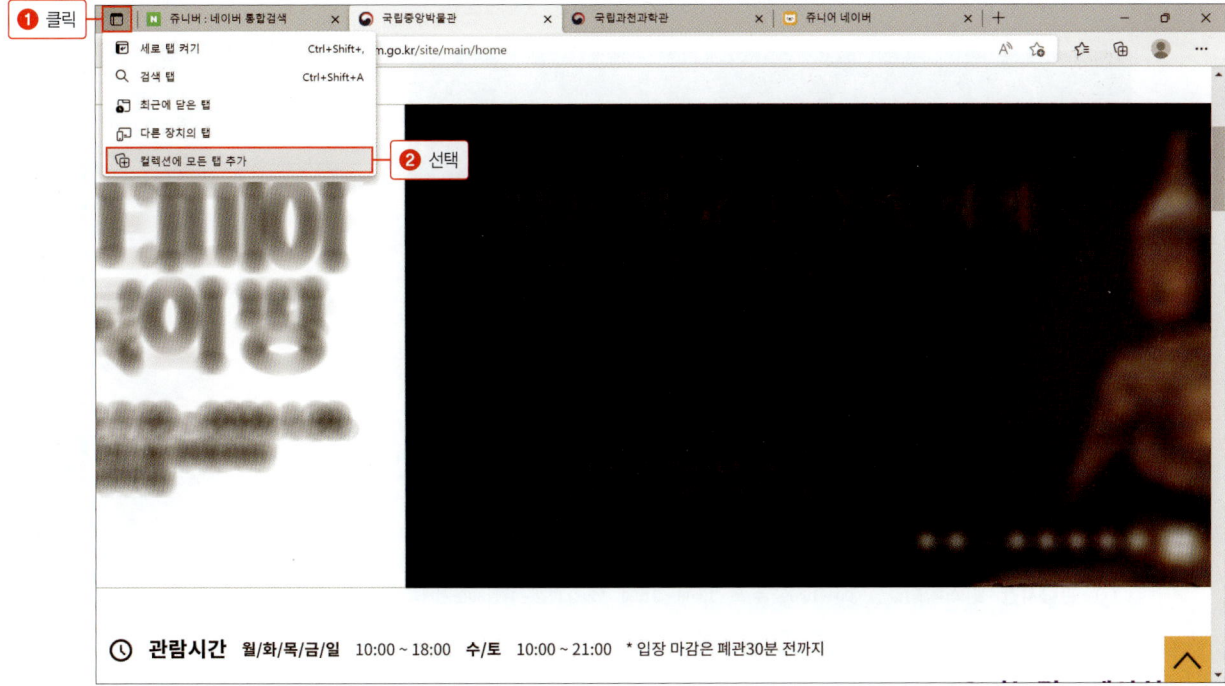

**04** 컬렉션이 추가되었으면 목록을 확인하기 위해 [컬렉션(🗐)]을 클릭해요.

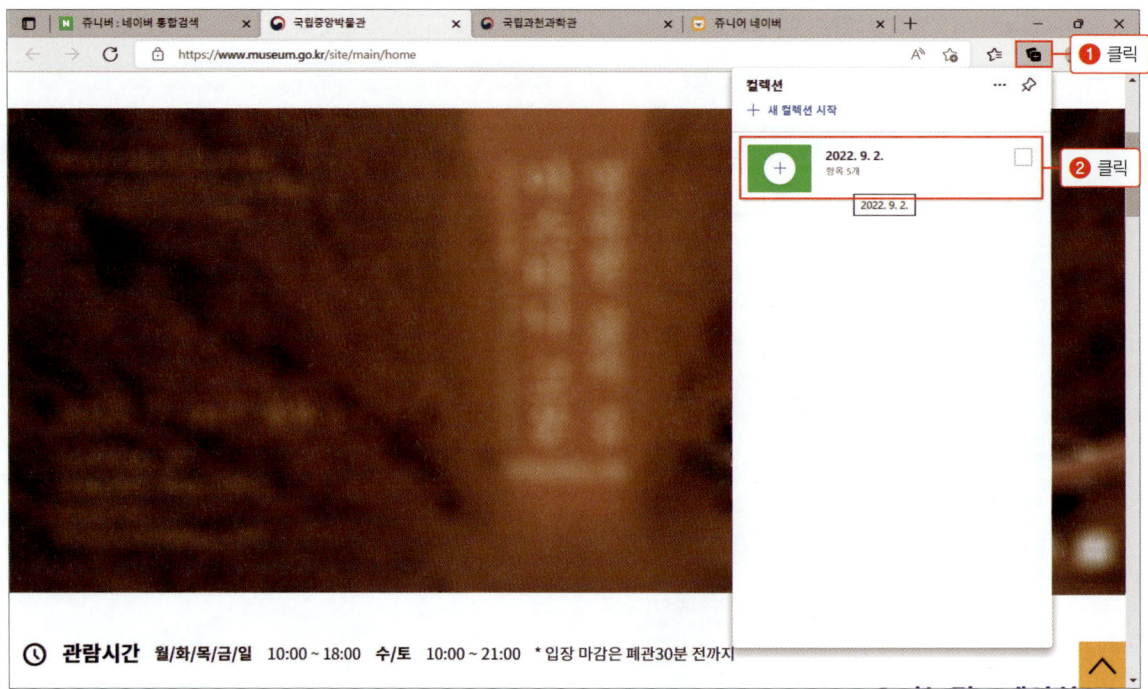

**05** 컬렉션에 추가된 사이트를 확인하고, 필요 없는 사이트는 오른쪽 상단을 클릭하여 체크 표시한 다음 [선택 영역 삭제(🗑)]를 클릭해요.

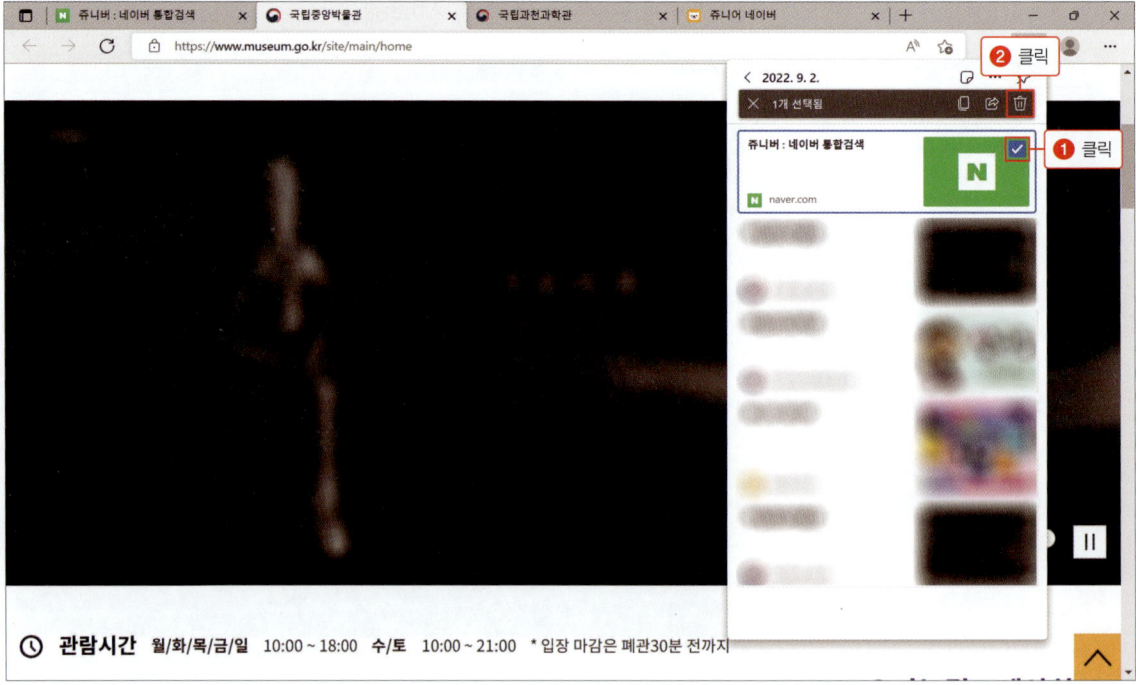

**01** ▶ 비대면 수업이나 학교 숙제에 필요한 사이트를 즐겨찾기에 추가해 보세요.

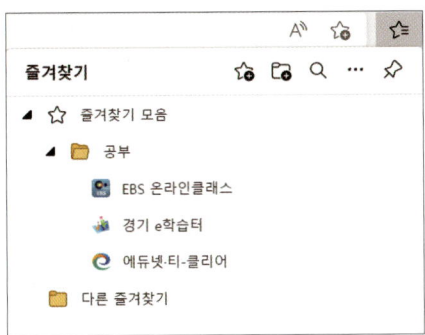

- e학습터(cls.edunet.net)
- 에듀넷(www.edunet.net)
- EBS 온라인 클래스(www.ebsoc.co.kr)

① [이 페이지를 즐겨찾기에 추가(☆)]를 클릭하고, 저장할 이름과 폴더를 지정한 다음 [완료]를 클릭해요.
② [폴더 추가(📁)]를 클릭하면 새로운 이름의 폴더를 추가할 수 있어요. '공부' 폴더를 만들어 학습에 필요한 사이트를 즐겨찾기에 추가해요.

**02** ▶ 평소에 가고 싶은 장소의 사이트를 검색하여 컬렉션으로 저장해 보세요.

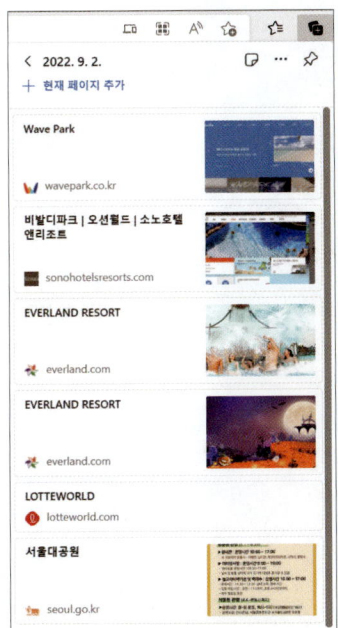

사이트가 모두 열린 상태에서 [탭 작업 메뉴(▣)]를 클릭한 다음 '컬렉션에 모든 탭 추가'를 선택해요.

# 10 수업 바탕 화면과 잠금 화면 변경하기

컴퓨터를 켜면 가장 먼저 보이는 화면이 바탕 화면이에요. 이번에는 바탕 화면의 배경 이미지와 작업 환경을 바꾸는 테마를 설정하는 방법에 대해 알아보아요. 컴퓨터를 켰을 때나 자리를 비웠을 때 컴퓨터가 잠기면서 보이는 잠금 화면도 지정해 보세요.

- 바탕 화면 배경을 바꿔 보세요.
- 테마를 변경해 보세요.
- 잠금 화면을 변경해 보세요.

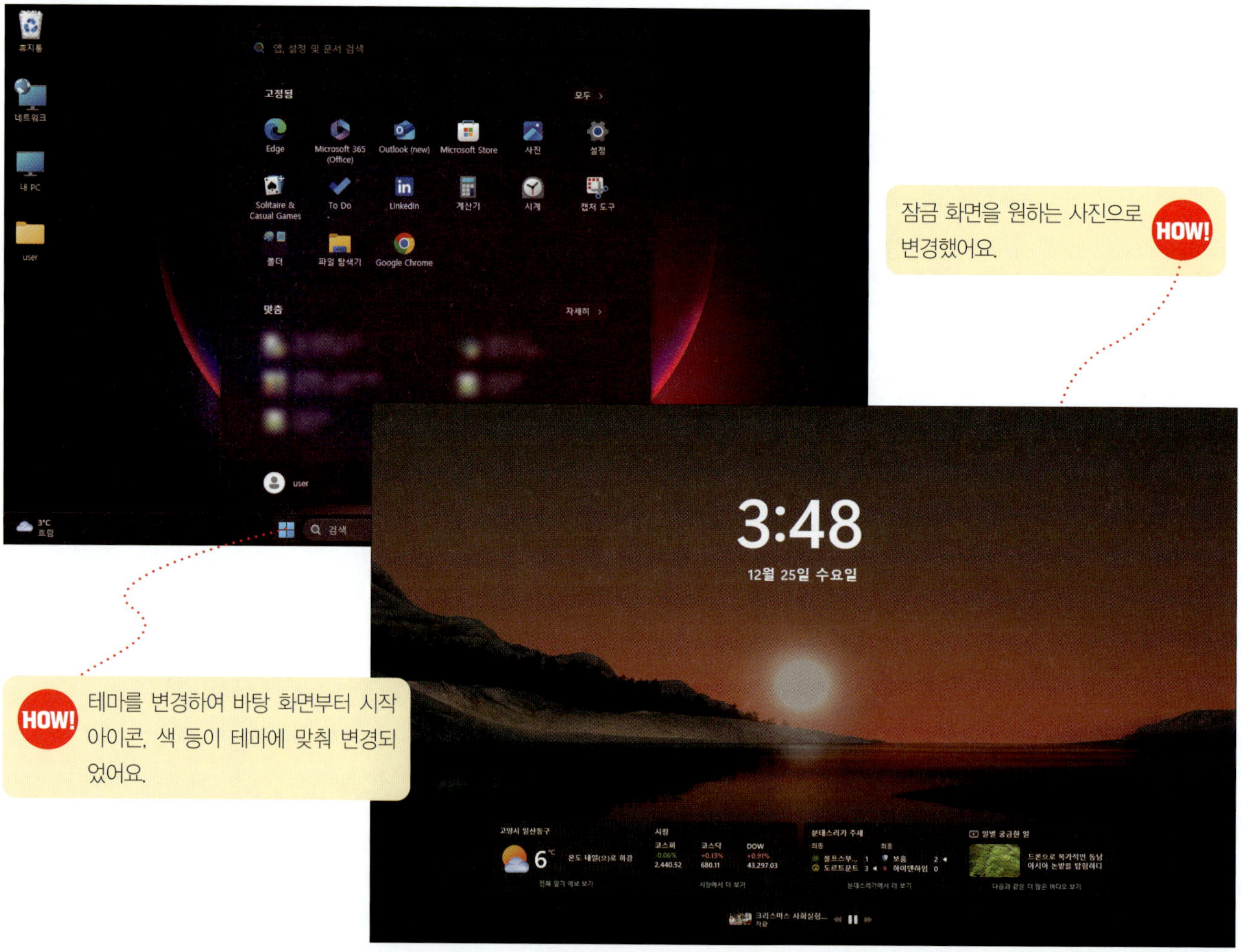

**HOW!** 테마를 변경하여 바탕 화면부터 시작 아이콘, 색 등이 테마에 맞춰 변경되었어요.

**HOW!** 잠금 화면을 원하는 사진으로 변경했어요.

 **바탕 화면 배경 변경하기**

**01** 바탕 화면의 빈 곳에서 마우스 오른쪽 버튼을 클릭한 다음 '개인 설정'을 선택해요.

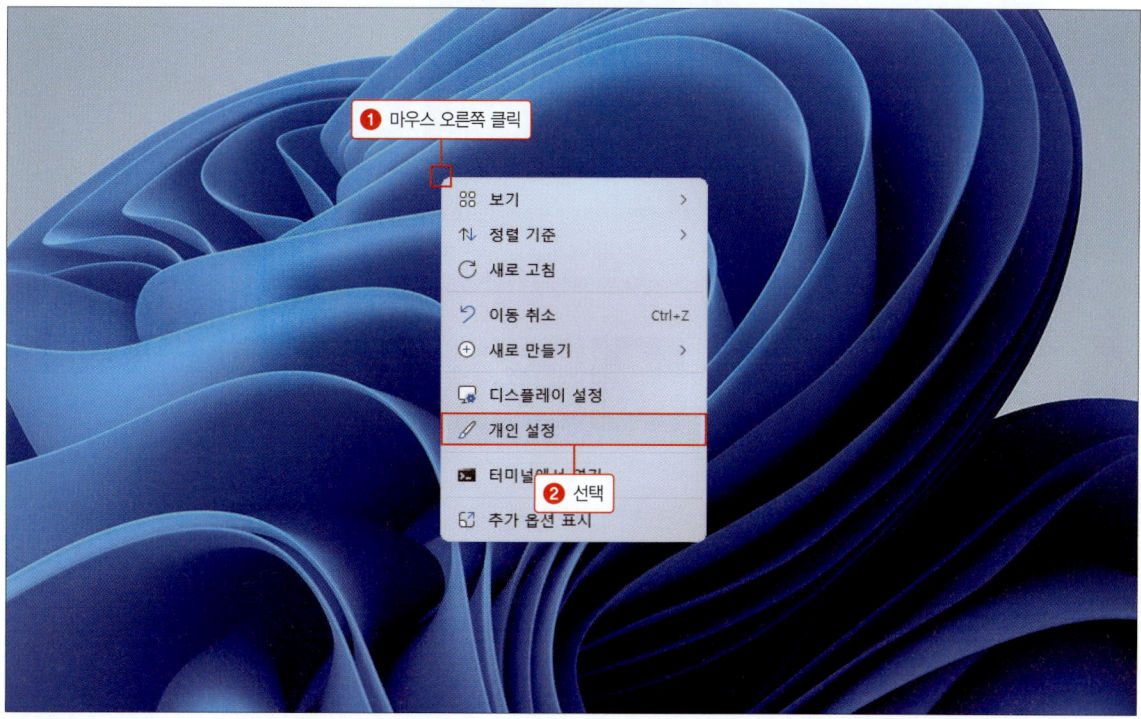

[시작(🪟)] → [설정(⚙)]을 클릭하여 [설정] 창이 표시되면 '개인 설정'을 선택해도 돼요.

**02** [개인 설정] 창이 표시되면 '배경'을 선택하고, 배경을 '사진'으로 지정한 다음 '최근 이미지'에서 원하는 사진을 선택해요.

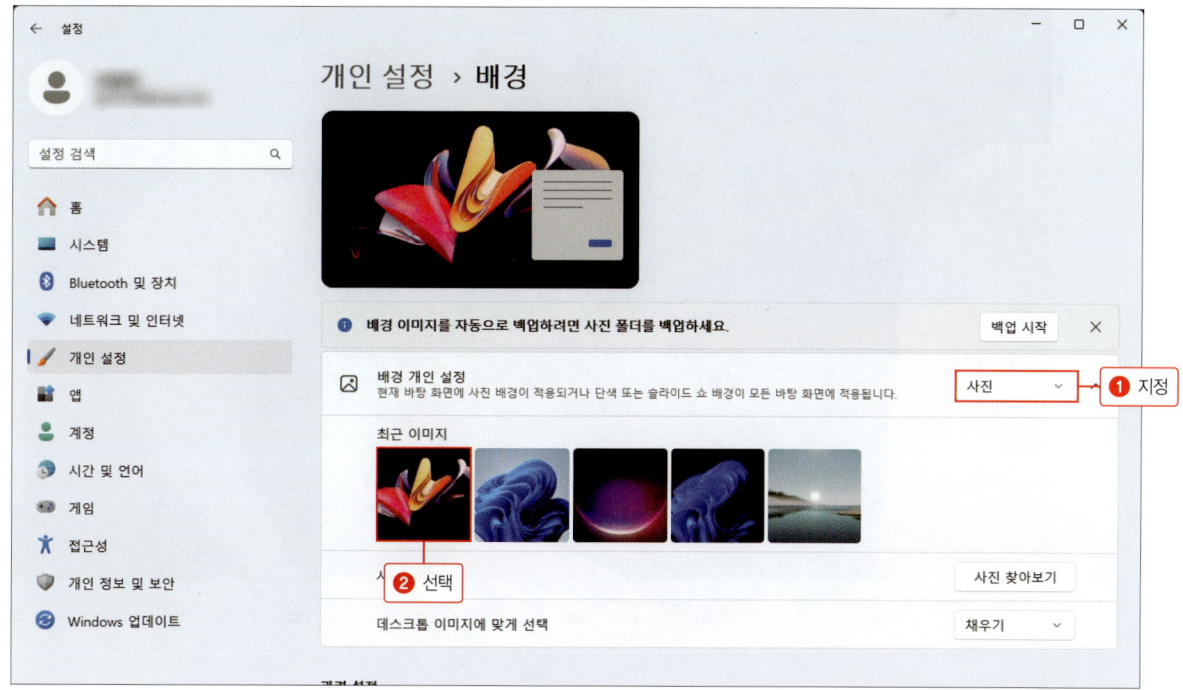

[찾아보기]를 클릭하면 컴퓨터에 저장한 다른 사진을 선택할 수 있어요.

10 • 바탕 화면과 잠금 화면 변경하기　61

**03** 맞춤 선택을 '바둑판식 배열'로 지정하고 [닫기(×)]를 클릭해요.

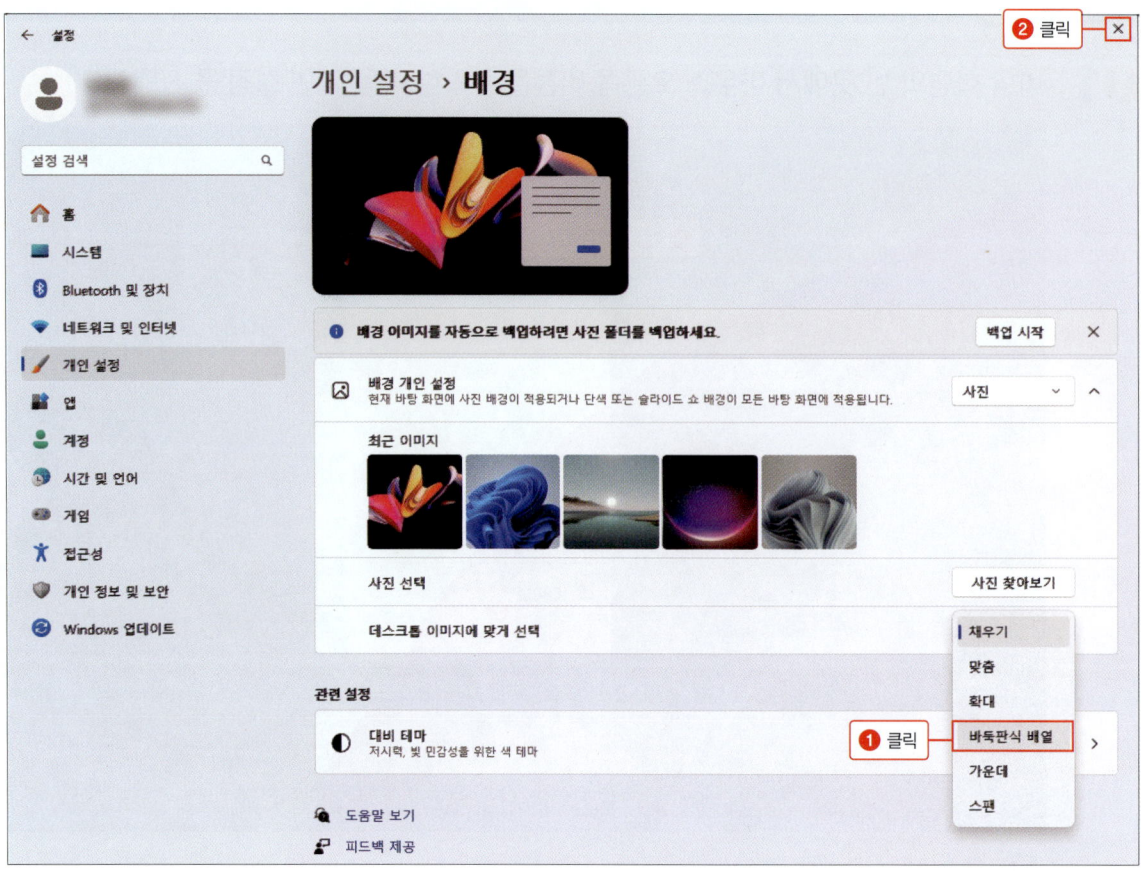

**04** 원하는 이미지와 맞춤으로 바탕 화면이 지정되었어요.

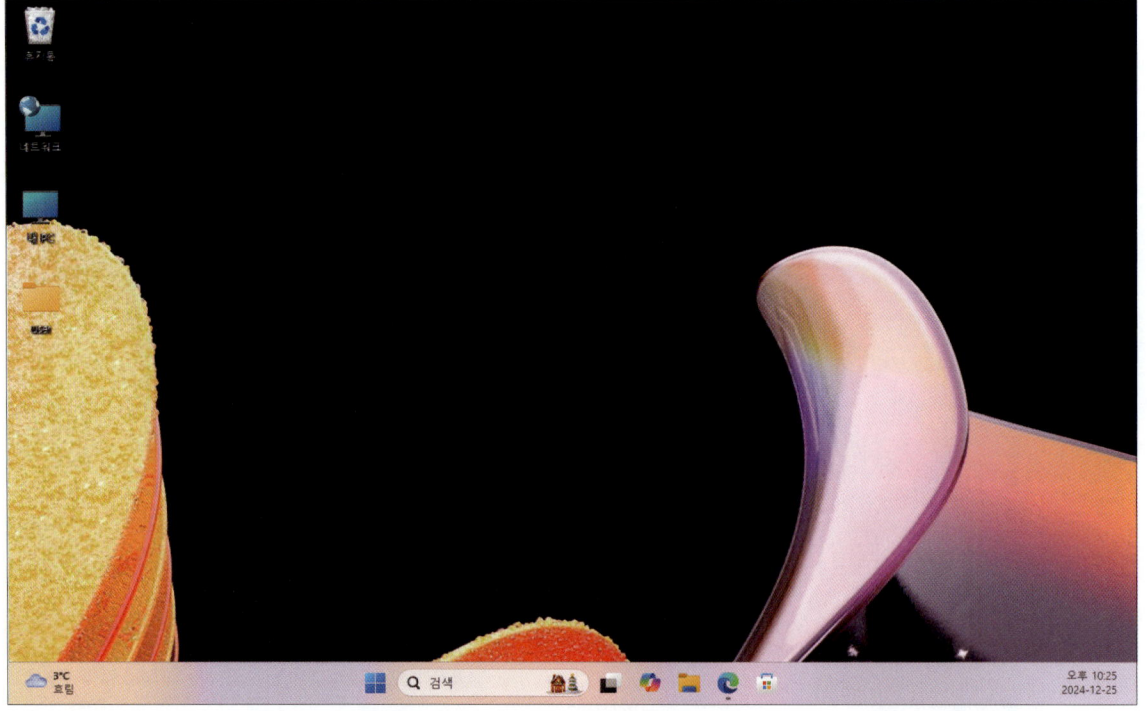

## 2 테마 변경하기

**01** 바탕 화면의 빈 곳에서 마우스 오른쪽 버튼을 클릭한 다음 '개인 설정'을 선택해요. [설정] 창이 표시되면 '테마'를 선택하고, 테마 변경에서 '후광, 4개 이미지'를 선택해요.

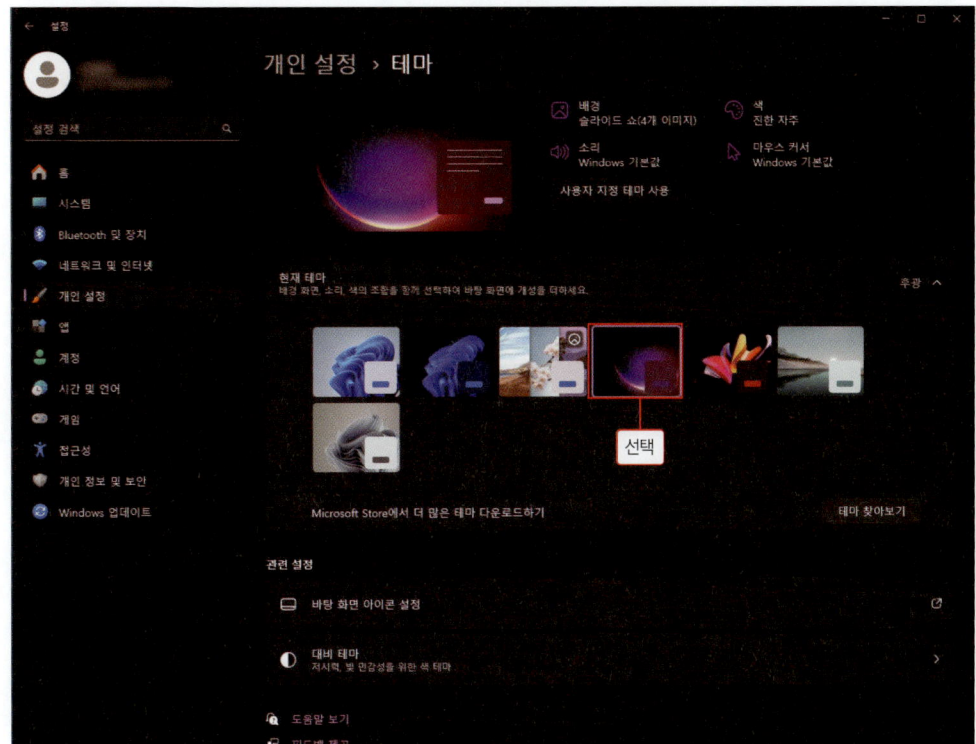

**02** 바탕 화면과 시작 아이콘, 색, 소리, 마우스 커서의 모양까지 후광 테마가 적용되었어요.

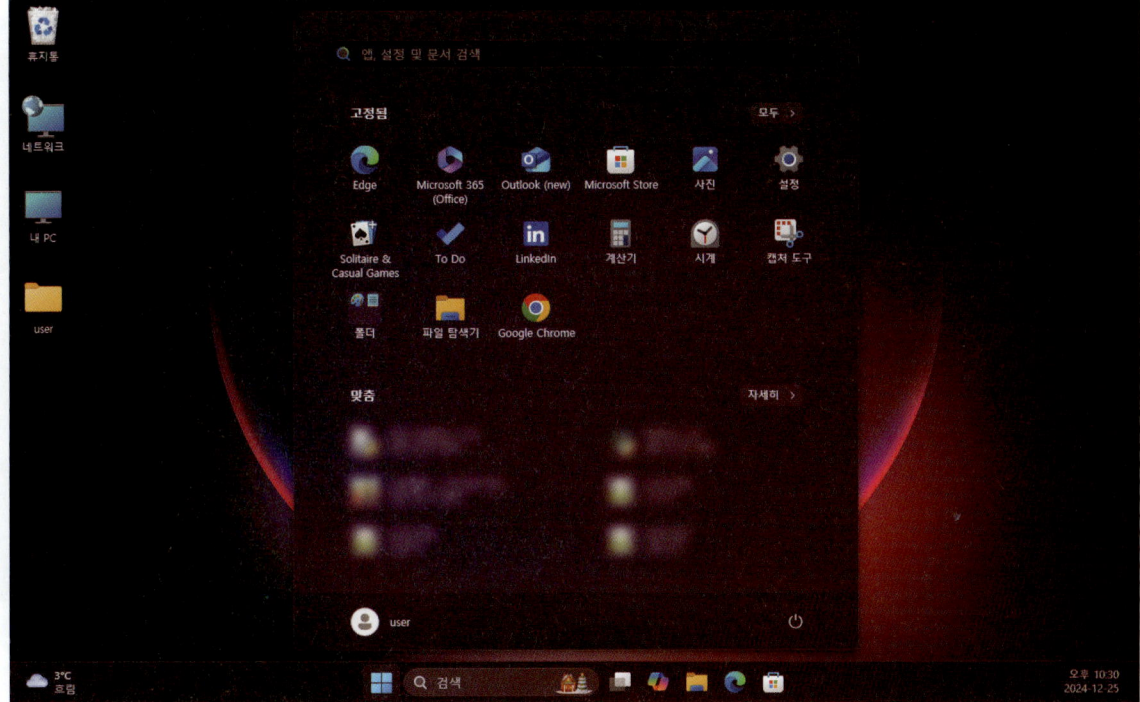

## 3 잠금 화면 변경하기

**01** 〔설정〕 창을 표시하여 '잠금 화면'을 선택하고, 배경을 '사진'으로 지정한 다음 사용자 사진 선택에서 원하는 사진을 선택해요.

〔찾아보기〕를 클릭하면 컴퓨터에 저장한 다른 사진을 선택할 수 있어요.

**02** 🪟를 누른 상태로 Ⓛ을 눌러 잠금 화면을 확인해요.

컴퓨터로 작업하다가 잠시 자리를 비우거나 작업을 하지 않으면 일정 시간이 지났을 때 모니터가 잠금 화면으로 변경돼요. 🪟+Ⓛ을 누르면 일정 시간이 지나지 않아도 잠금 화면으로 바꿀 수 있어 다른 사람이 내 컴퓨터를 건드리지 못하도록 바로 설정할 수 있어요.

**01** ▶ 이미지를 이용하여 각각 바탕 화면과 잠금 화면을 설정해 보세요.

● 예제파일 : 10_라라와루루.jpg, 그림03.jpg

❶ (개인 설정) 창에서 배경을 '사진'으로 지정한 다음 (찾아보기)를 클릭해요.
❷ 10 폴더에서 이미지를 불러오거나 원하는 이미지를 불러와 꾸며요.
❸ 이미지의 양쪽에 여백이 생기는 경우 '색'에서 테마 컬러를 지정해 색을 채워요.

**02** ▶ 작업 환경을 돌고래 테마로 변경하여 설정해 보세요.

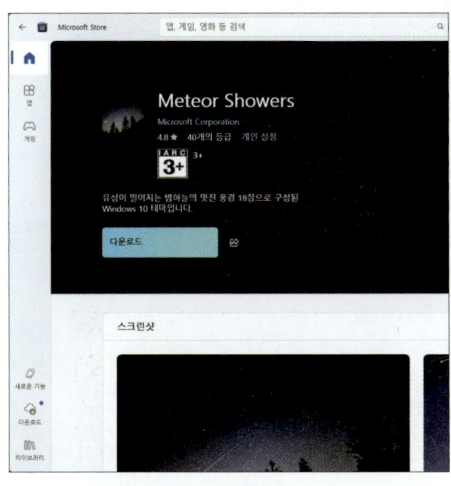 

❶ (개인 설정) 창에서 '테마'를 선택하고, (Microsoft Store에서 더 많은 테마 가져오기)에서 (테마 찾아보기)를 클릭해요.
❷ 무료 테마에서 'Meteor Showers'를 선택하고 (다운로드)를 클릭해요.
❸ 무료 테마를 다운로드하려면 마이크로소프트에 이메일을 등록해서 마이크로소프트 계정의 설정을 완료해야 이용할 수 있어요.

## 수업 11 어두운 테마 지정과 야간 모드 사용하기

컴퓨터를 오래 사용하면 눈이 피곤하고 시력이 나빠질 수 있어요. 특히 블루라이트는 파란색 계열의 빛을 방출해서 수면 유도 호르몬 분비를 저하시켜 자라나는 어린이의 수면을 방해해요. 이번에는 눈이 덜 피곤해지고 절전 효과도 있는 시스템 설정 방법에 대해 알아보아요.

**학습목표**
- 기본 색 모드를 어두운 테마로 지정해 보세요.
- 야간 모드를 조절해 보세요.

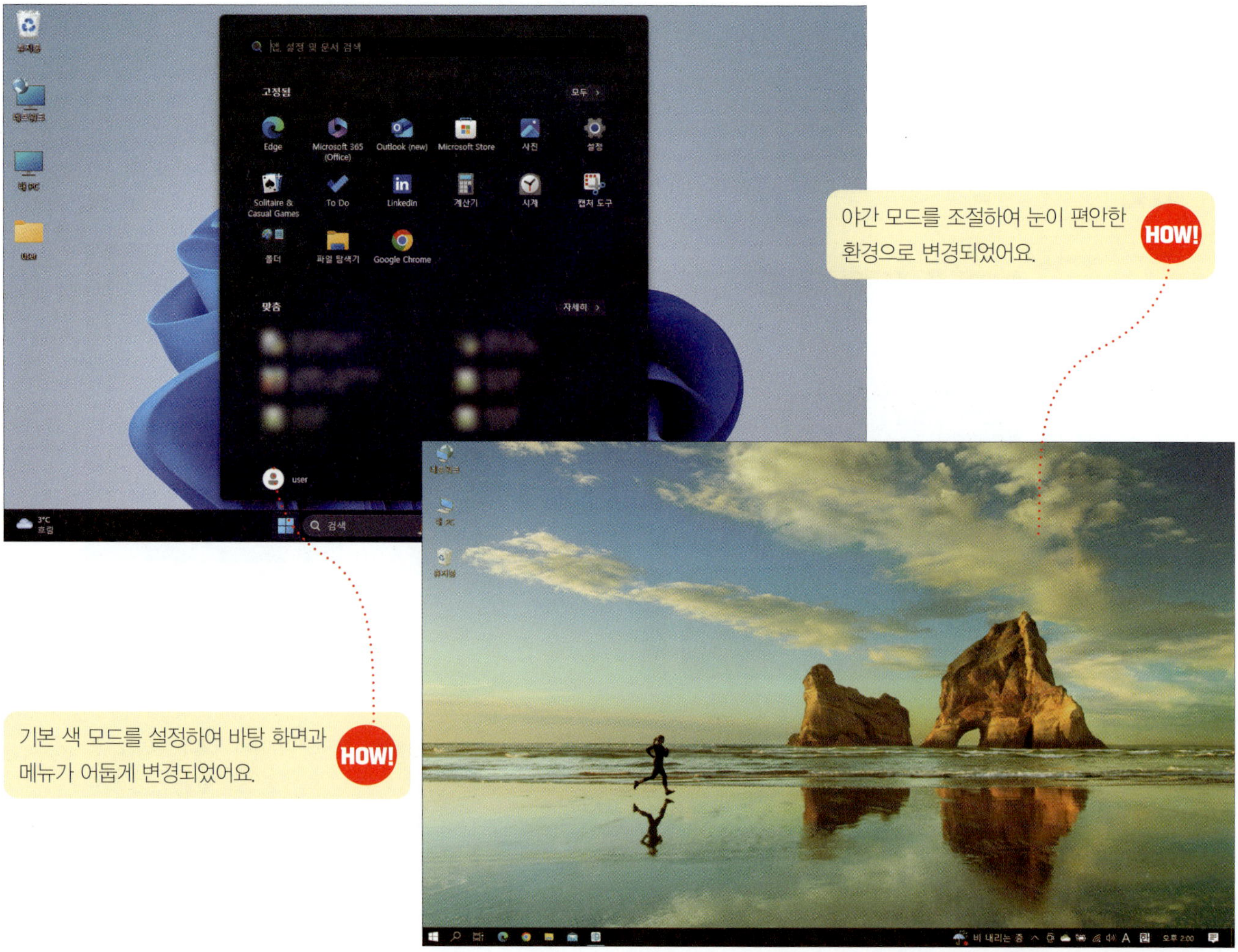

야간 모드를 조절하여 눈이 편안한 환경으로 변경되었어요. **HOW!**

기본 색 모드를 설정하여 바탕 화면과 메뉴가 어둡게 변경되었어요. **HOW!**

## 1 기본 색 모드를 어두운 테마로 지정하기

**01** 바탕 화면의 빈 곳에서 마우스 오른쪽 버튼을 클릭한 다음 '개인 설정'을 선택해요. 〔개인 설정〕 창이 표시되면 '색'을 선택하고, 모드 선택에서 '다크'를 선택해요.

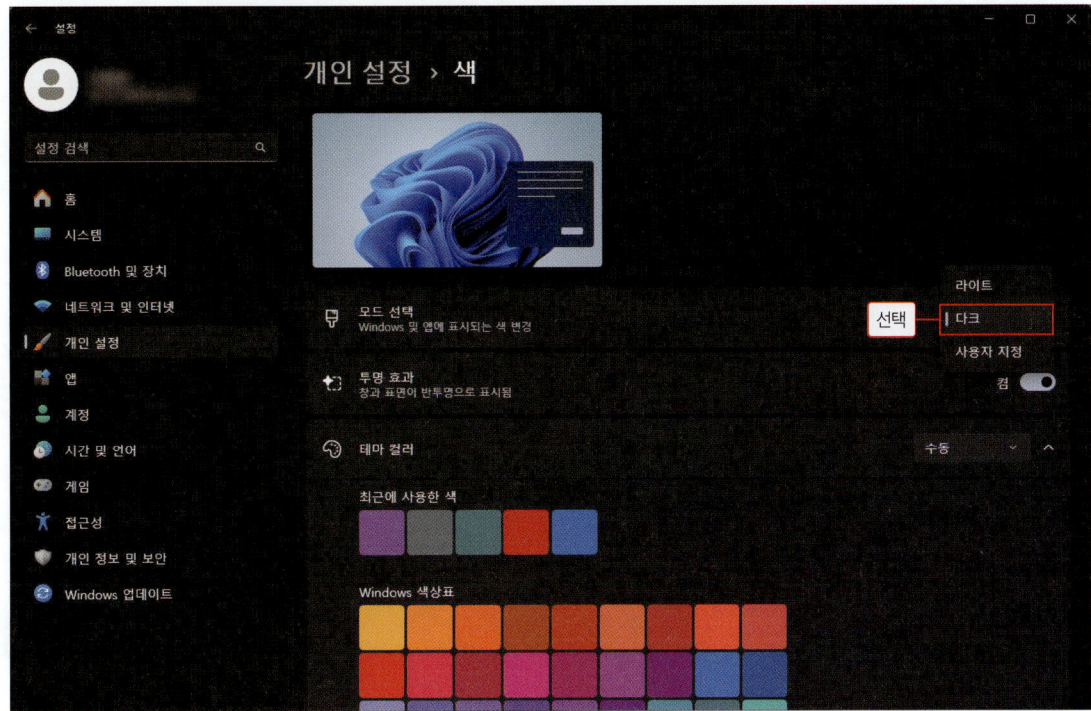

 〔시작(■)〕 → 〔설정(⚙)〕을 클릭하여 〔설정〕 창이 표시되면 '개인 설정'을 선택해도 돼요.

**02** 바탕 화면과 메뉴가 어두운색으로 변경되었어요.

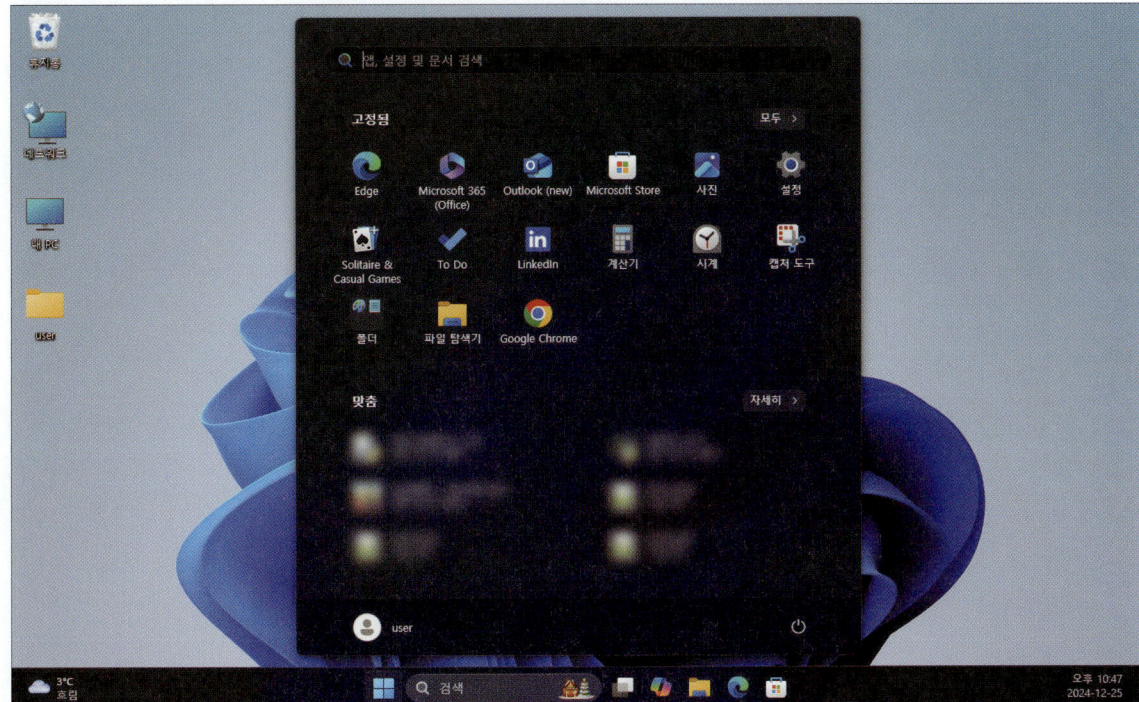

## 2 야간 모드 설정하기

**01** 〔시작(⊞)〕을 클릭한 다음 〔설정(⚙)〕을 클릭해요.

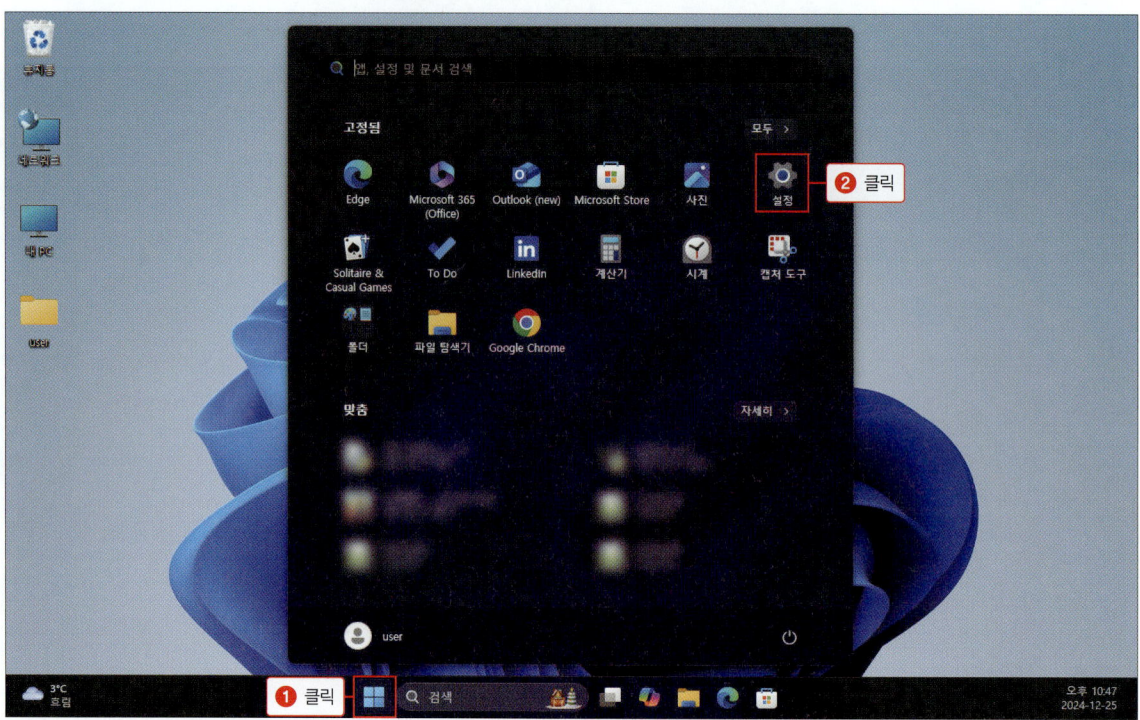

**02** 〔설정〕 창이 표시되면 '시스템'을 선택해요.

**03** '디스플레이'를 선택하고, 야간 모드를 '켬'으로 활성화한 다음 [야간 모드 설정]을 클릭해요.

**04** 야간 모드 설정의 강도를 드래그하여 조절해요.

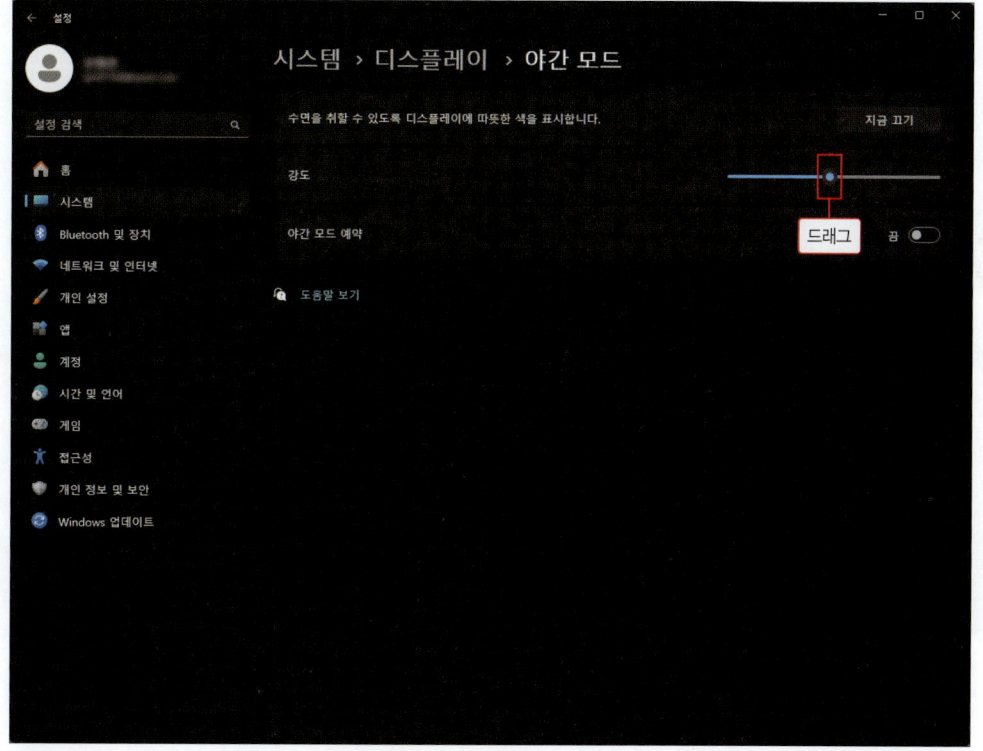

강도의 값이 적을수록 야간 모드가 약하게 지정되고, 값이 커질수록 강하게 지정돼요.

**05** 야간 모드 예약을 '켬'으로 활성화하고, '시간 설정'을 선택해서 원하는 시간에 켜지고 꺼지도록 해요. 설정이 모두 끝났으면 [지금 켜기]를 클릭해서 확인해요.

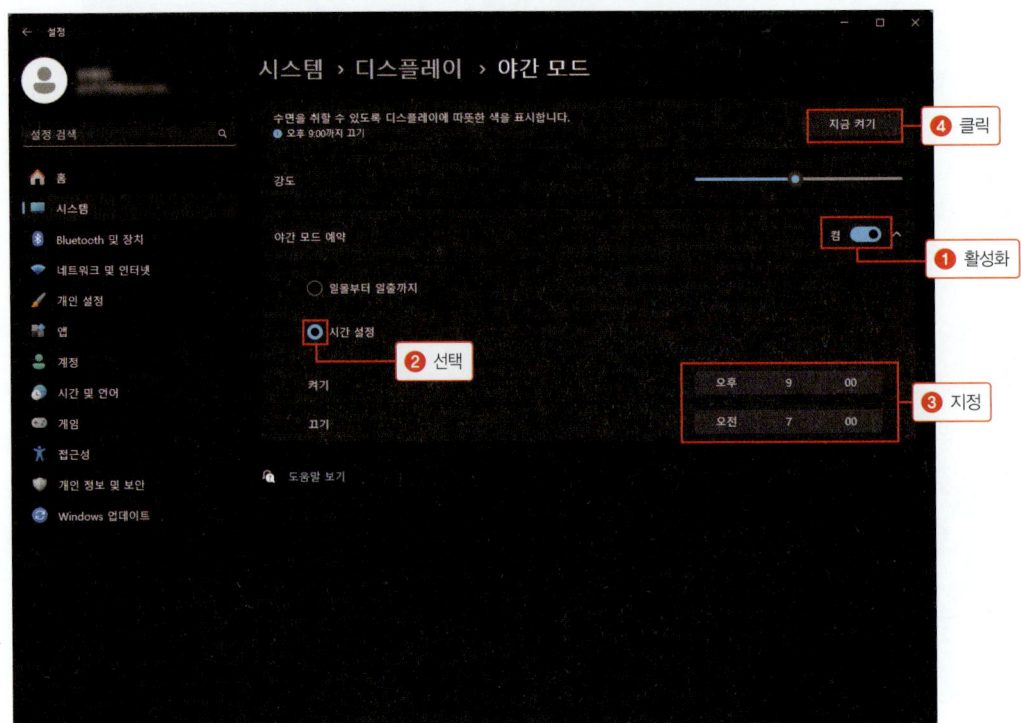

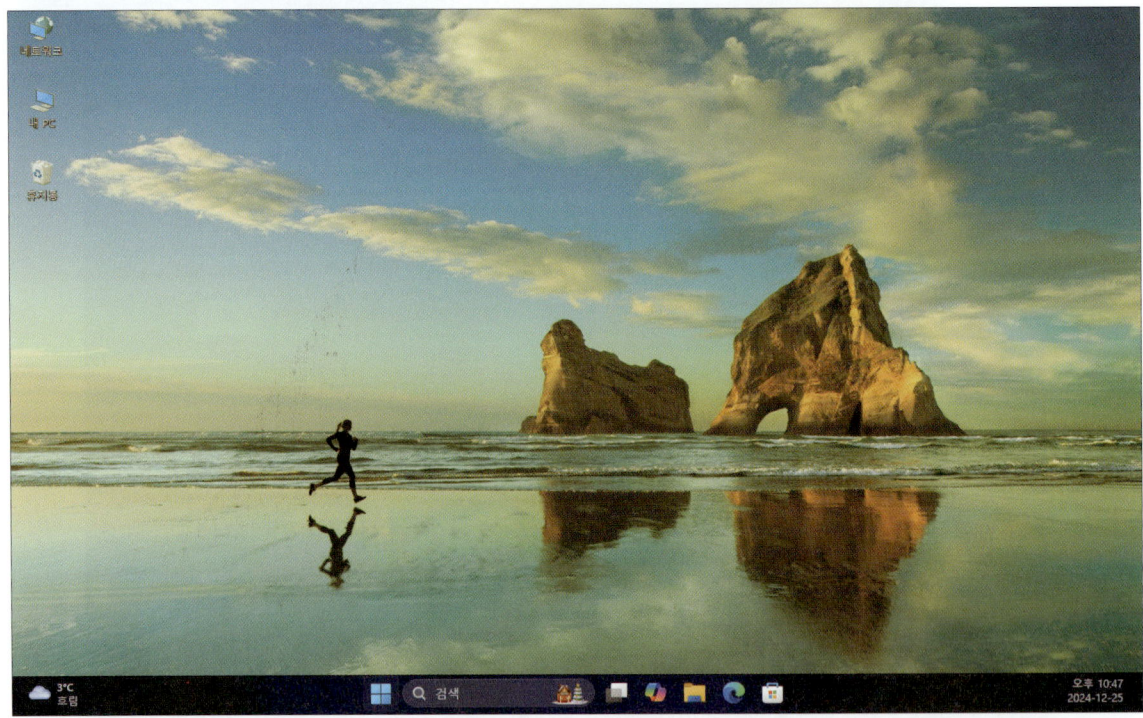

 블루라이트를 차단하기 위해 파란색을 감소시키면, 처음에는 어색해서 불편해 보여도 어느 정도 사용하다 보면 눈에 적응이 되어 익숙해져요.

**01** ▶ 일정 시간이 지나면 컴퓨터가 꺼지거나 절전 상태로 전환되도록 설정해 보세요.

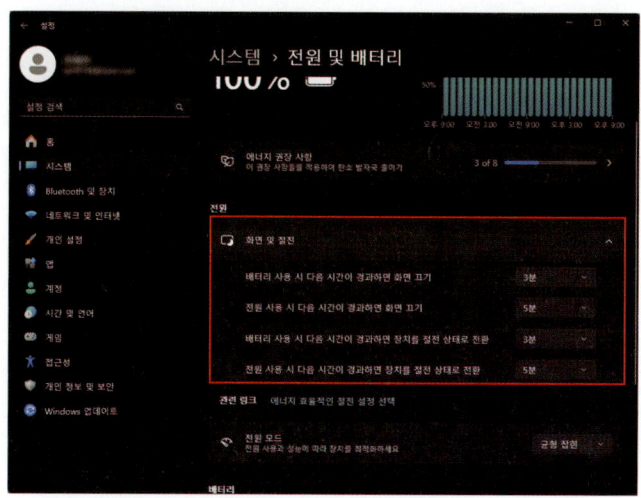

❶ (설정) 창에서 (시스템)-(전원 및 배터리)를 선택하고, 화면 및 절전 항목을 그림과 같이 지정해요.
❷ 절전 모드에서 각각 시간을 지정해요.

**02** ▶ 저시력자나 색을 잘 구분하지 못하는 색 약자를 위한 기능을 설정해 보세요.

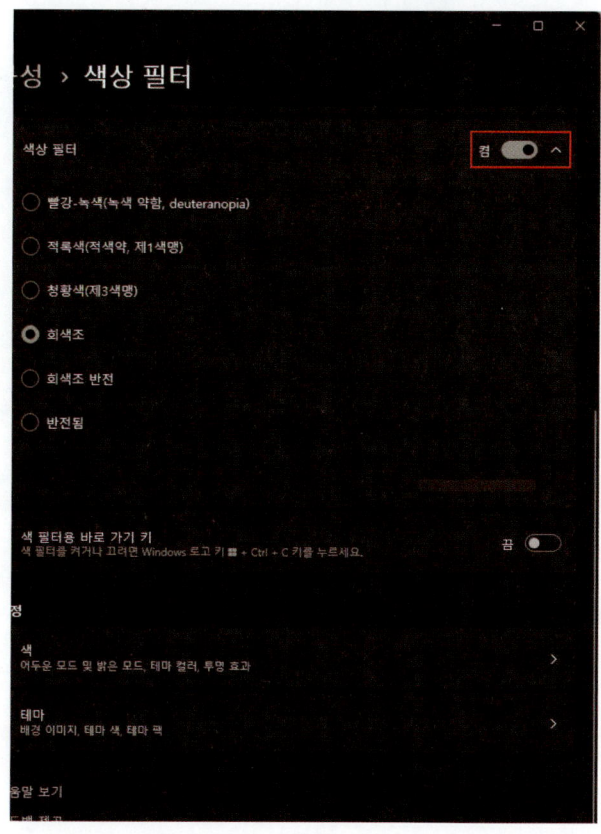

❶ (윈도우 실행 창)을 클릭하여 '색상 필터 설정'을 검색해요.
❷ (설정) 창의 '색상 필터'가 표시되면 '켬'으로 활성화해요.
❸ 화면 강조가 필요하다면 반전, 회색조, 회색조 반전 등을 통해 고대비 효과를 적용할 수 있고, 색 약자를 위한 적록(녹색약, 제2색맹), 적록(적색약, 제1색맹), 청황(제3색맹)의 필터를 적용할 수 있어요.

# 수업 12 새 데스크톱 만들기

윈도우 11에서는 용도에 따라 여러 개의 데스크톱(바탕 화면)을 만들어 사용할 수 있는데, 이것을 '가상 데스크톱'이라고 해요. 여러 개의 앱을 실행하면서 업무용 작업과 개인용 작업을 서로 다른 데스크톱에서 진행할 수도 있고, 연관된 작업끼리 다른 데스크톱에서 진행할 수도 있어요.

- 데스크톱 기능을 알고 이용할 수 있어요.
- 새 데스크톱을 만들고 원하는 데스크톱으로 이동할 수 있어요.

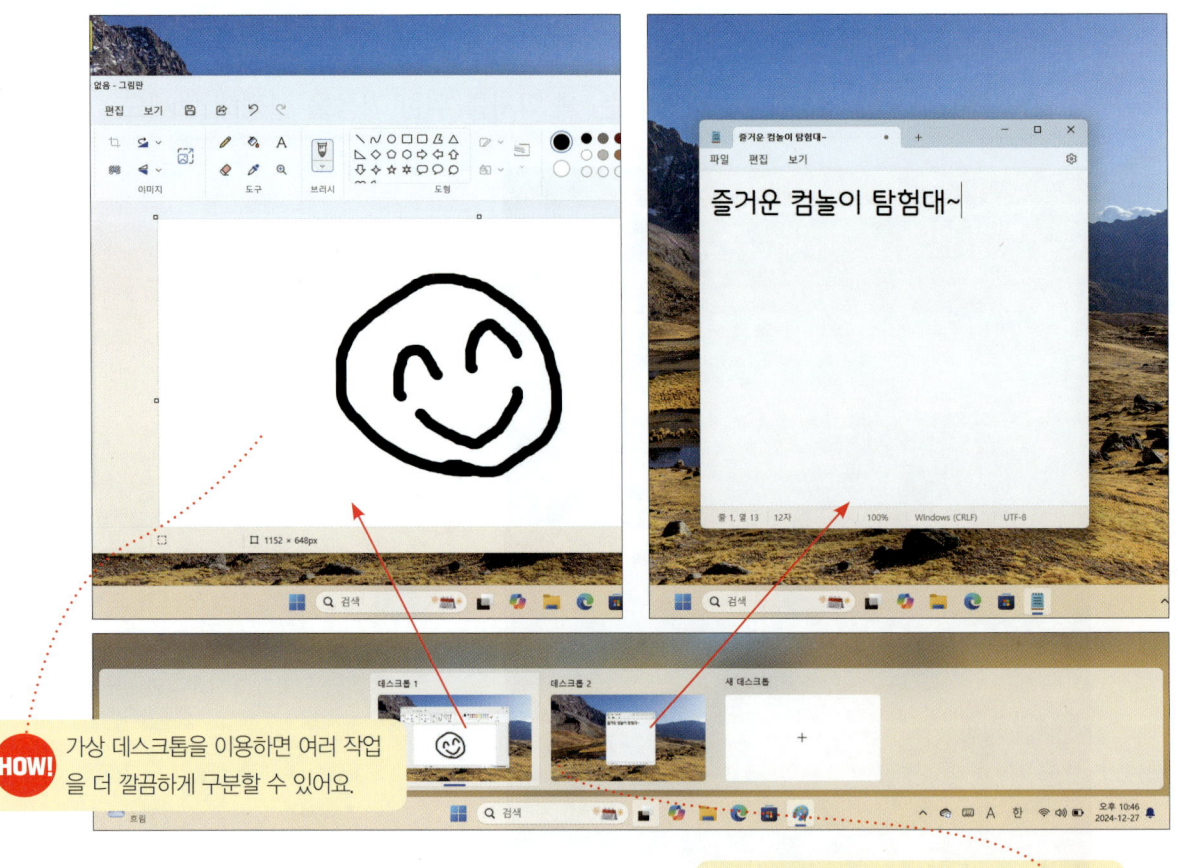

HOW! 가상 데스크톱을 이용하면 여러 작업을 더 깔끔하게 구분할 수 있어요.

새 데스크톱을 만들 수 있어요. HOW!

## 1 가상 데스크톱 만들기

**01** 작업 표시줄에서 (작업 보기) 아이콘을 클릭하여 현재 데스크톱에 열어놓은 앱과 파일을 확인해봐요.

• 미리 그림판, 메모장, 파일탐색기 앱을 열어놓고 '작업보기'를 실행해요.

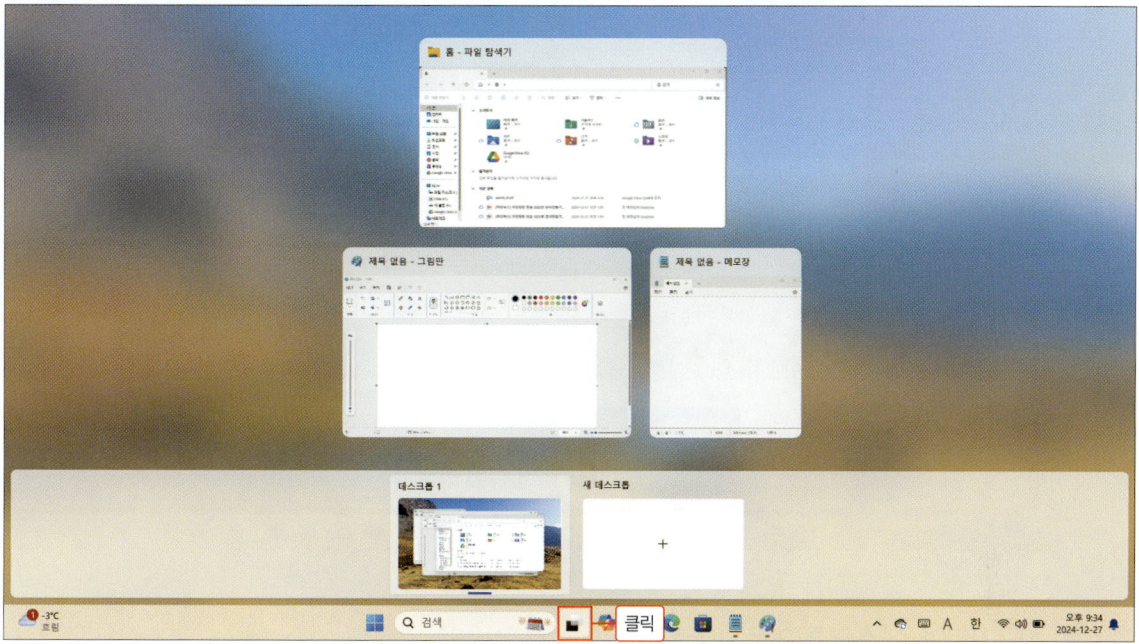

**02** 작업 보기 화면 아래에서 '새 데스크톱'을 클릭해요. '데스크톱 2'라는 새로운 바탕화면이 나타나요.

Ctrl + ⊞ + D 키를 눌러도 새 데스크톱을 만들 수 있어요.

12 • 새 데스크톱 만들기

## 2 가상 데스크톱 간에 앱 이동하기

**01** '데스크톱 1'에 있는 '메모장' 창을 '데스크톱 2'로 드래그하여 이동해요.

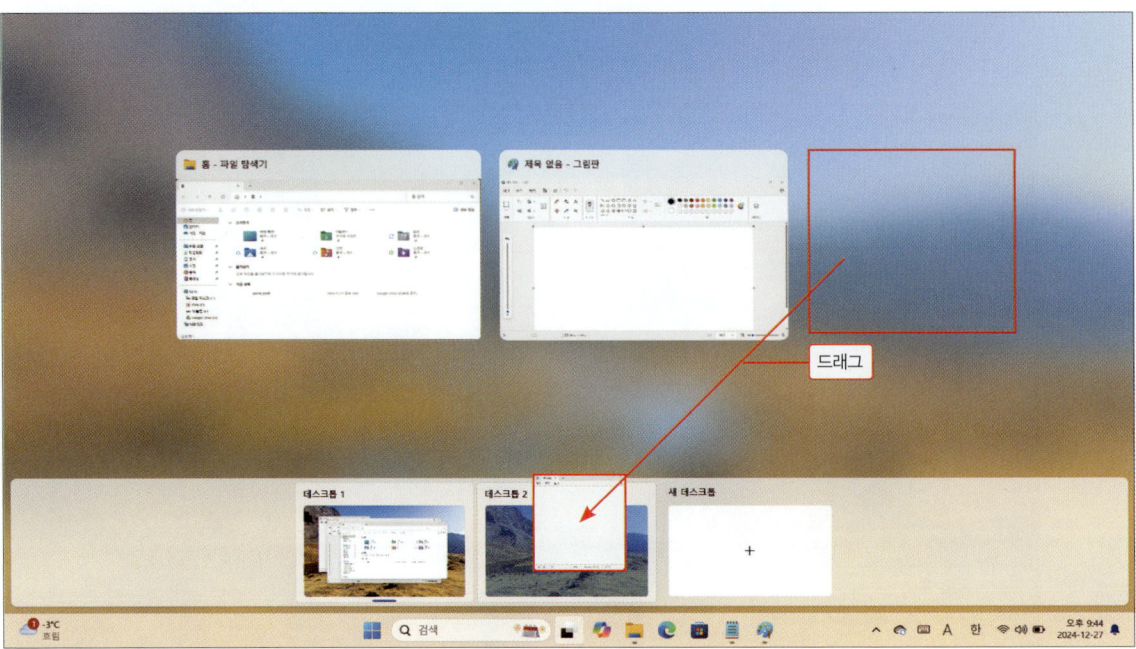

**02** '메모장'이 '데스크톱 2'로 이동됐어요.

## 3 가상 데스크톱 간에 이동하기

**01** 작업 표시줄에서 [작업 보기] 아이콘을 클릭하면 사용 중인 데스크톱이 모두 표시돼요.

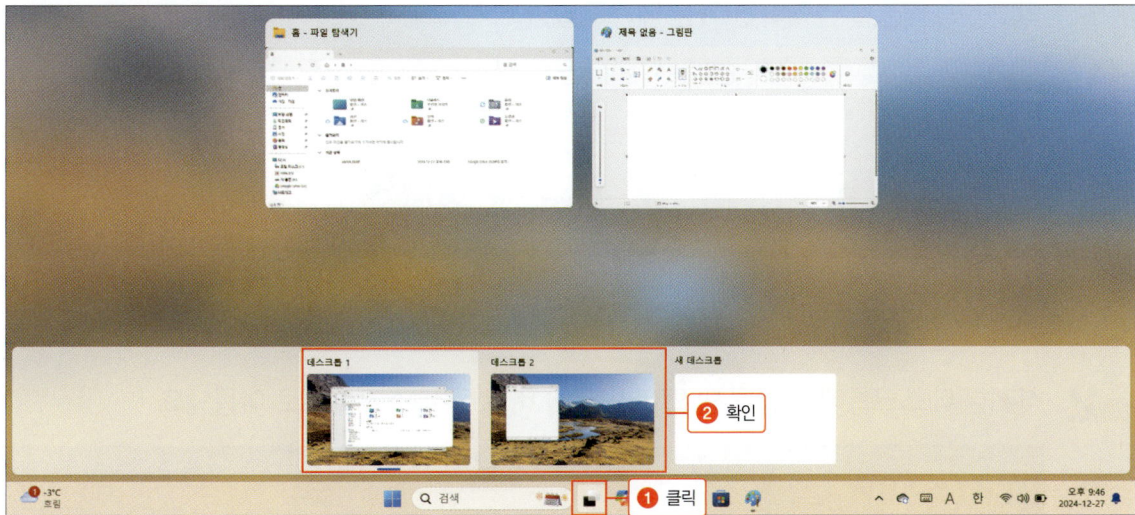

**02** 이동하고 싶은 가상 데스크톱을 클릭하면 해당 데스크톱으로 이동해요.

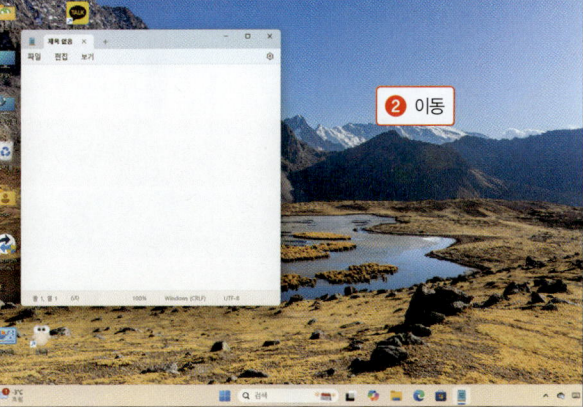

**03** [작업 보기] 아이콘 위로 마우스를 올리면 사용 중인 데스크톱들이 나타나는데 그 중에 이동하고 싶은 데스크톱을 클릭해서 이동할 수 있어요.

12 · 새 데스크톱 만들기

 **가상 데스크톱 삭제하기**

**01** 작업 표시줄에서 [작업 보기] 아이콘을 클릭하여 작업 보기 화면에서 데스크톱 이름 오른쪽 위의 [닫기] 버튼을 클릭하면 가상 데스크톱이 삭제돼요.

**02** 삭제한 데스크톱에 실행 중인 앱이 있다면 바로 앞 데스크톱으로 이동돼요.

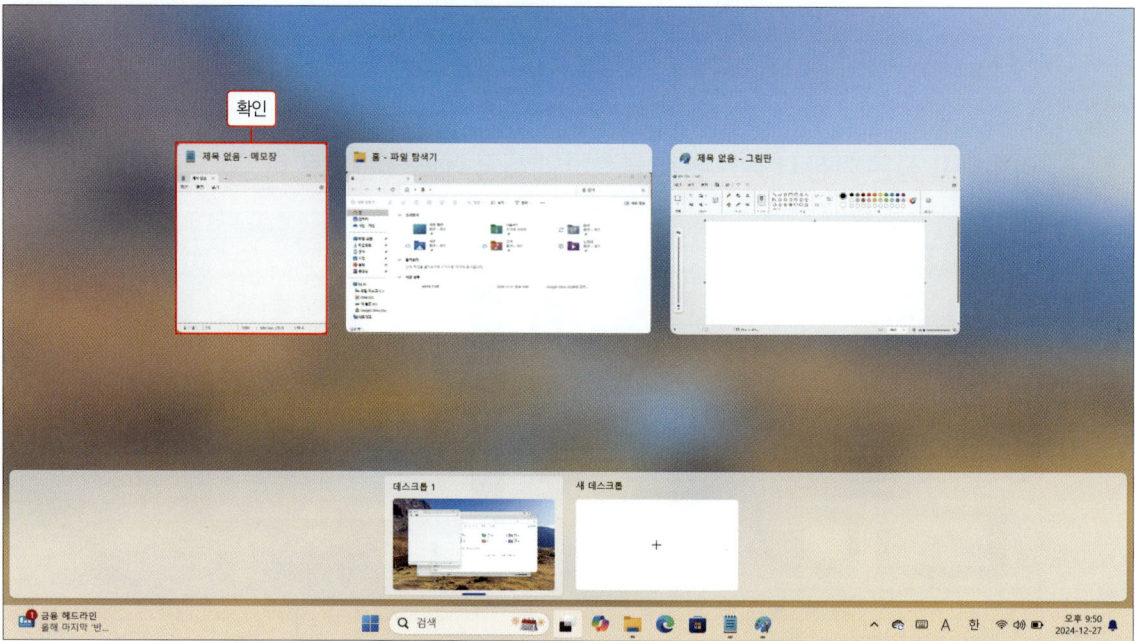

**01** ▶ 새 데스크톱을 클릭해서 '데스크톱 2'를 만들어요.

**힌트**
① [작업 보기] 아이콘을 클릭해요.
② [새 데스크톱]을 클릭해 '데스크톱 2'를 만들어요.

**02** ▶ '데스크톱 1'에는 그림판을 켜서 그림을 그리고 '데스크톱 2'에는 메모장에 글을 적어요.

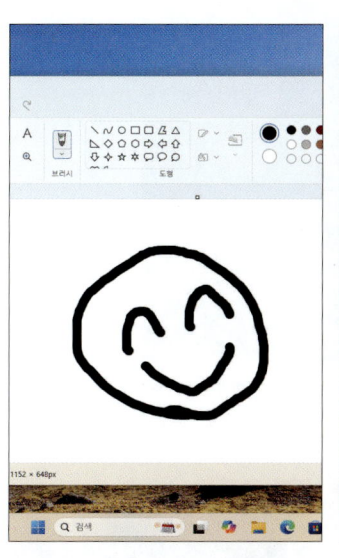 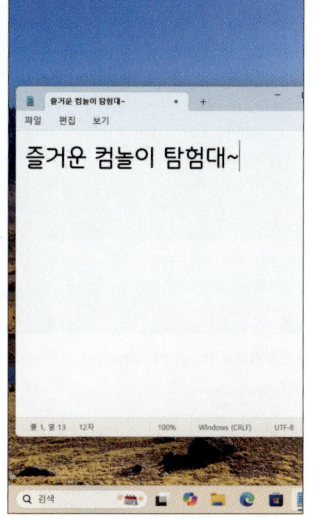

**힌트**
① [작업 보기] 아이콘을 클릭해 '데스크톱 1'로 이동해요.
② [검색창]에 '그림판'을 입력해 Enter를 눌러 실행해요.
③ '그림판'에 그림을 그려요.
④ [작업 보기] 아이콘을 클릭해 '데스크톱 2'로 이동해요.
⑤ [검색창]에 '메모장'을 입력해 Enter를 눌러 실행해요.
⑥ '즐거운 컴놀이 탐험대~'를 입력해요.
⑦ [작업 보기] 아이콘에 마우스를 올려 자유롭게 '데스크톱 1', '데스크톱 2'를 이동하면서 작업해요.

# 13 수업 화면 캡처와 이미지 저장하기

컴퓨터에서 작업하는 화면 전체를 사진 찍듯이 캡처하여 이미지를 저장할 수 있어요. 이번에는 화면 전체를 캡처하거나 인터넷에서 마음에 드는 이미지를 저장하는 방법에 대해 알아보아요.

**학습목표**
- 프린트 스크린 기능으로 화면 전체를 캡처하여 이미지로 저장해 보세요.
- 인터넷에서 마음에 드는 이미지를 저장해 보세요.
- 캡처 도구로 이미지를 캡처하여 저장해 보세요.

● 완성파일 : 13_노랑목도리담비.png, 반달가슴곰.png, 수달.png

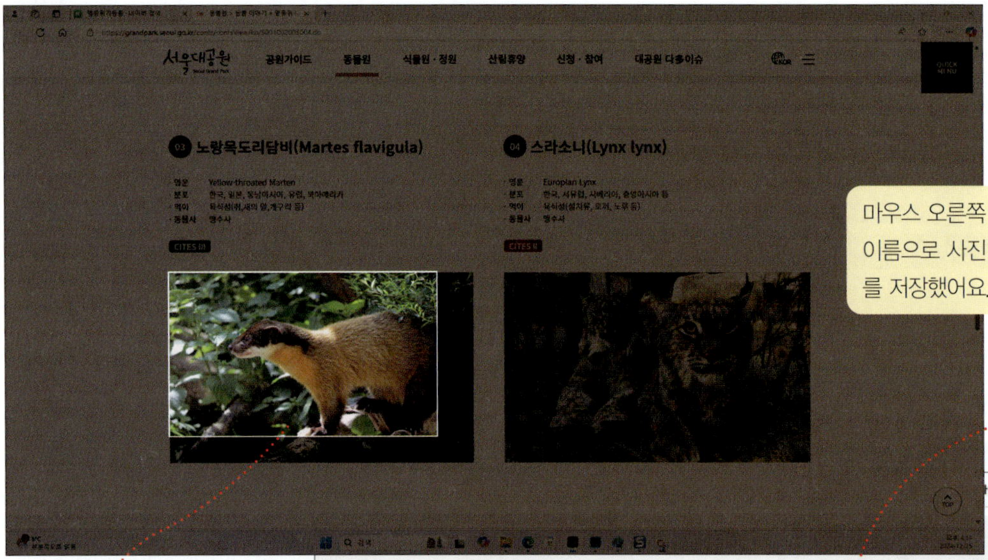

마우스 오른쪽 버튼을 클릭하여 '다른 이름으로 사진 저장' 기능으로 이미지를 저장했어요.

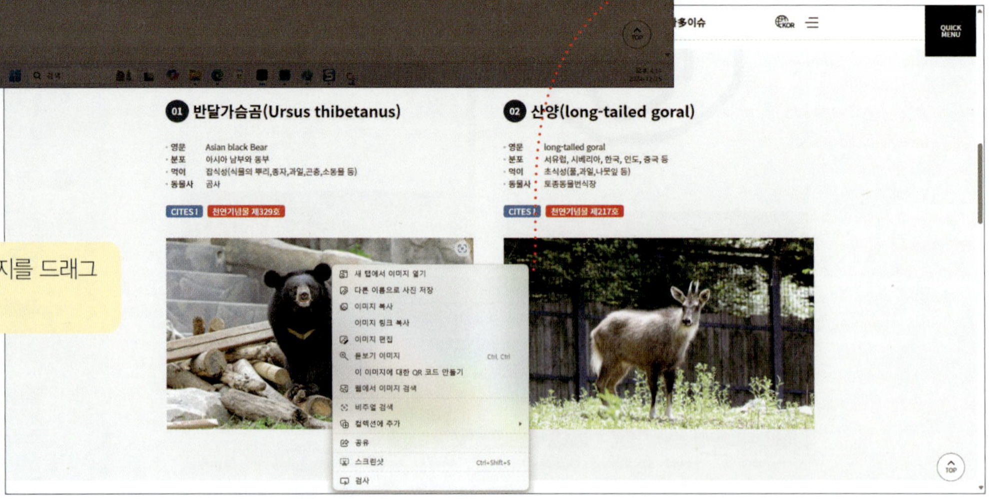

캡처 도구로 원하는 이미지를 드래그하여 저장했어요.

## 1 프린트 스크린으로 화면 전체 캡처하기

**01** 〔시작(■)〕을 클릭한 다음 타일에서 〔마이크로소프트 엣지(Microsoft Edge)( )〕를 클릭하여 웹 브라우저를 실행해요. 네이버 검색창에 '멸종위기동물'을 검색한 다음 〔동물원 > 동물 이야기 > 멸종위기동물 | 서울대공원〕을 클릭해요.

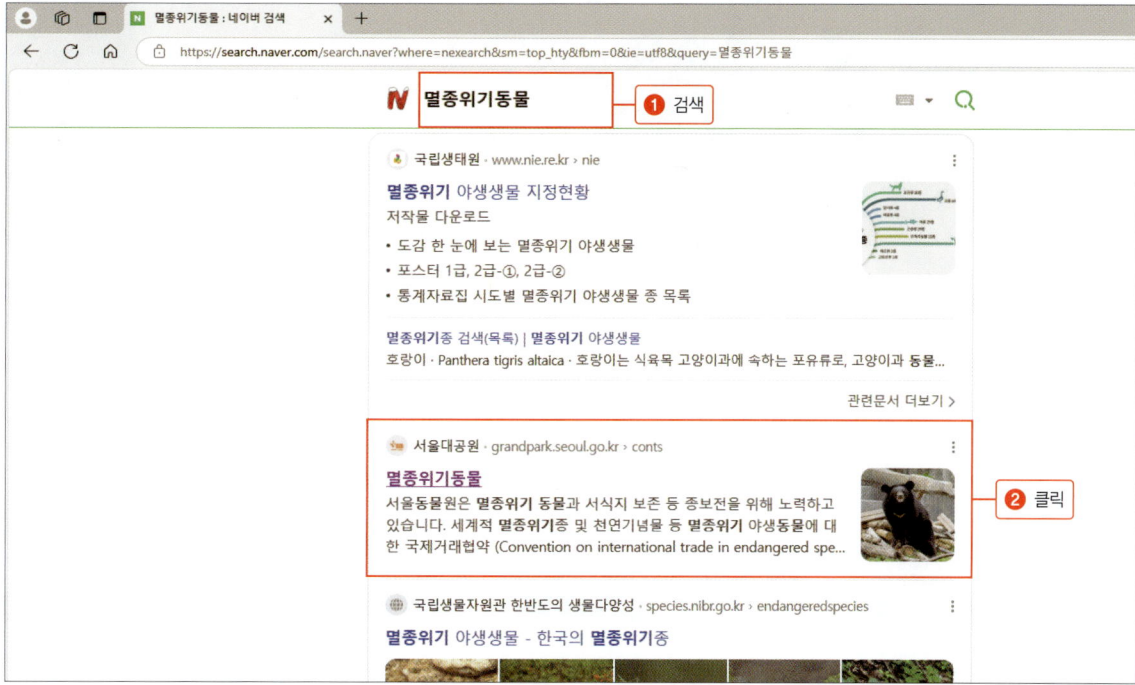

**02** 서울대공원 홈페이지가 열리고 멸종 위기 동물인 수달의 모습이 보이면 Print Screen 을 눌러요.

**03** 〔윈도우 실행 창(🔍)〕을 클릭하여 '그림판'을 입력한 다음 Enter 를 눌러 앱을 실행해요.

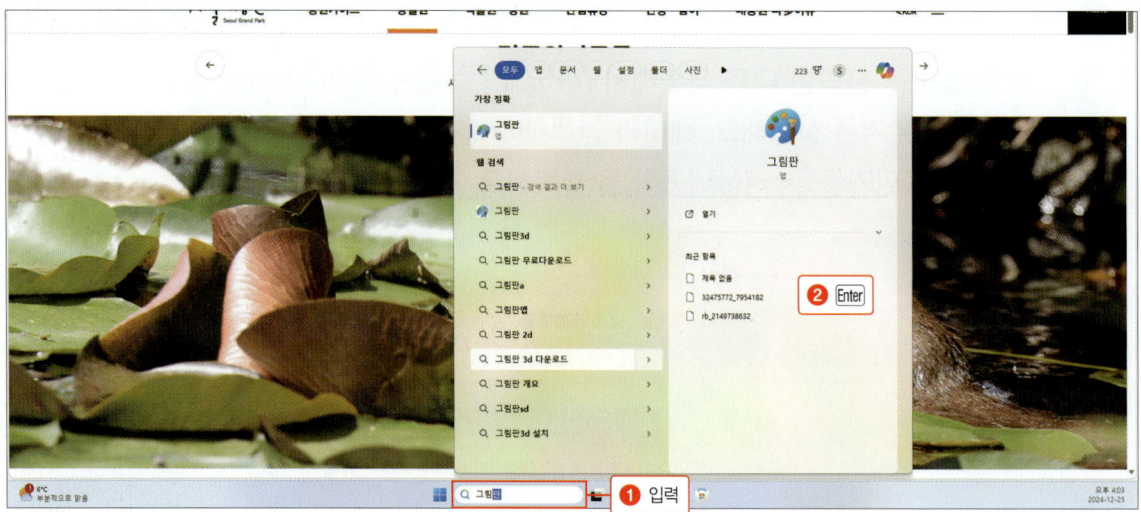

**04** 그림판이 실행되면 Ctrl + V 를 눌러 캡처된 이미지를 붙여 넣고, 〔파일〕 메뉴에서 '저장'을 선택해요.

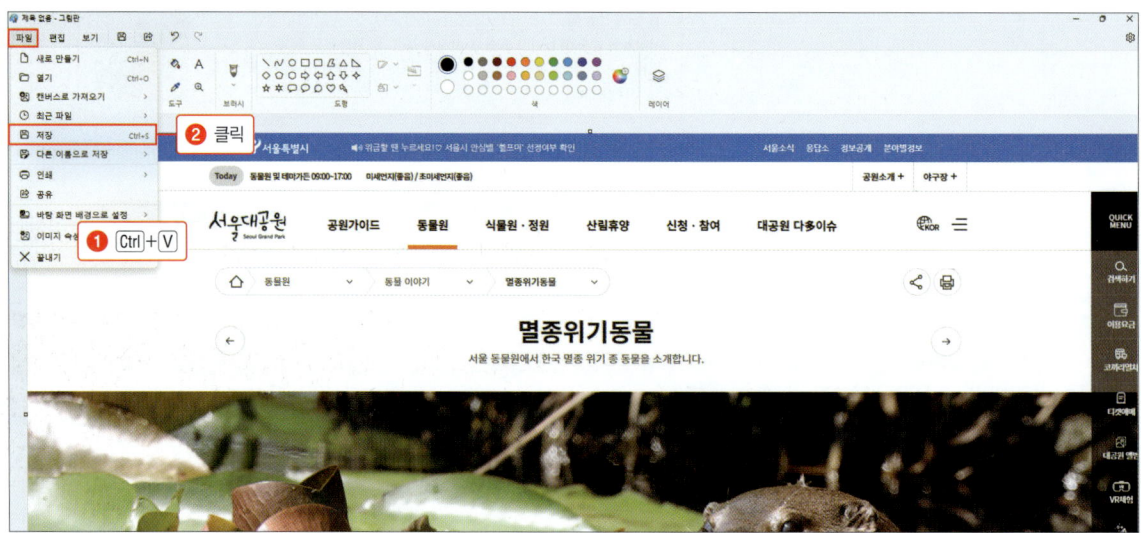

**05** 〔다른 이름으로 저장〕 대화상자가 표시되면 저장 위치를 지정하고, 파일 이름을 '수달'로 입력한 다음 〔저장〕을 클릭해요.

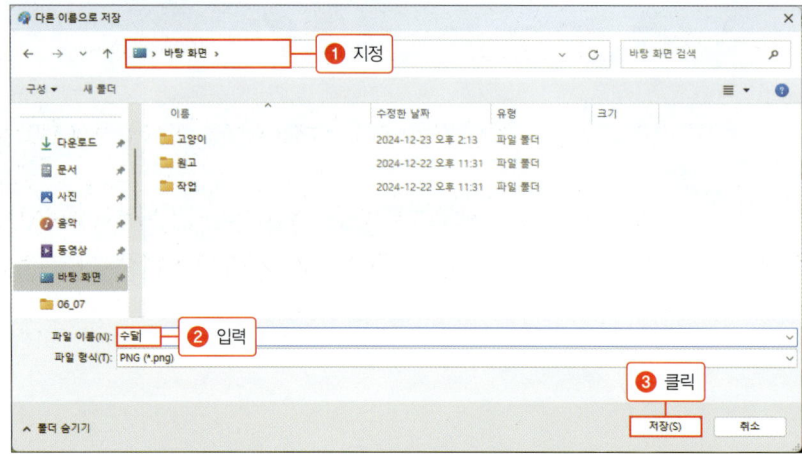

## 2 인터넷에서 원하는 이미지 저장하기

**01** 다시 서울대공원 홈페이지로 돌아가 마우스 휠을 움직이면서 멸종 위기 동물을 살펴보세요. 반달가슴곰 이미지가 표시되면 마우스 오른쪽 버튼을 클릭한 다음 '다른 이름으로 사진 저장'을 선택해요.

**02** 〔다른 이름으로 저장〕 대화상자가 표시되면 저장 위치를 지정하고, 파일 이름을 '반달가슴곰'으로 입력한 다음 〔저장〕을 클릭해요.

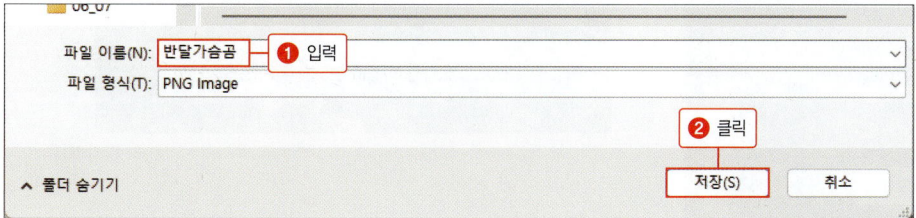

## 3 캡처 도구로 저장하기

**01** 〔윈도우 실행 창( )〕을 클릭하여 '캡처 도구'를 입력한 다음 Enter 를 눌러 앱을 실행해요.

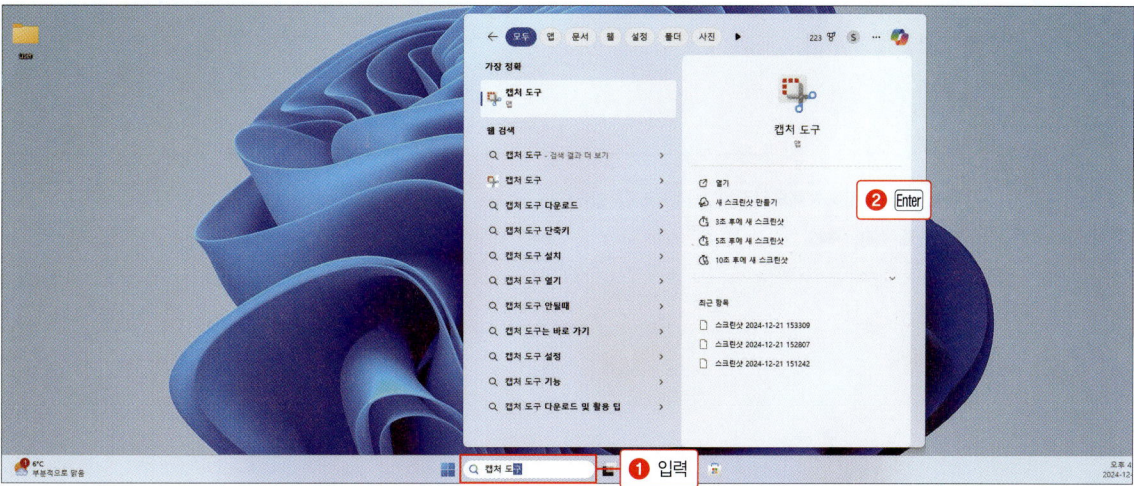

**02** 캡처 도구가 실행되면 [새 캡처(+)]를 클릭해요.

**03** 노랑목도리담비 이미지 부분을 저장하기 위해 드래그해요. 캡처 도구가 표시되면 이미지를 확인하고, [다른 이름으로 저장(💾)] 버튼을 클릭해요.

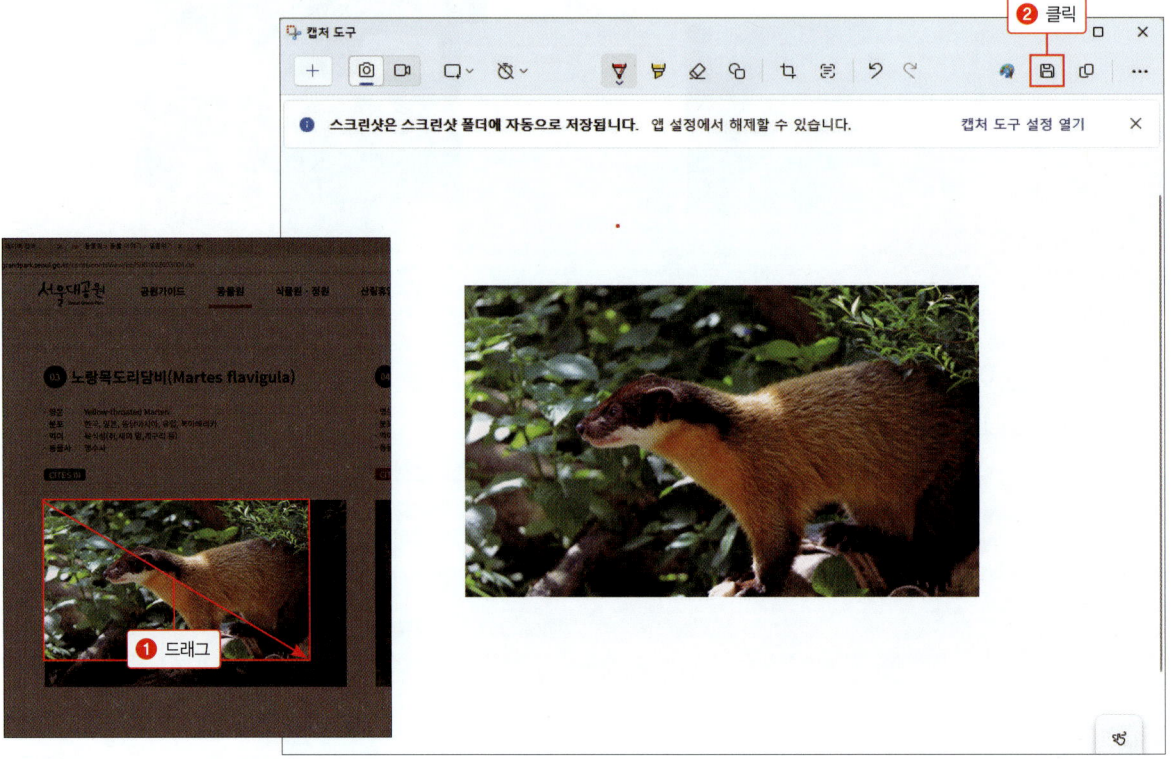

**04** [다른 이름으로 저장] 대화상자가 표시되면 저장 위치를 지정하고, 파일 이름을 '노랑목도리담비'로 입력한 다음 [저장]을 클릭해요.

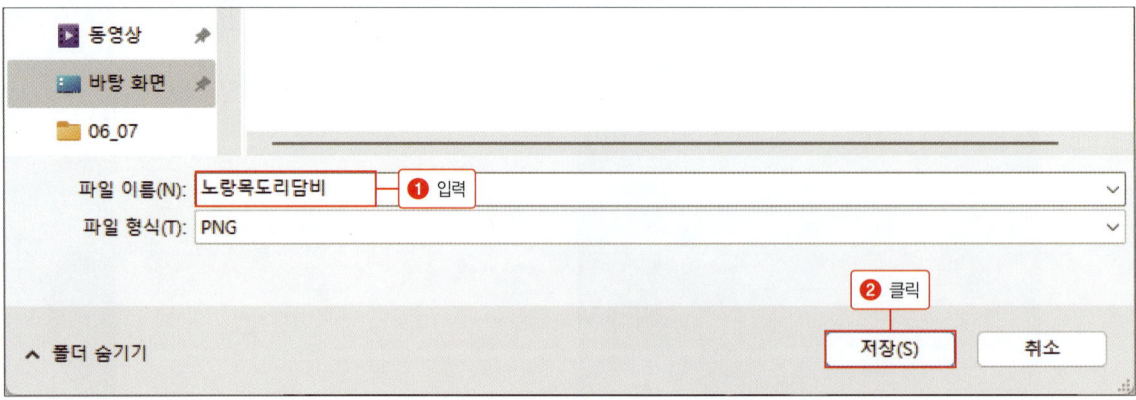

**01** ▶ 캡처 도구로 그림과 같이 이미지의 원하는 부분만 오려서 저장해 보세요.

● 완성파일 : 13_호랑이.png

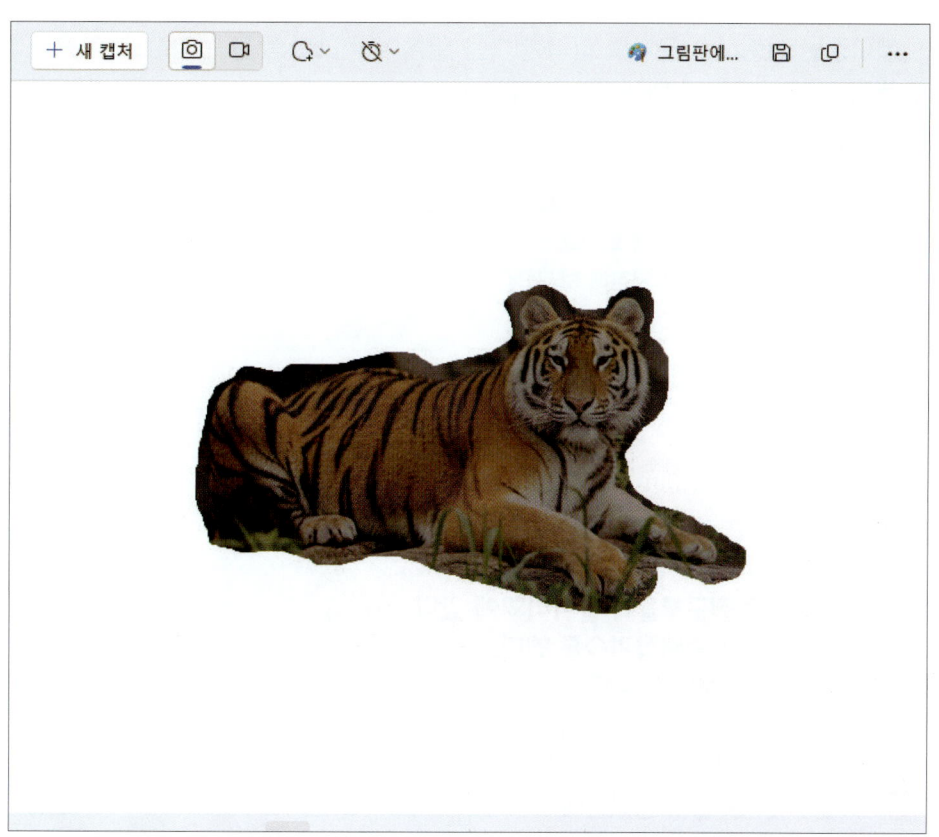

① 캡처 도구에서 [캡처 모드(▢⌄)]를 클릭한 다음 '자유형 캡처'를 선택해요.
② [새 캡처(＋)]를 클릭하여 마우스 커서가 가위 모양으로 변경되면 드래그하여 이미지를 오려요.
③ [다른 이름으로 저장(💾)] 버튼을 선택하여 이미지를 저장해요.

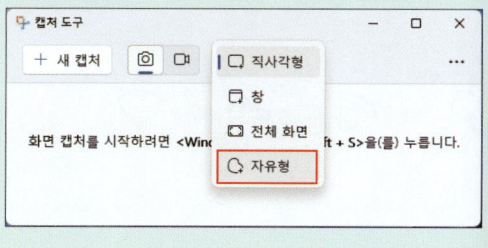

# 수업 14 메모장으로 일기 쓰기

메모장에서 간단하게 기호나 문자, 이모티콘을 이용해서 문서를 만들 수 있어요. 이번에는 메모장을 실행하고 글자를 입력한 다음 글꼴이나 크기 등을 변경하고, 이모지 기능을 이용해서 꾸미는 방법에 대해 알아보아요.

- 메모장에 글자를 입력하고 꾸며 보세요.
- 다양한 특수 문자를 입력해 보세요.
- 이모지 기능으로 꾸미고 저장해 보세요.

● 예제파일 : 14_일기.txt    ● 완성파일 : 14_일기(완성).txt

**HOW!** 글자를 입력하고 원하는 특수 문자를 입력했어요.

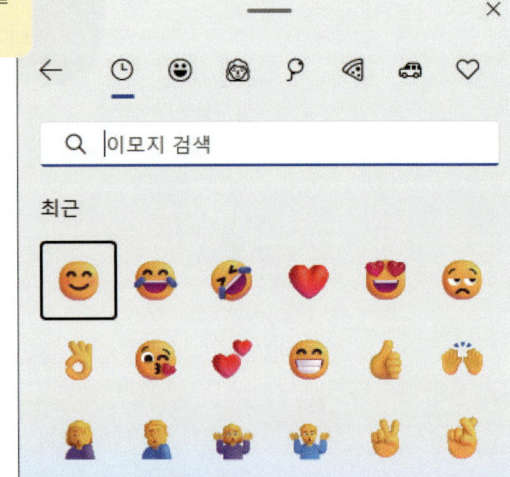

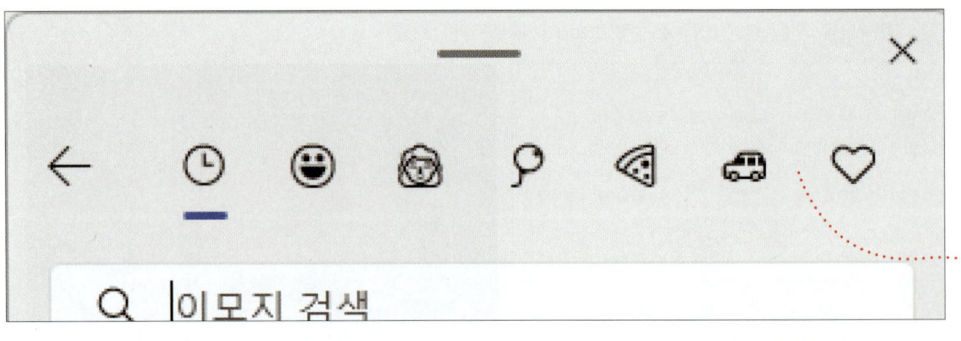

다양한 이모지를 선택하여 꾸몄어요. **HOW!**

## 1 글자 입력하기

**01** [시작()]을 클릭한 다음 [고정앱] 목록에서 '메모장'을 클릭하여 앱을 실행해요. [편집] 메뉴에서 '글꼴'을 선택해요.

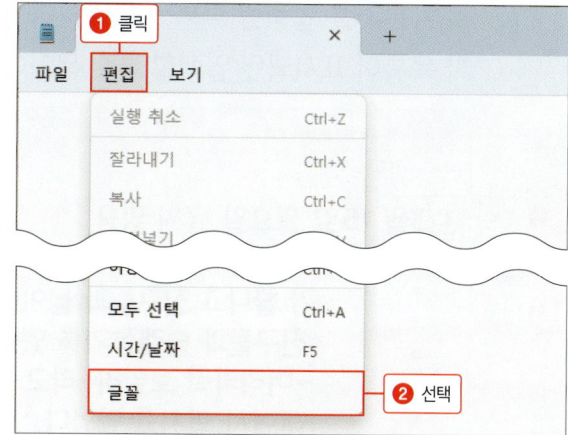

**02** [글꼴] 대화상자가 표시되면 글꼴을 '한컴 말랑말랑', 글꼴 스타일을 '굵게', 크기를 '24'로 지정한 다음 [뒤로 가기]를 클릭해요.

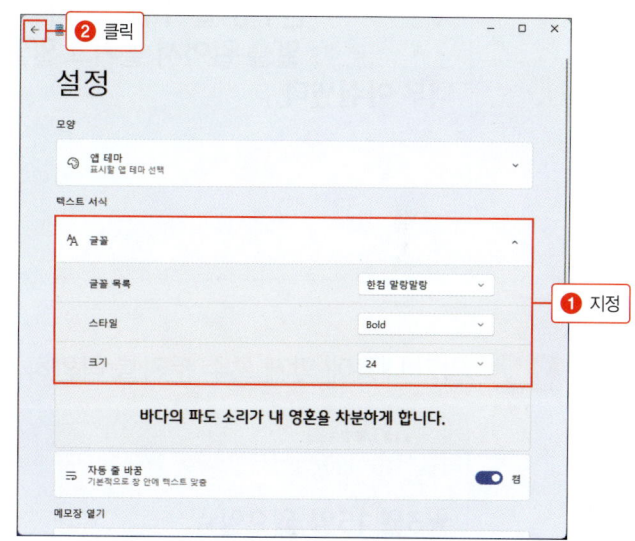

**03** 그림과 같이 일기 내용을 입력해요.

```
3월 15일 월요일 날씨 맑음

오늘은 학교가 끝나고 친구들과 놀이터에 갔다.
놀이터에서 친구들과 술래잡기를 했다.
꼭꼭 숨어라~머리카락 보일라~라고
예원이가 술래여서 외치고 있었다.
나는 술래가 못찾을 것 같은 미끄럼틀 아래의
비밀장소에 친구랑 같이 숨었는데
친구가 계속 말을 걸어서 들키고 말았다.
너무 아쉬웠다.
```

 직접 일기를 입력하거나 13 폴더에서 '일기.txt' 파일을 불러와요.

## 2 특수 문자 입력하기

**01** 특수 문자를 입력할 부분을 클릭하여 커서를 위치한 다음 ㅁ을 누르고 한자를 눌러요. 특수 문자 목록이 표시되면 입력할 특수 문자에 해당하는 번호를 누르거나 클릭하여 입력해요.

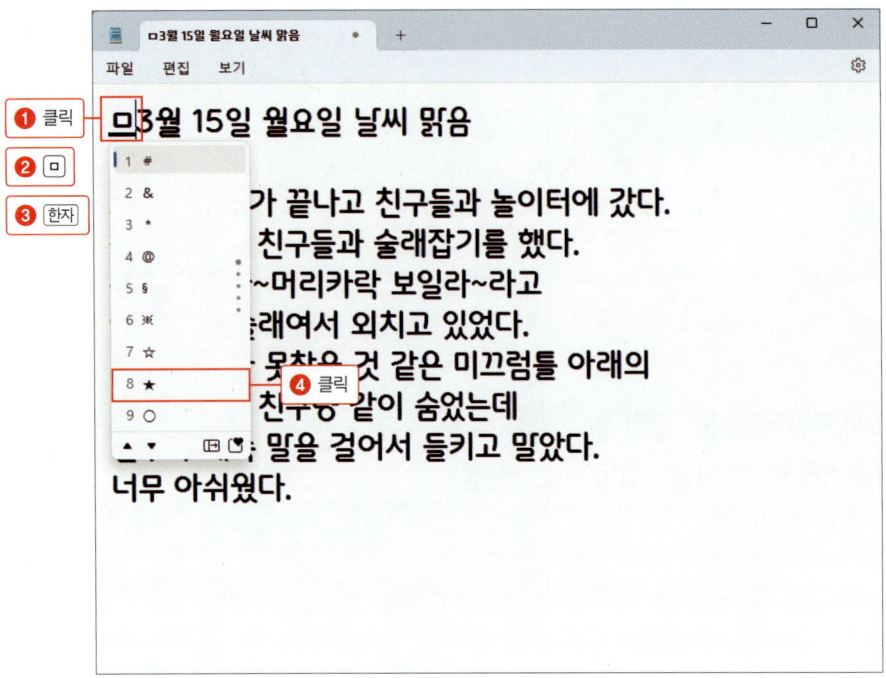

**02** 일기 내용에 맞게 특수 문자를 다양하게 입력해요.

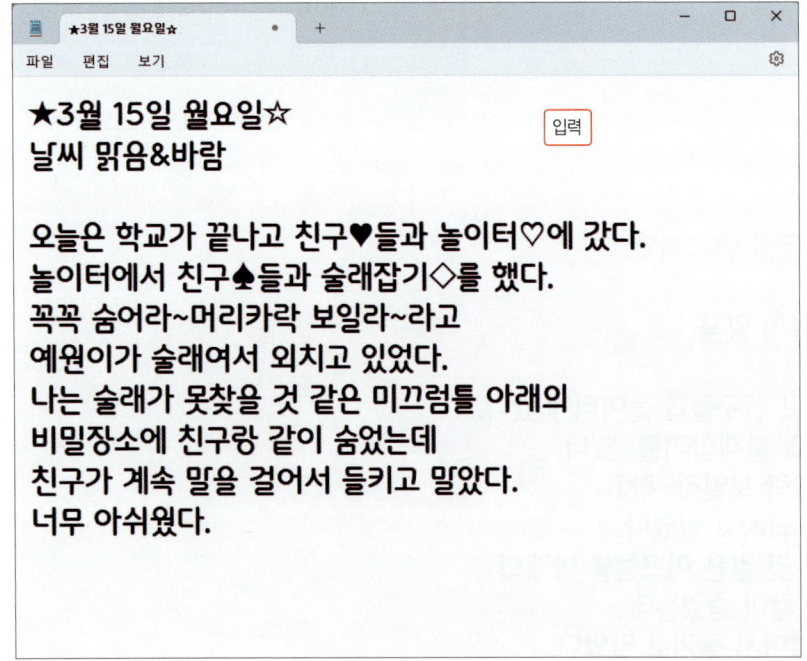

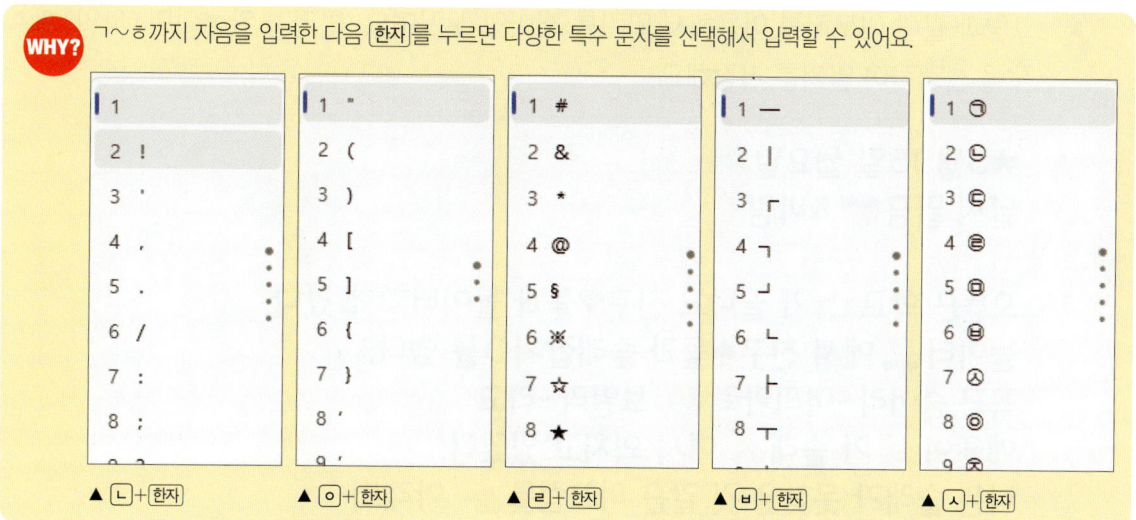

## 3 이모지로 꾸미고 저장하기

**01** 이모지를 입력할 부분을 클릭하여 커서를 위치한 다음 를 누른 상태로 ⌊.⌉를 눌러요. 이모지 목록이 표시되면 원하는 이모지를 클릭해요.

**02** 그림과 같이 이모지를 이용해서 일기를 재미있게 꾸며요. 일기가 완성되면 〔파일〕 메뉴에서 '저장'을 선택하여 일기를 저장해요.

> **★3월 15일 월요일☆**
> **날씨 맑음😎&바람**
>
> **오늘은 학교🏫가 끝나고 친구♥들과 놀이터♡에 갔다.**
> **놀이터🛴에서 친구♠들과 술래잡기◇를 했다.**
> **꼭꼭 숨어라~머리카락💆 보일라~라고**
> **예원이👱가 술래🤞여서 외치고 있었다.**
> **나는 술래가 못찾을 것 같은 미끄럼틀🌈 아래의**
> **비밀장소😍에 친구👯랑 같이 숨었는데**
> **친구😆가 계속 말을 걸어서 들키고 말았다.🤦**
> **너무 아쉬웠다.😂**

**WHY?** **[윈도우]+[.] 또는 [윈도우]+[;]을 눌러도 이모지가 표시되지 않는 경우**

간혹 이모지를 입력하기 위해 [윈도우]+[.] 또는 [윈도우]+[;]을 눌러도 이모지가 표시되지 않는 경우 다음과 같이 작업해 보세요.

❶ 작업 표시줄에서 마우스 오른쪽 버튼으로 클릭한 다음 〔작업 표시줄 설정〕을 클릭하고 '터치 키보드 아이콘 표시'를 '항상'으로 체크해요.

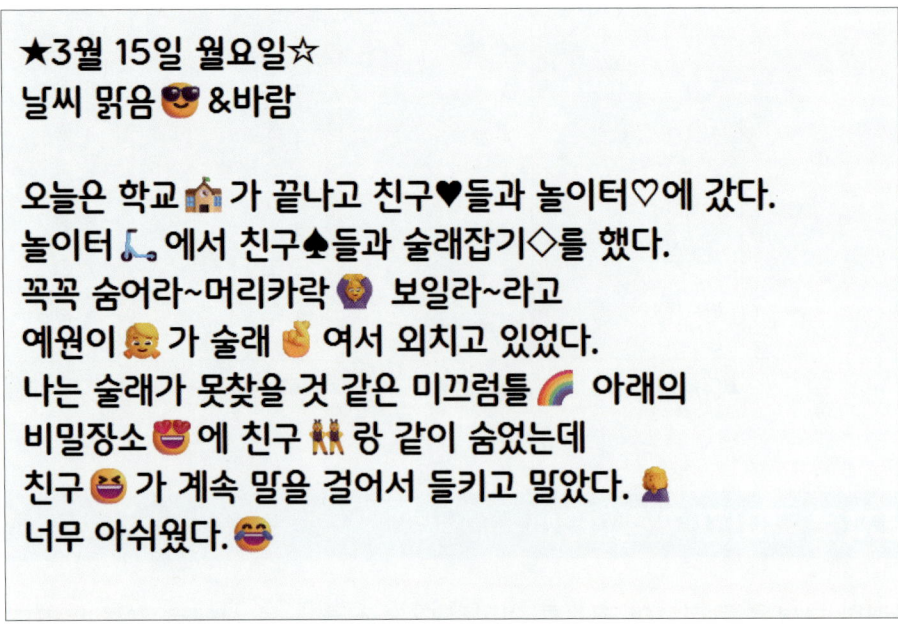

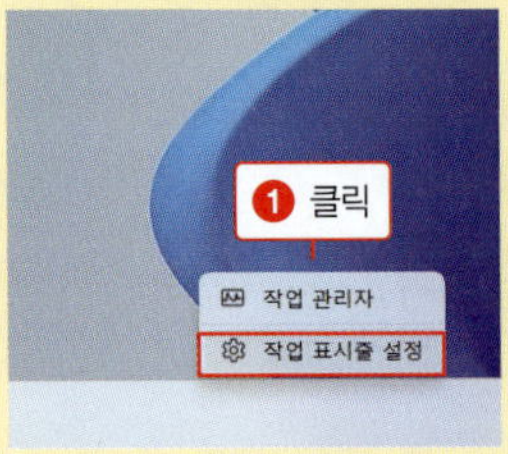

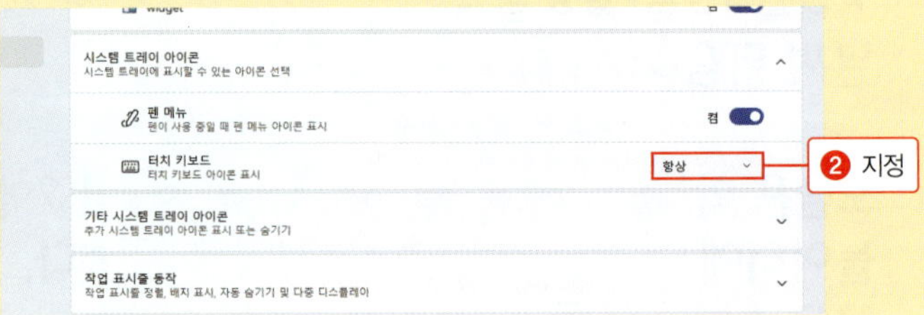

❷ 작업 표시줄 오른쪽에서 〔터치 키보드(⌨)〕를 클릭하여 하단에 키보드 모양이 표시되면 〔클립보드(☺)〕 모양을 클릭해요.

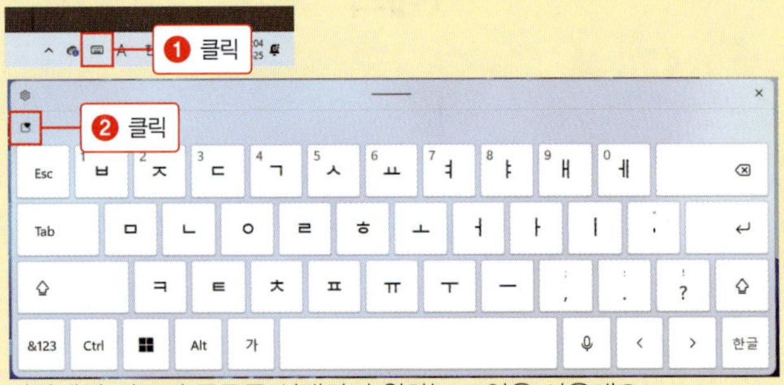

❸ 하단에서 이모지 종류를 선택하여 원하는 모양을 사용해요.

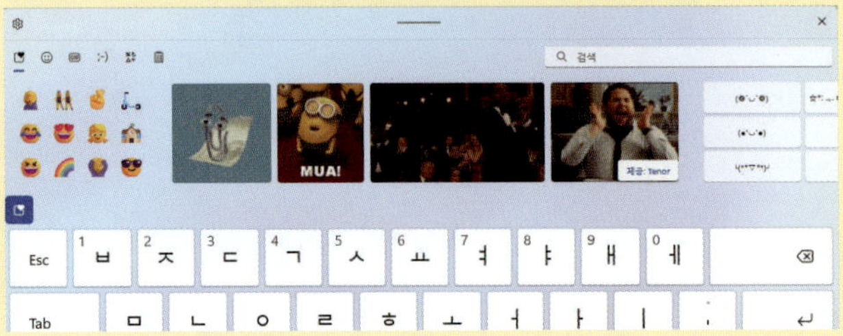

**01** ▶ 메모장에 미래의 나에게 편지를 쓰고 이모지를 이용해서 꾸며 보세요.

● 완성파일 : 14_미래의 나에게(완성).txt

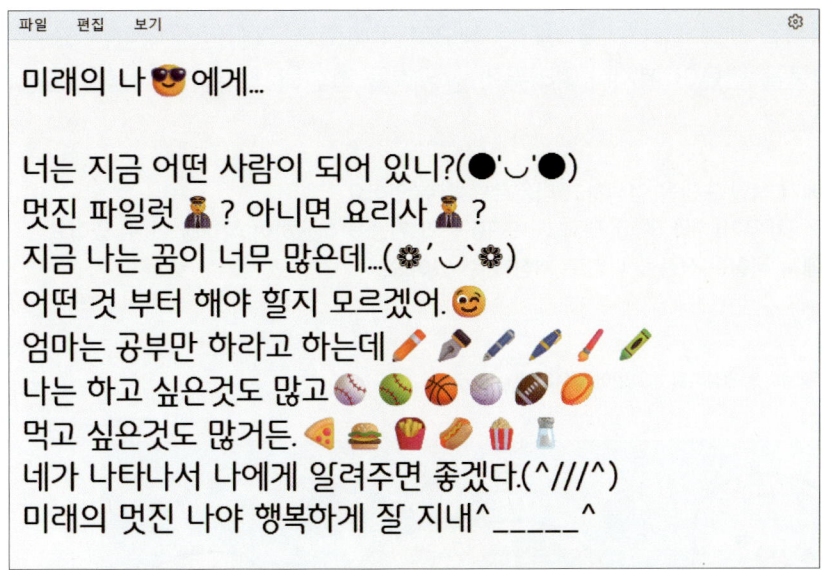

**힌트** ⊞+`.` 또는 ⊞+`;`을 눌러 이모지와 카오모지(Kaomoji)를 선택하여 입력해요.

**WHY?** 이모지(Emoji)는 일본의 휴대 전화 문자 메시지에서 시작되었어요. 지금은 스마트폰이나 PC 등 다양한 환경에서 사용되는 그림 문자예요. 상단에 탭을 살펴보면 이모지 외에도 카오모지(Kaomoji)와 기호 등을 입력할 수 있어요.

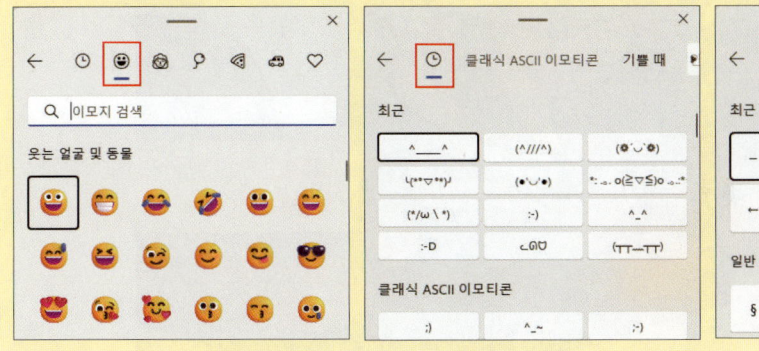
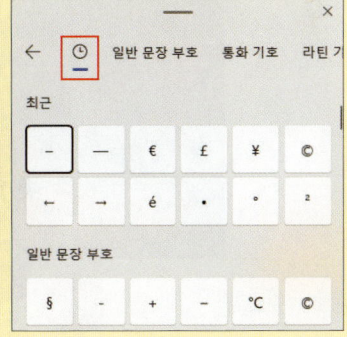

# 수업 15 그림판으로 색칠하기

여러분, 색칠하기를 좋아하나요? 오늘은 인터넷에서 멋진 색칠 도안을 다운받아 그림판에서 색칠을 해볼 거예요! 좋아하는 색으로 꾸며보고, 그림판의 다양한 도구를 사용해 나만의 작품을 만들어 봅시다. 여러분의 상상력을 발휘해서 특별한 작품을 완성해볼 준비가 되었나요?

- 인터넷에서 색칠 도안을 검색하고 다운로드할 수 있어요.
- 그림판의 [채우기], [색 편집], [브러시 도구] 등의 기능을 활용하여 색칠을 할 수 있어요.
- 그림판에서 색칠한 작품을 파일로 저장할 수 있어요.

● 예제파일 : 15_인어공주.jpg   ● 완성파일 : 15_인어공주(완성).jpg

인터넷에서 색칠 도안을 다운받아 색칠할 수 있어요.

[색 편집]을 이용해 새로운 색을 만들어요.

브러시로 예쁘게 꾸며요.

## 1 색칠 도안 다운받기

**01** [시작] 버튼을 누르고 [고정됨] 앱 목록에 있는 'Google Chrome'을 클릭해 실행해요.

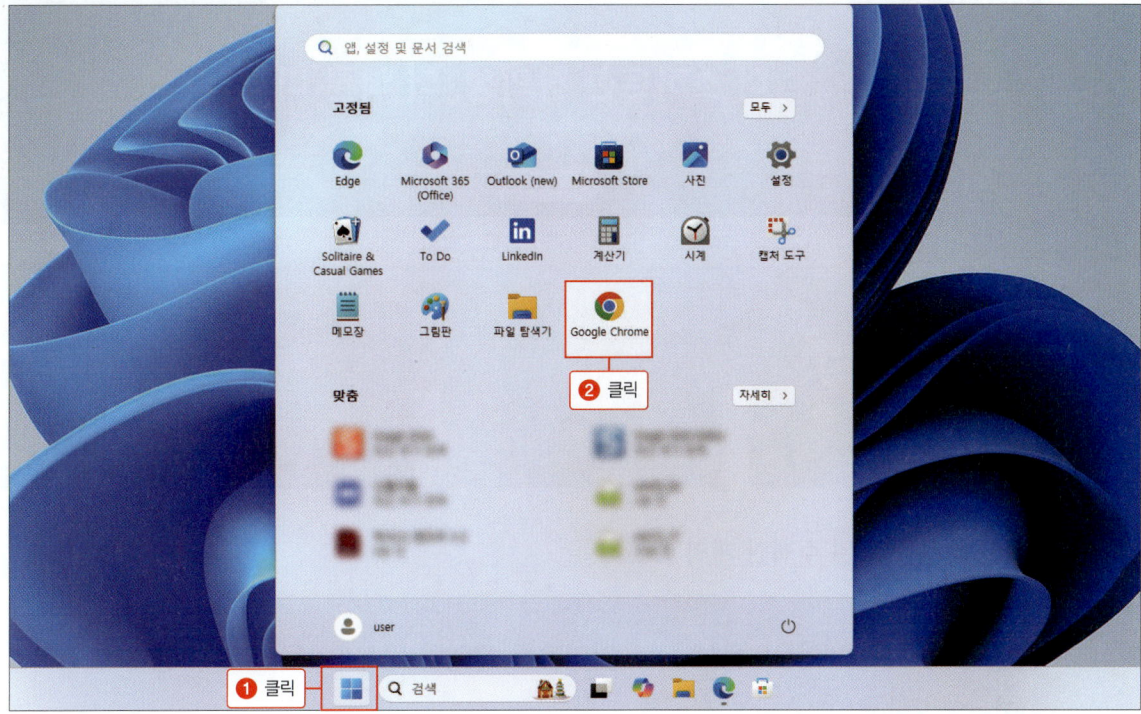

**02** 검색창에 '프리픽'을 검색하고 사이트에 접속해요.

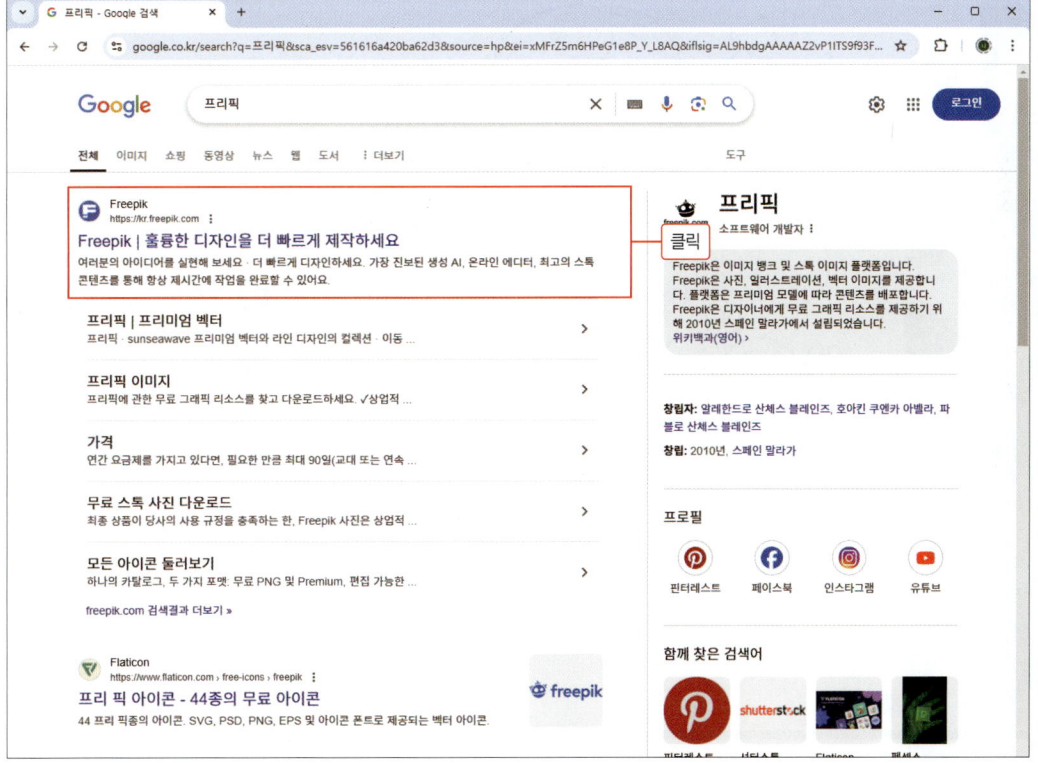

 '픽사 베이', '언플래시' 같은 사이트에서도 다운 받을 수 있어요.

**03** 프리픽에서 '색칠 도안'을 검색해요.

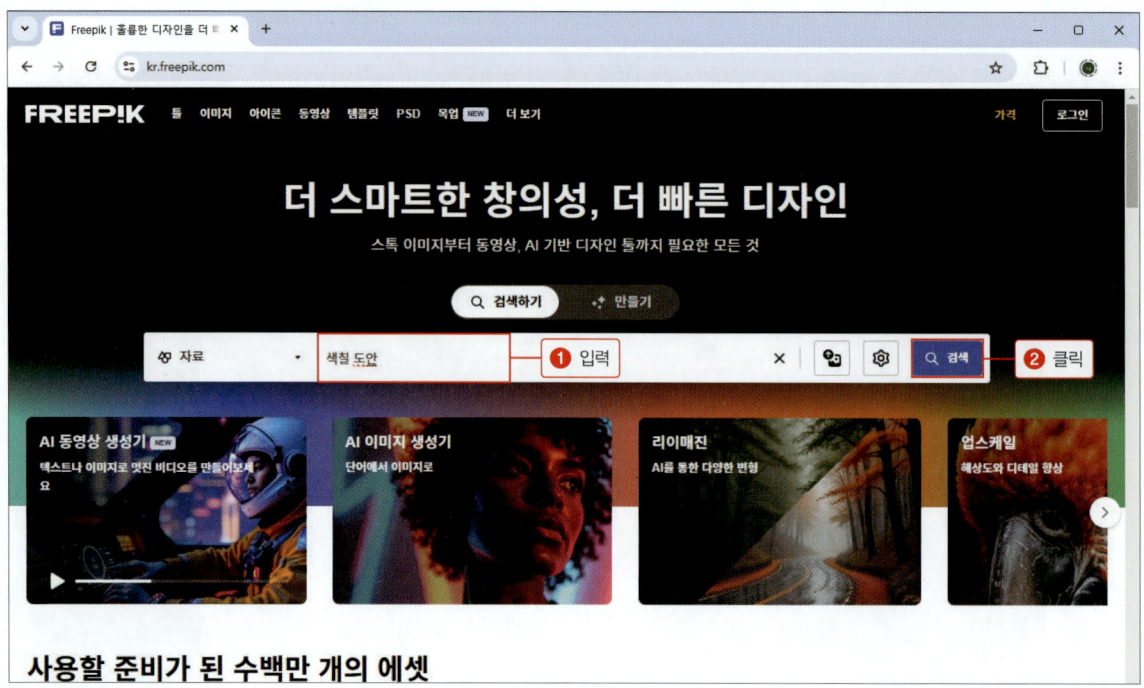

**04** 검색된 이미지 중에서 마음에 드는 이미지를 선택한 다음 [다운로드]를 클릭하고 파일 유형을 jpg로 설정하고 [무료 다운로드]를 클릭해요.

해당 도안이 아닌 마음에 드는 색칠 도안을 사용해도 괜찮아요.

**05** 상단 오른쪽의 다운로드 항목에서 사진 모양을 클릭하면 이미지 창이 열려요.

**06** 열린 이미지 창에서 왼쪽 위의 [편집] 메뉴를 클릭한 다음 [다른 이름으로 저장]을 클릭해요.

**07** 〔바탕 화면〕에 파일 명을 '인어공주'로 설정하고 저장해요.

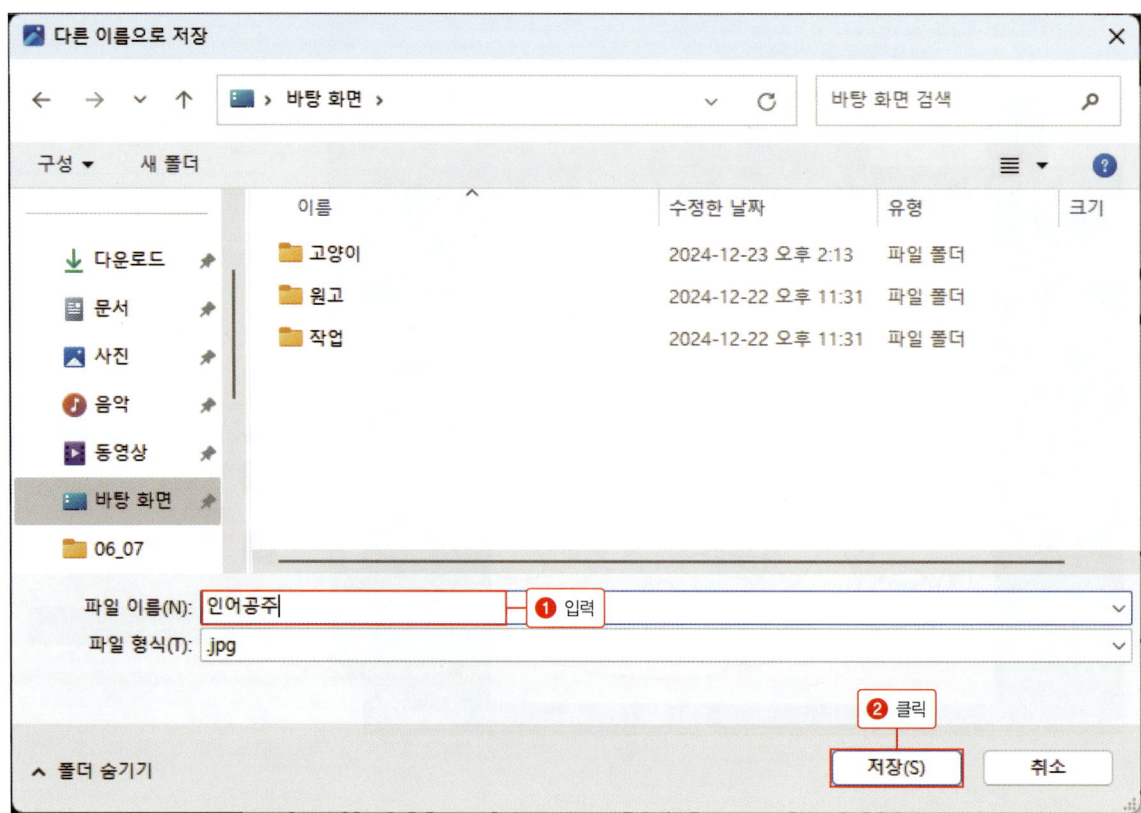

## 2 그림판 활용해서 색 채우기

**01** 작업 표시줄에 있는 검색창에서 '그림판'을 검색한 다음 Enter를 눌러요.

**02** 그림판이 실행되면 (파일)-(열기)를 클릭하고 바탕 화면에서 '인어공주.jpg'를 선택한 다음 (열기) 버튼을 클릭해요.

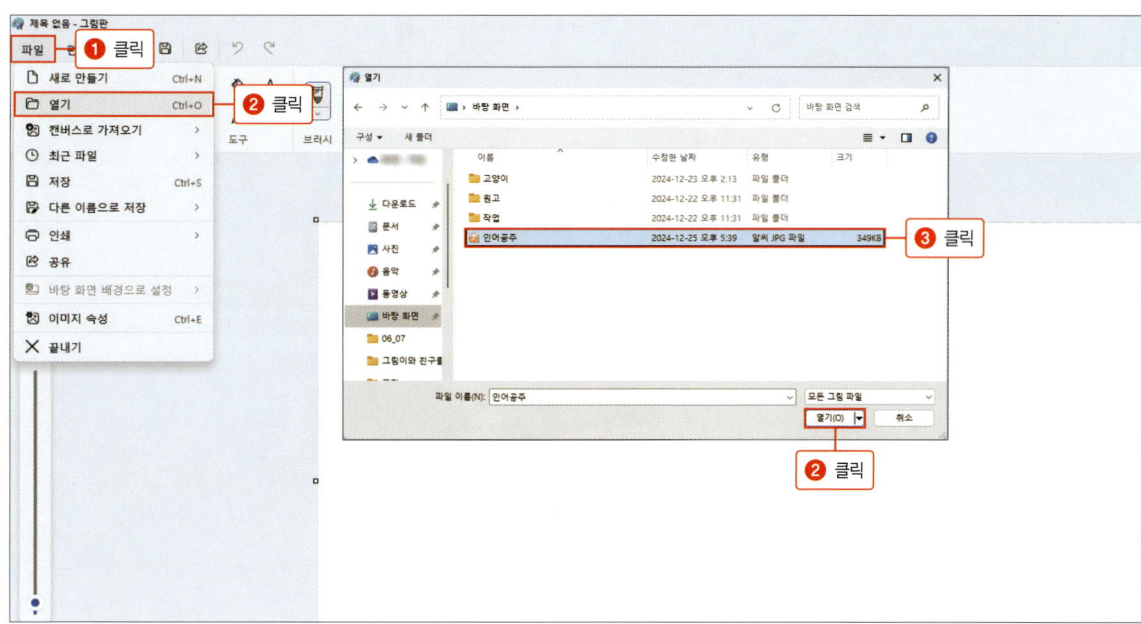

**03** 전체 그림이 잘 보이게 오른쪽 아래 (화면 확대 축소)를 이용하여 조절해요.

Ctrl+마우스 스크롤을 이용해서 확대 축소를 할 수 있어요.

**04** 〔도구〕 그룹의 〔채우기〕를 클릭하고 원하는 색을 골라 색칠하고 싶은 면을 클릭해 색칠해요.

## 3 없는 색 만들어 사용하기

**01** 상단에 〔색 편집〕을 클릭해요.

**02** 원하는 색상을 색상 피커에서 클릭한 다음 [색 추가]를 클릭하면 사용자 지정 색에 추가돼요. [확인] 버튼을 클릭해요.

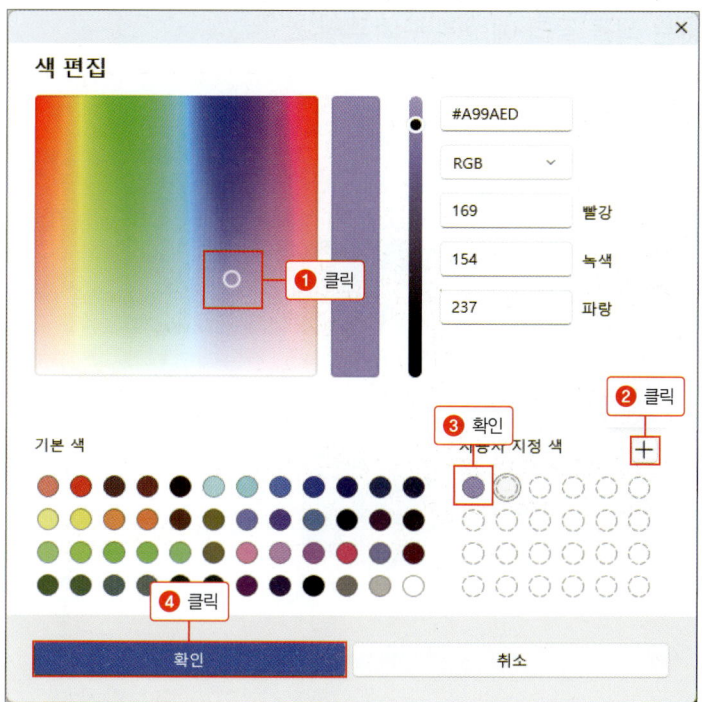

**03** 추가된 색을 클릭하여 색칠해요.

## 4 브러시 도구로 꾸며주기

**01** 〔브러시 도구〕를 클릭하고 원하는 색을 골라 예쁘게 꾸며주세요.

**02** 〔파일〕-〔다른 이름으로 저장〕-〔JPEG 그림〕 클릭한 다음 저장 위치는 〔바탕 화면〕에 파일 이름에 제목을 입력하고 저장 버튼을 클릭해요..

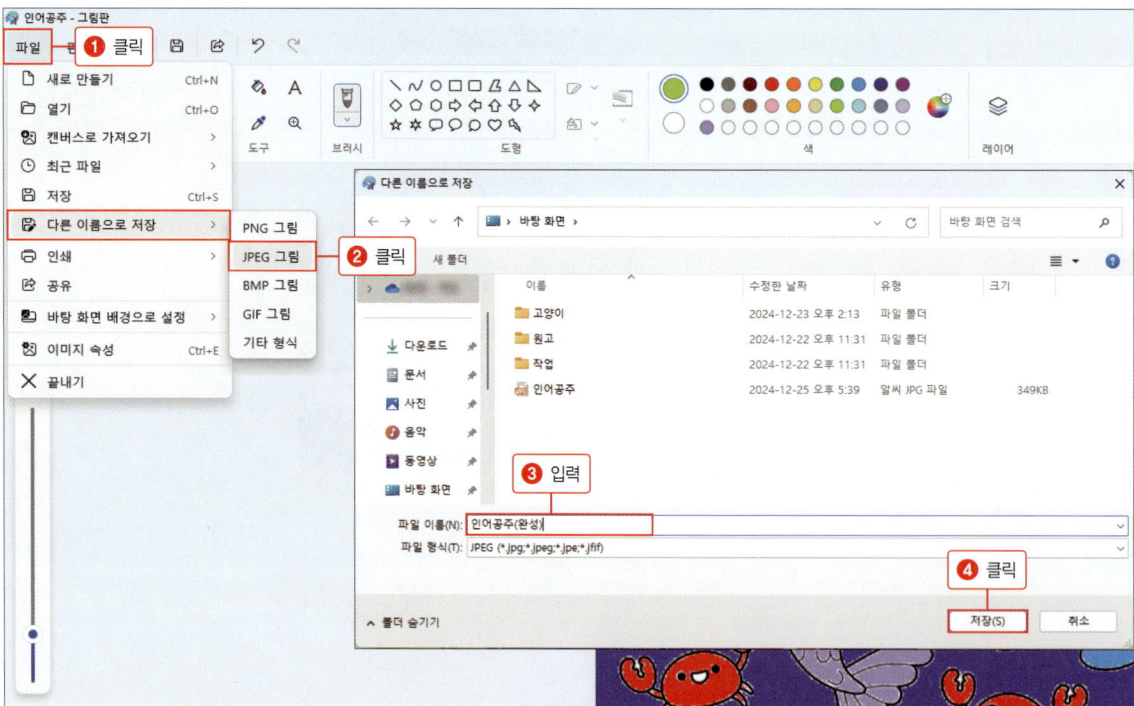

**01** ▶ 색칠할 때 사용하는 도구는 무엇인가요?

① ✏️   ② 🪣   ③ 🧽   ④ 🔍

**02** ▶ 색 팔레트에 없는 색을 만들어 사용할 때 선택해야 하는 것은 무엇일까요?

① ⬚   ② 🔺   ③ 🎨   ④ 🗂

**03** ▶ 색칠하기 도안을 골라 색칠해 보세요.

● 예제파일 : 15_색칠하기 폴더

# 16 구글 어스로 집에서 세계 여행하기

수업

우리나라에도 가 보고 싶은 곳이 너무 많지만, 해외여행은 또 다른 재미가 있죠. 이번에는 구글에서 제공하는 지도 플랫폼인 구글 어스를 이용하여 실제로 해외여행을 하는 것처럼 거리도 걸어 보고 건물도 감상해 보아요.

**학습목표**
- 구글 어스를 접속하여 여러 기능을 알아보세요.
- 구글 어스로 지구 곳곳을 여행해 보세요.

 구글 어스의 기능을 알아보고, 지구를 돌려 가며 확대하여 관찰했어요.

 [스트리트 뷰 보기] 기능으로 세계 곳곳을 여행했어요.

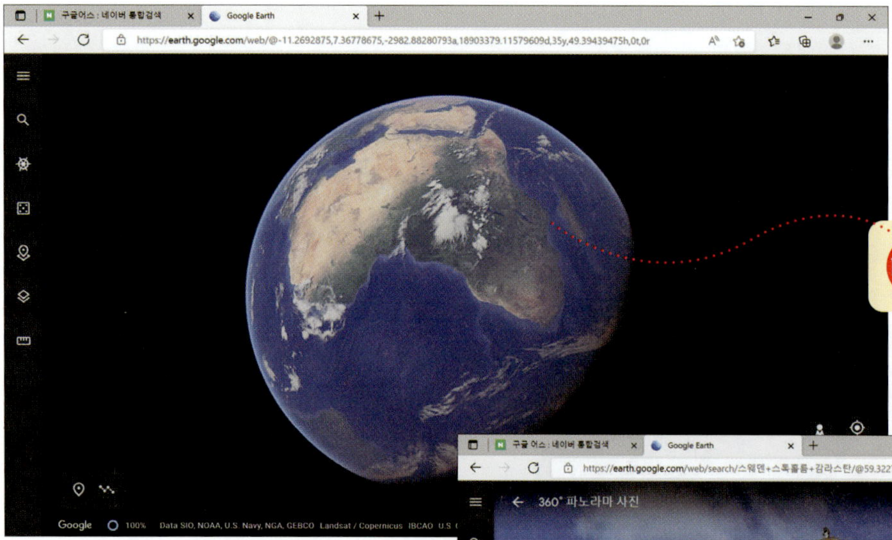

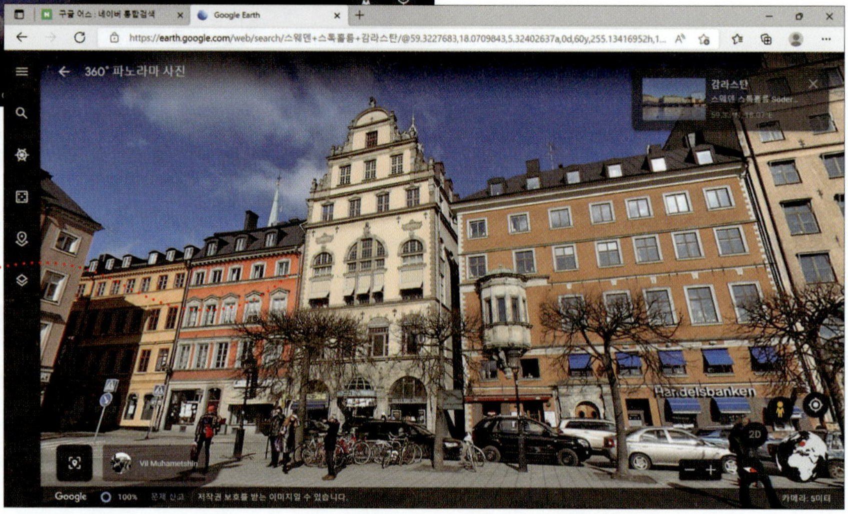

## 1 구글 어스로 여행하기

**01** 〔시작(■)〕을 클릭한 다음 타일에서 〔마이크로소프트 엣지(Microsoft Edge)(◐)〕를 클릭해서 웹 브라우저를 실행해요. 네이버 검색창에 '구글어스'를 검색한 다음 〔검색 단추〕를 클릭하여 구글 어스 사이트에 접속해요.

**02** 처음 구글 어스 사이트에 접속하면 시작 화면이 나타나요. 여기서 〔새 프로젝트 만들기〕를 클릭해요.

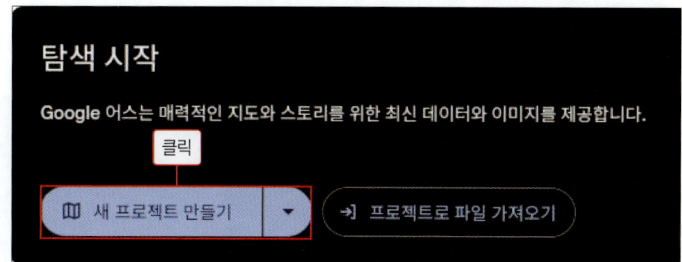

**03** 그림과 같이 지구가 표시되면 드래그하여 지구를 돌리면서 살펴보세요.

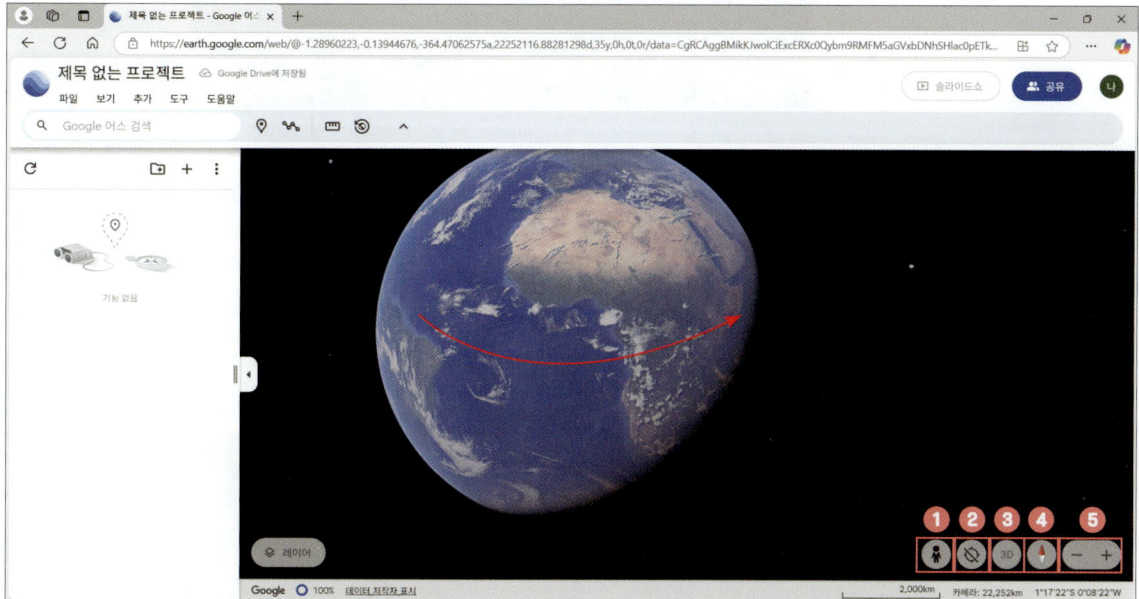

❶ **스트리트 뷰** : 사람 모양 아이콘을 화면으로 끌어다 놓으면 거리 수준의 360도 뷰를 볼 수 있어요.
❷ **3D 보기** : 3D 아이콘을 클릭하면 건물, 산, 강 등의 지형을 입체적으로 볼 수 있어요.
❸ **나침반** : 지도를 북쪽으로 재설정하거나 회전시킬 때 사용해요.
❹ **위치 초점 맞추기** : 원 모양 아이콘을 눌러 화면을 초기화 시키고 중심을 맞춰요.
❺ **확대 및 축소** : 마우스 스크롤 또는 오른쪽 아래의 +/- 버튼을 이용해 지도를 확대하거나 축소해요.

**04** 〔검색(🔍)〕을 클릭하고 검색창에 '감라스탄 대광장'을 검색해요. 목록에 〔스웨덴 스톡홀름 감라스탄〕이 표시되면 클릭해요.

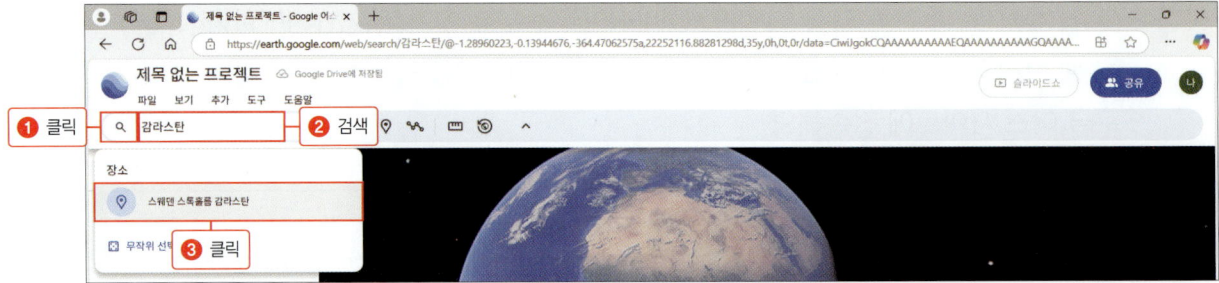

**05** 지구를 돌아 스톡홀름 감라스탄에 도착해요.

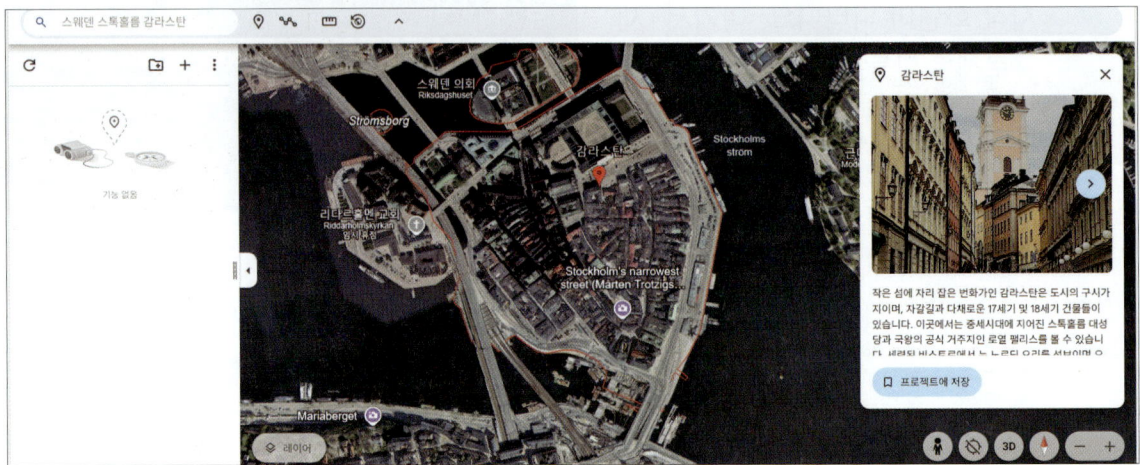

**06** 〔스트리트 뷰 보기(👤)〕를 클릭하면 파란색으로 표시되는 길과 점이 보여요. 감라스탄 주변으로 〔스트리트 뷰 보기(👤)〕를 드래그해요.

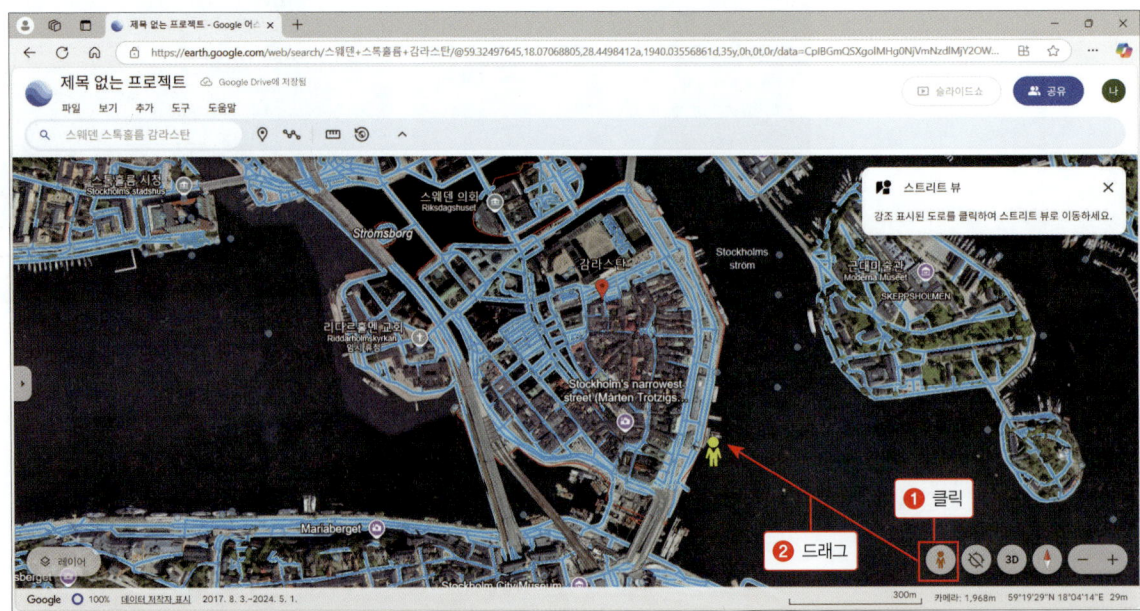

**07** 스트리트 뷰가 보이면 바닥에 화살표를 클릭하거나 가고 싶은 쪽의 화면을 클릭하면서 스웨덴의 동화 같은 거리를 감상해요.

## 2 지역의 과거 모습 보기

**01** 상단 메뉴에서 [보기]를 클릭한 뒤 [레이어]를 클릭해요.

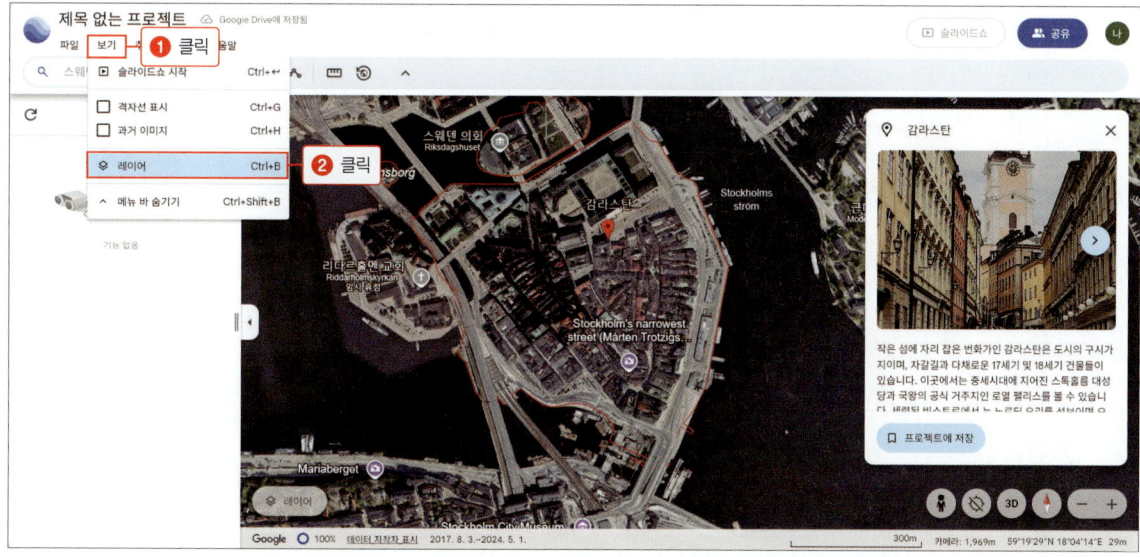

**02** 〔역사적인 이미지〕 옵션을 활성화한 다음, 상단의 이전 이미지 보기 버튼을 눌러 과거 도시의 모습을 살펴보세요. 끝난 후에는 〔역사적인 이미지〕를 다시 클릭해 비활성화하세요.

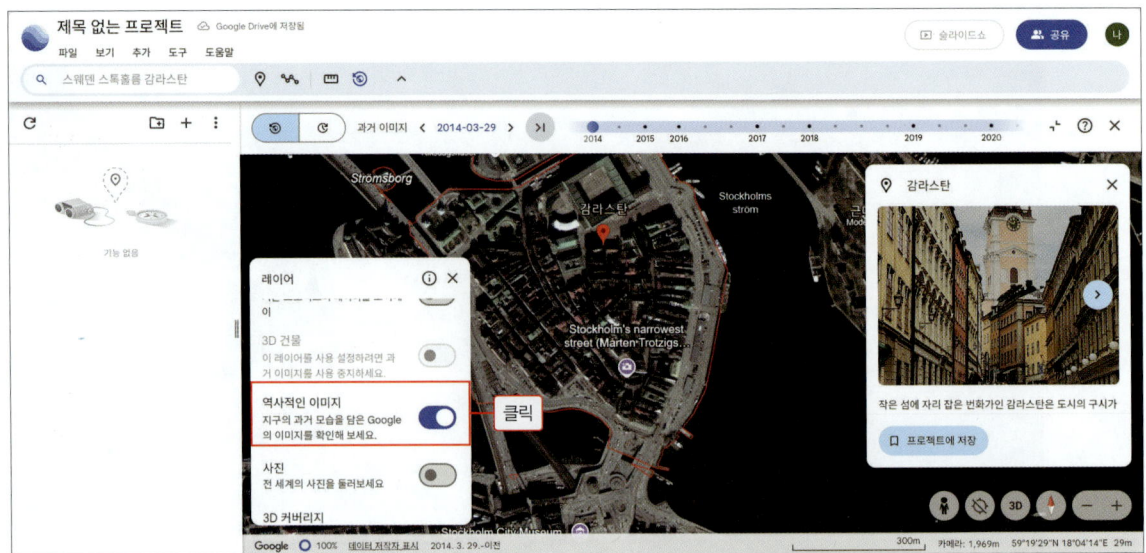

## 3 추상적인 지도 보기

**01** 〔레이어〕 탭에서 〔지도〕를 선택해 추상적인 지도를 살펴보세요.

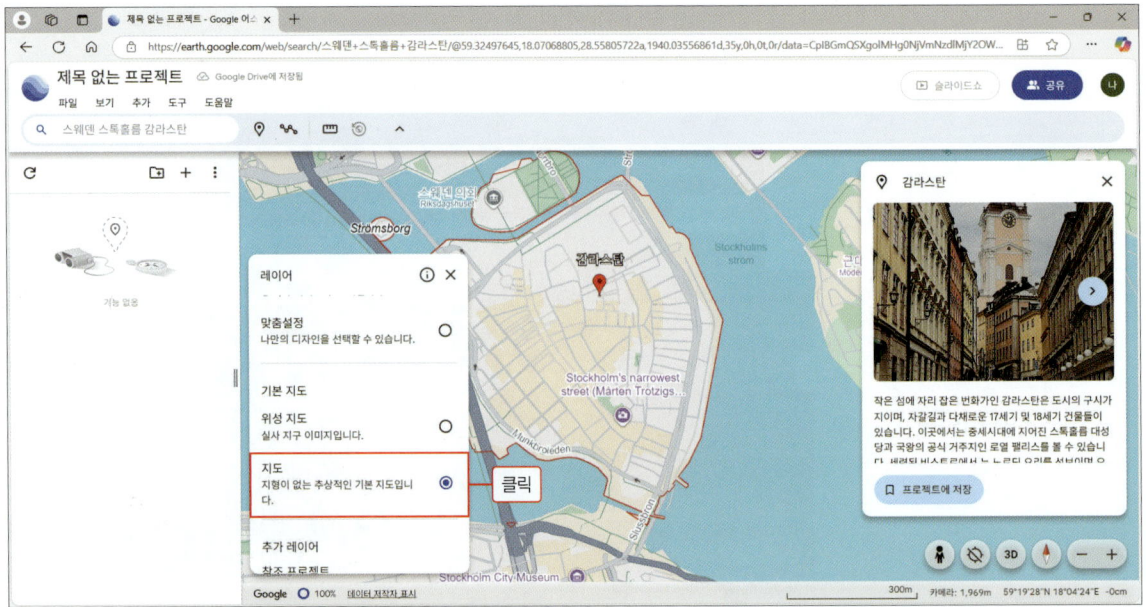

> 추상적인 지도는 복잡한 세부 정보를 생략하고 주요 요소만 보여줘요.

**01** ▶ 3D 보기 기능을 활용해 건물을 입체적으로 감상해 보세요.

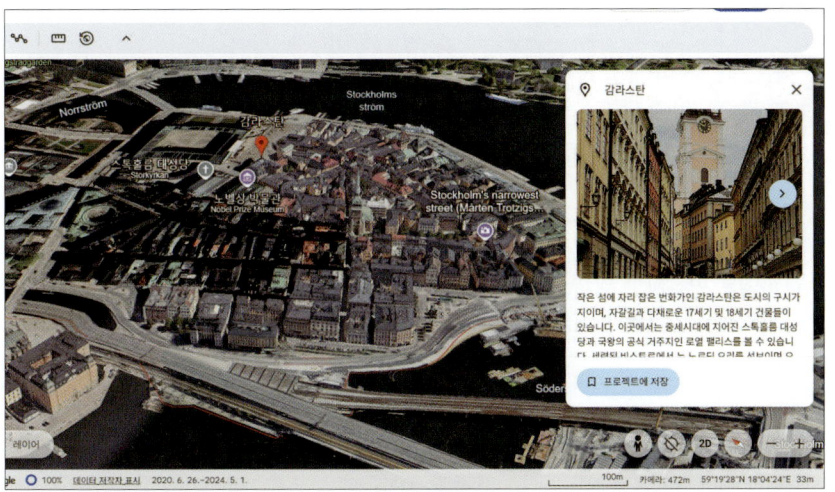

❶ (3D 보기( )를 클릭하면 평면적인 2D 화면이 입체적인 3D 화면으로 전환돼요.
❷ 확대/축소 기능을 사용해 건물의 세부 모습을 자세히 살펴볼 수 있어요.

**02** ▶ 마다가스카르의 바오밥 나무가 심어져 있는 곳으로 여행해 보세요.

❶ 구글 어스 검색창에서 '바오밥'을 검색하여 '마다가스카르 바오밥 에비뉴'로 이동해요.
❷ [스트리트 뷰 보기]로 바오밥 나무가 잘 보일 만한 곳으로 이동한 다음 360° 파노라마 뷰를 감상해요.

마다가스카르의 바오밥 나무는 수명이 길어서 수천 년을 살 수 있어요. 줄기의 굵기가 상상을 초월할 정도로 두껍고 높이도 굉장히 높아서 실제로 보면 놀랍다고 해요. 즐겁게 여행하며 바오밥 나무를 감상해 보세요.

# 효율적인 컴퓨터를 위한 파일 정리하기

수업 17

물건을 정리해서 두지 않으면 어디 있는지 한참을 찾아야 해요. 파일이나 폴더도 마찬가지로 잘 정리해 두면 필요할 때 금방 찾을 수 있어요. 이번에는 파일을 압축해서 정리하고, 디스크 공간을 정리하는 방법에 대해 알아보아요.

- 파일을 압축하고 해제하는 방법을 알아보세요.
- 컴퓨터 디스크를 정리해 보세요.

**HOW!** 파일을 압축하여 파일의 크기를 줄였어요.

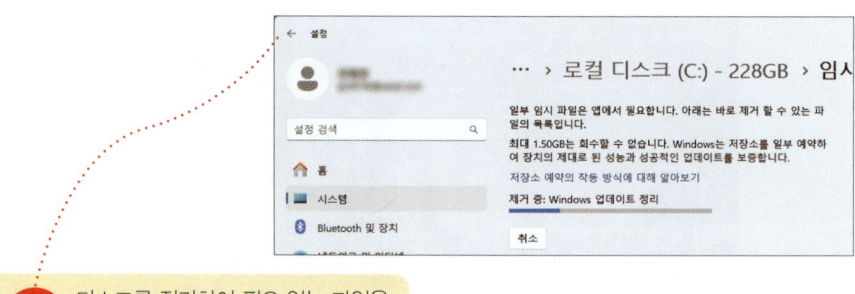

**HOW!** 디스크를 정리하여 필요 없는 파일을 삭제하고 여유 공간을 늘렸어요.

# 1 파일 압축하고 해제하기

**01** 바탕 화면에서 〔내 PC(🖥)〕를 더블클릭한 다음 압축이 필요한 폴더로 이동해요. 폴더를 드래그하여 모두 선택하고, 마우스 오른쪽 버튼을 클릭한 다음 '속성'을 선택해요.

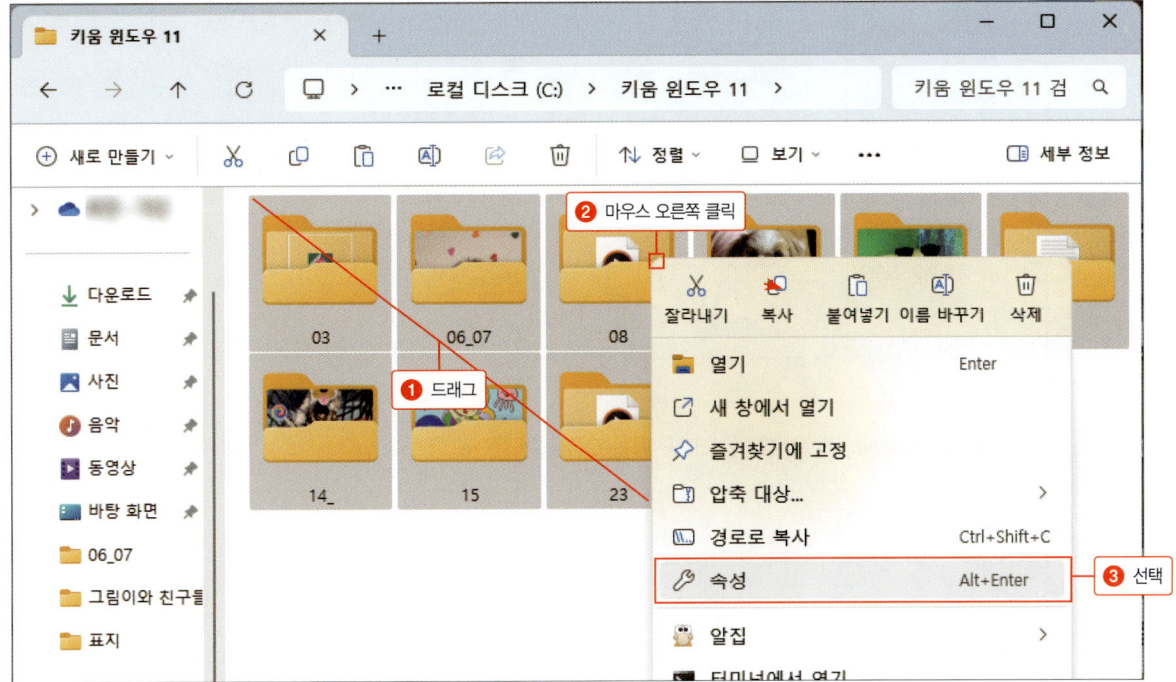

🐶 Ctrl + A 를 누르면 폴더를 모두 선택할 수 있어요.

**02** 〔속성〕 창이 표시되면 예제의 폴더에는 '파일 37', '폴더 10'인 것을 확인할 수 있으며, 파일의 크기는 '36.2MB'인 것을 확인할 수 있어요.

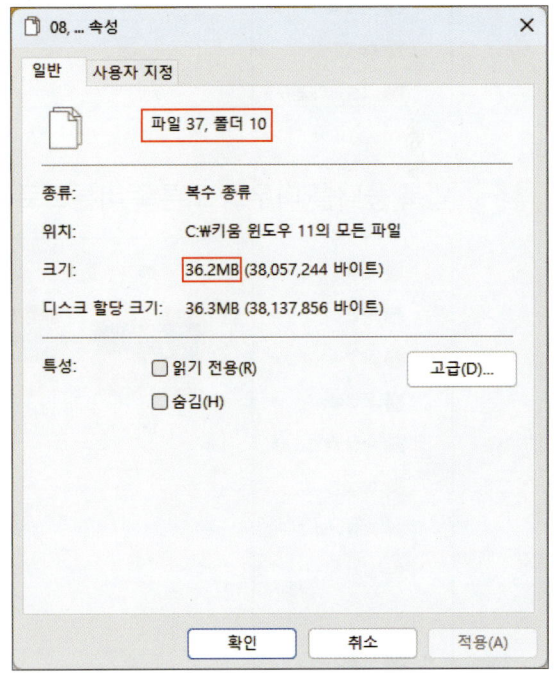

🐶 파일과 폴더의 갯수는 선택한 폴더에 따라 다를 수 있습니다.

17 · 효율적인 컴퓨터를 위한 파일 정리하기

**03** 선택한 폴더에서 마우스 오른쪽 버튼을 클릭한 다음 '압축 대상...'에서 'Zip 파일'을 선택해요.

**04** 압축이 모두 끝나면 압축 폴더가 만들어져요.

**05** 압축 폴더를 마우스 오른쪽 버튼으로 클릭한 다음 '속성'을 선택해요.

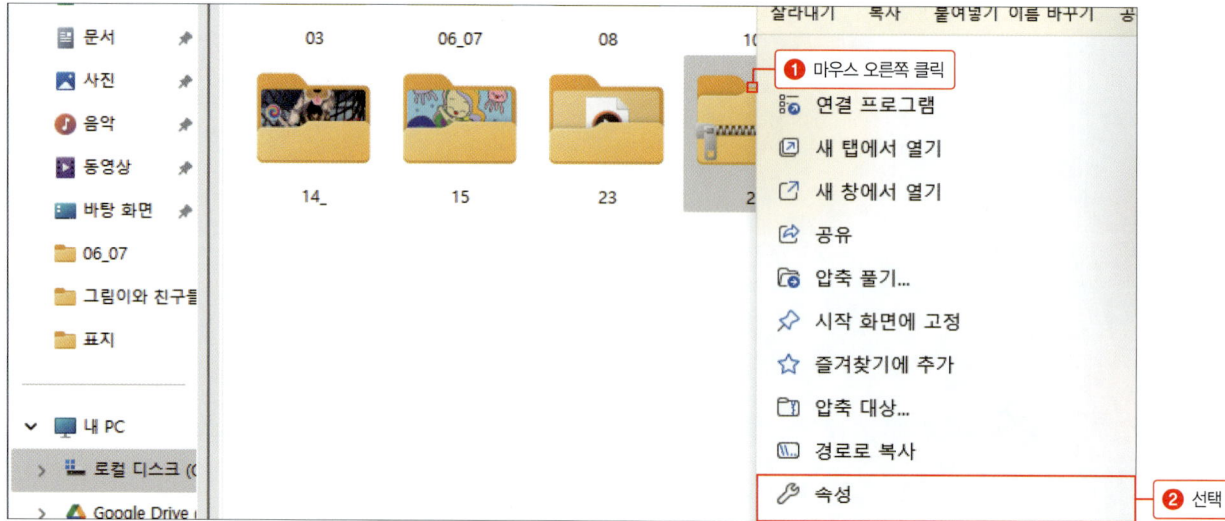

06 〔속성〕 창이 표시되면 이전에 '36.2MB'였던 파일의 크기가 '17.5MB'로 조금 줄어든 것을 확인할 수 있어요.

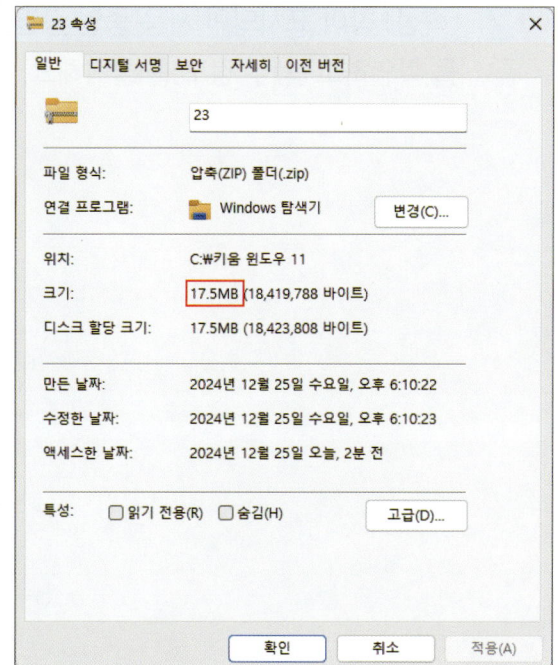

 다시 압축을 해제하려면 압축된 폴더에서 마우스 오른쪽 버튼을 클릭한 다음 '압축 풀기'를 선택하고, 압축을 해제할 위치를 지정해요.

## 2 디스크 정리하기

01 바탕 화면에서 〔내 PC()〕를 더블클릭하고, 〔드라이브(C:)〕를 마우스 오른쪽 버튼으로 클릭한 다음 '속성'을 선택해요.

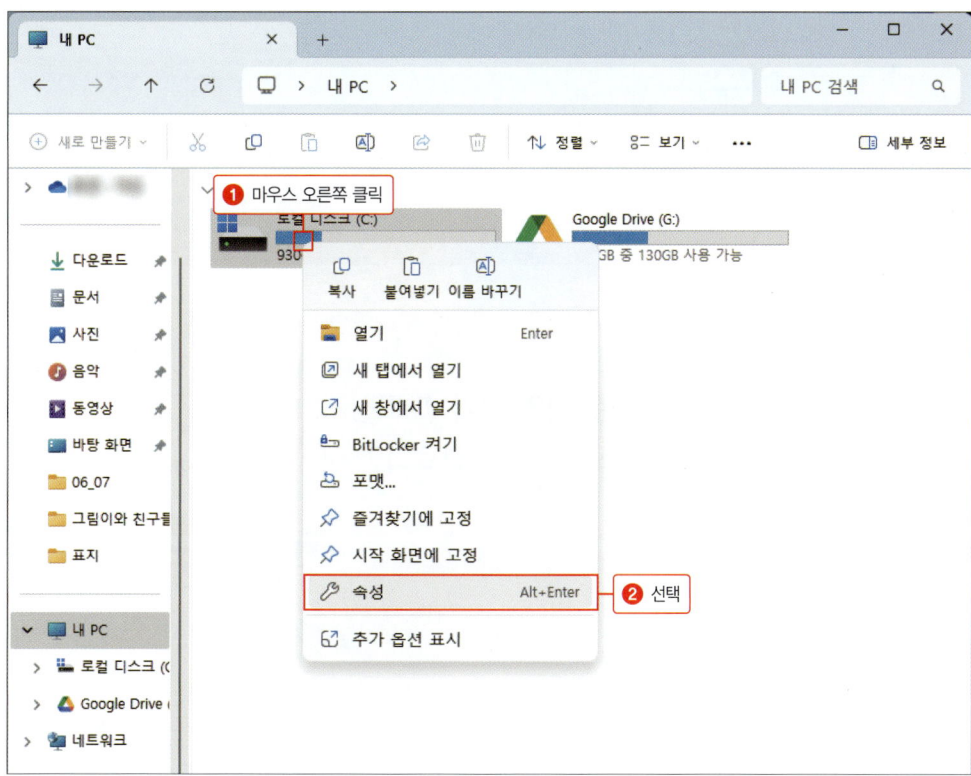

**02** 〔속성〕 창이 표시되면 사용 중인 공간과 여유 공간을 확인하고 〔세부 정보〕를 클릭해요.

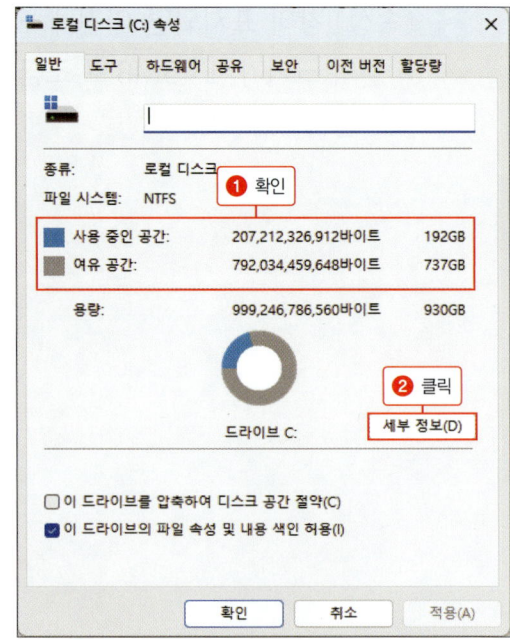

**03** 〔로컬 디스크(C:)〕 창이 표시되면 〔임시 파일〕을 클릭한 다음 〔파일 제거〕를 클릭해요.

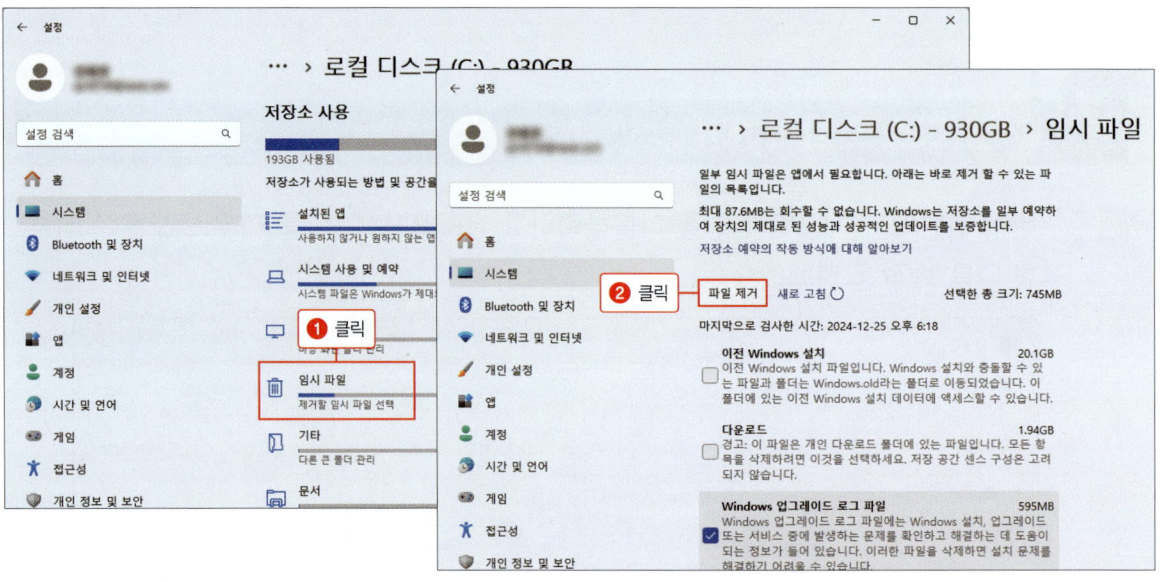

**04** 파일을 완전히 삭제할 것인지를 묻는 〔파일 제거〕 대화상자가 표시되면 〔계속〕을 클릭해요. 디스크 정리가 완료되면 여유 공간을 확인해요.

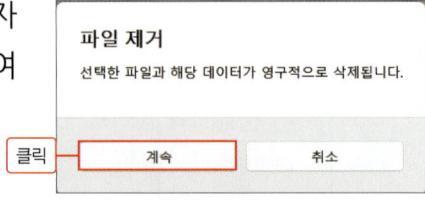

**01** ▶ 우리 집 컴퓨터의 파일을 압축해서 정리하고, 어떤 파일을 정리했는지 적어 보세요.

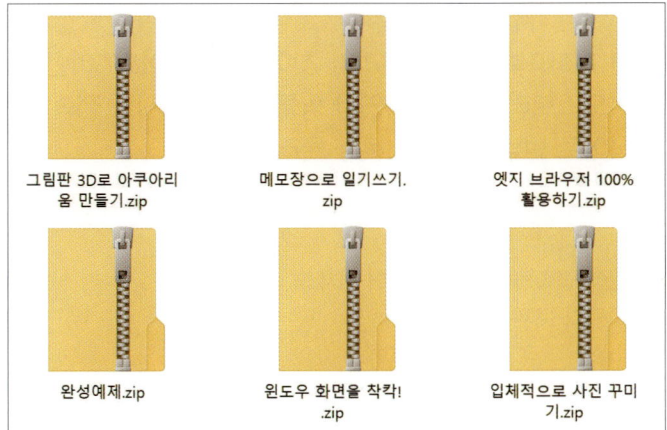

• 정리한 파일

1. 내 PC의 드라이브(C:) 또는 정리할 폴더를 선택해요.
2. 마우스 오른쪽 버튼을 클릭한 다음 '압축 대상'에서 'ZIP 파일'을 선택해요.
3. 반드시 우리 집 컴퓨터의 파일을 정리할 때에는 컴퓨터 주인 또는 부모님께 꼭 물어보고 진행해요.

**02** ▶ 우리 집 컴퓨터의 드라이브(C:) 디스크를 정리 후 전과 여유 공간을 비교해서 적어 보세요.

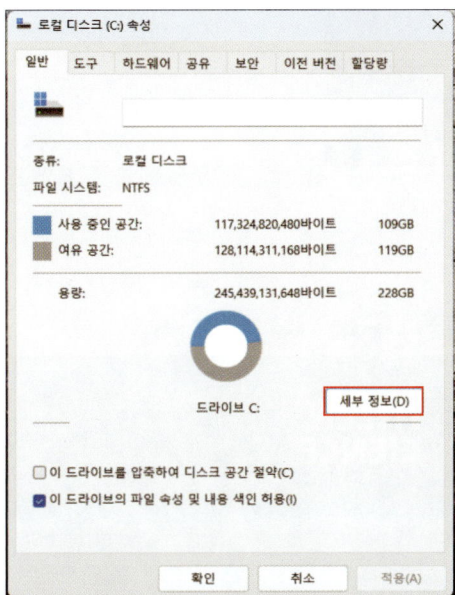

• 정리 전 디스크 여유 공간 ＿＿＿＿＿＿
• 정리 후 디스크 여유 공간 ＿＿＿＿＿＿

1. 드라이브(C:)의 [속성] 창에서 사용 중인 공간과 여유 공간을 확인하고 [세부 정리]를 클릭해요.
2. [디스크 정리(C:)] 창에서 삭제할 파일을 체크 표시하여 디스크를 정리한 다음 여유 공간을 확인해요.

# 18 수업 외국 사이트 번역하여 인터넷 사용하기

인터넷은 전 세계의 어떤 홈페이지더라도 우리가 찾아볼 수 있어요. 이번에는 세계에서 가장 큰 자연사 박물관인 오스트리아의 빈 자연사 박물관 홈페이지를 접속하고 그 나라의 언어를 들어 본 다음 한국어로 번역해서 사이트를 둘러보아요.

**학습목표**
- 오스트리아 빈 자연사 박물관에 접속하여 언어를 들어 보세요.
- 한국어로 번역하여 사이트를 둘러 보세요.

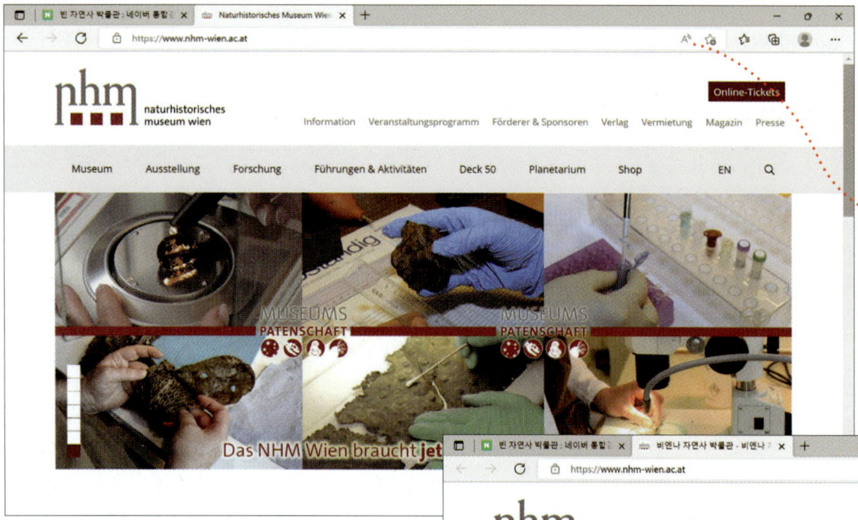

HOW! 외국 박물관 사이트에 접속하여 그 나라의 언어로 사이트의 내용을 들어 보았어요.

외국 박물관 사이트의 내용을 한국어로 번역하여 둘러보았어요. HOW!

112

## 1 외국 박물관 사이트에 접속하여 언어 듣기

**01** 〔시작(🪟)〕을 클릭한 다음 타일에서 〔마이크로소프트 엣지(Microsoft Edge)(🌐)〕를 클릭하여 웹 브라우저를 실행해요. 네이버 검색창에 '빈 자연사 박물관'을 검색한 다음 검색 내용을 살펴보고, 〔공식홈페이지〕를 클릭해요.

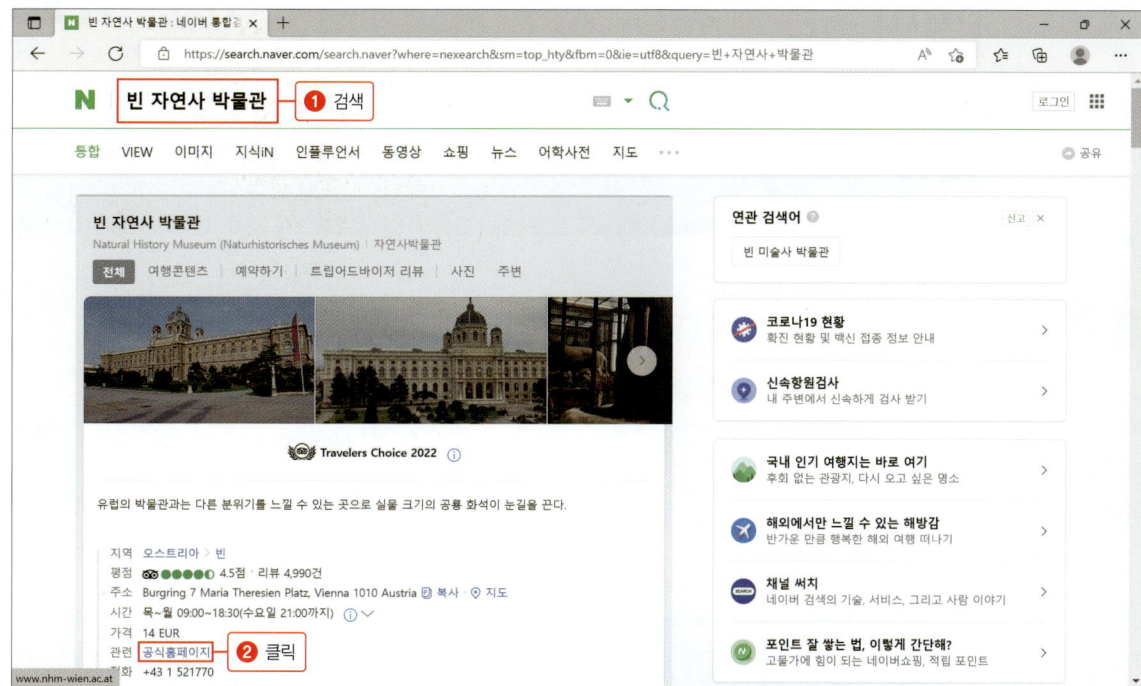

빈 자연사 박물관은 세계에서 가장 크고 오래된 자연사 박물관 중 하나로, 오스트리아 빈에 위치해 있어요.

**02** 빈 자연사 박물관 홈페이지가 열리면 주소 표시줄 오른쪽의 〔이 페이지 소리내어 읽기(A⁰)〕를 클릭해요. 오스트리아에서는 독일어를 사용해서 독일어로 홈페이지 내용을 읽어요. 노란색으로 표시되는 곳을 살펴보면서 독일어를 들어 보세요.

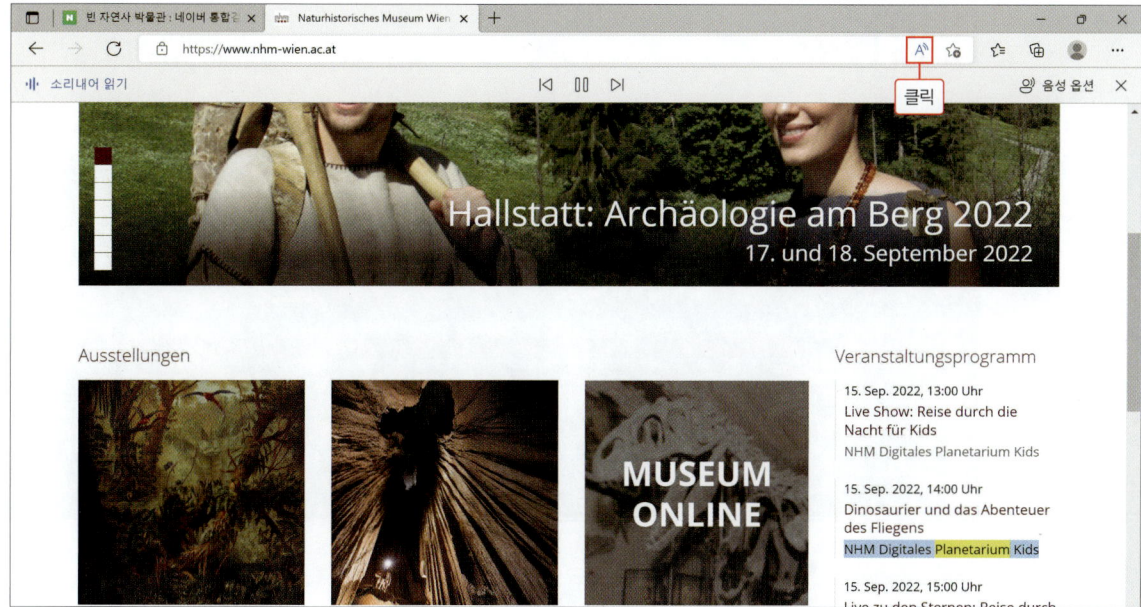

## 2 한국어로 번역해서 외국 박물관 사이트 둘러보기

**01** 주소 표시줄 오른쪽의 〔페이지 번역(aあ)〕을 클릭해요.

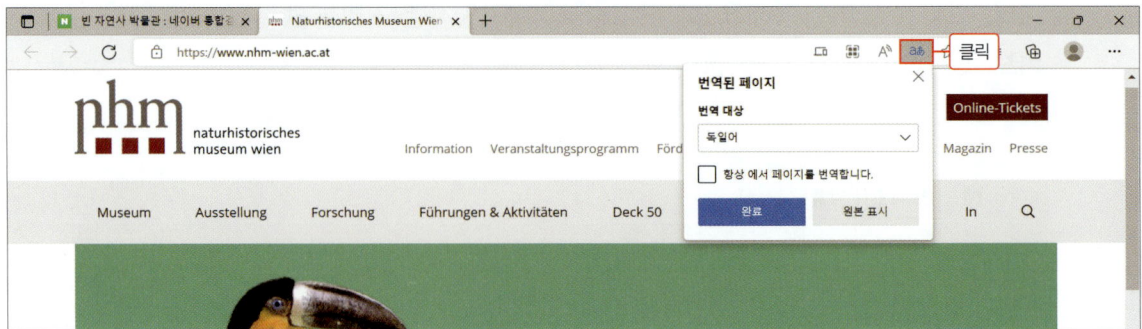

**02** 번역 대상을 '한국어'로 지정한 다음 〔번역〕을 클릭해요.

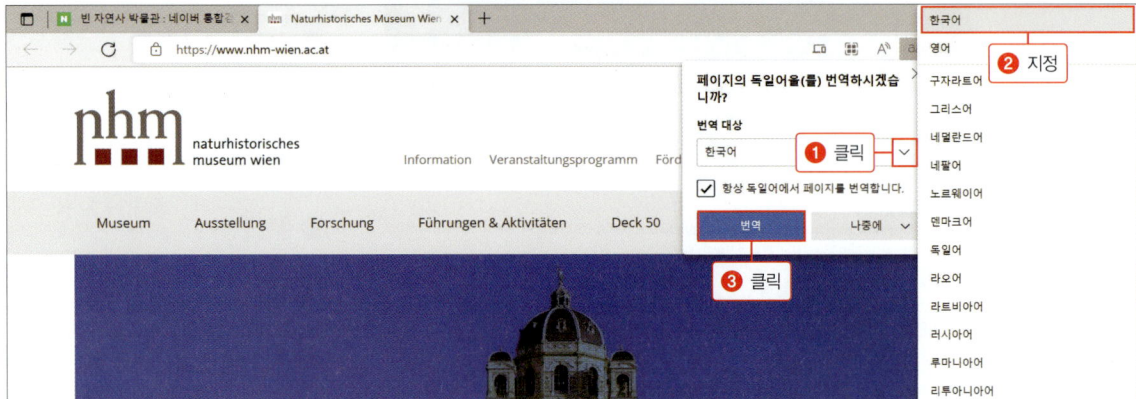

**03** 한국어로 번역되어 표시되면 박물관 홈페이지를 천천히 감상해 보세요.

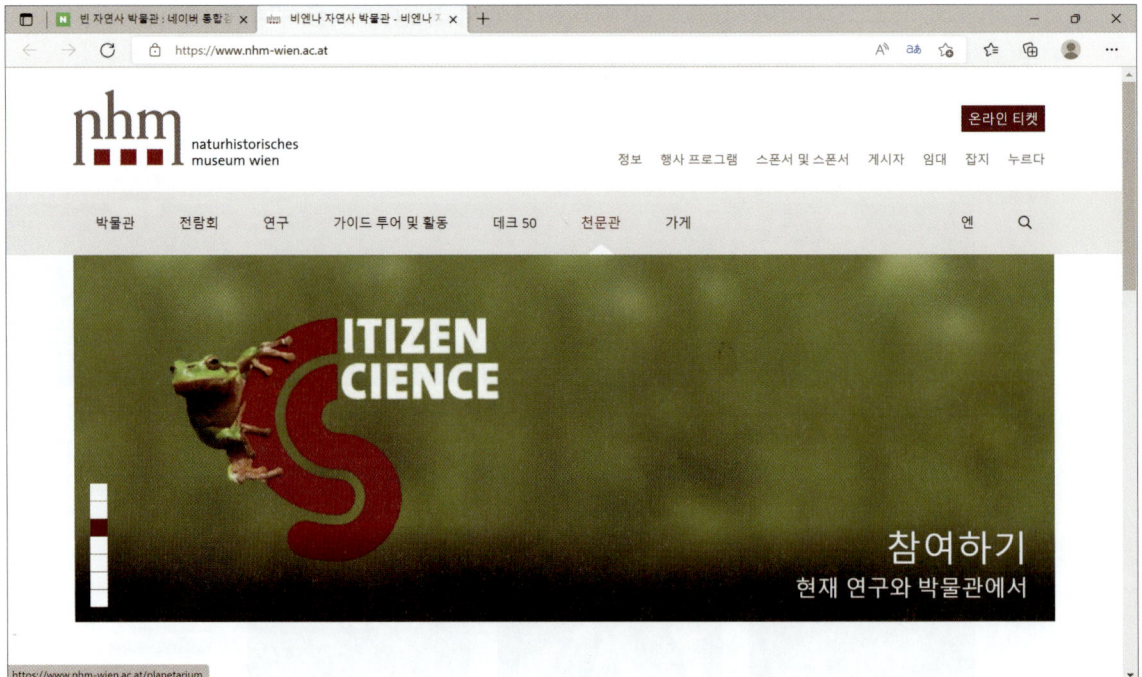

**01** ▶ '루브르 박물관' 사이트의 소개를 들어 보고, 번역하여 어떤 작품이 있는지 적어 보세요.

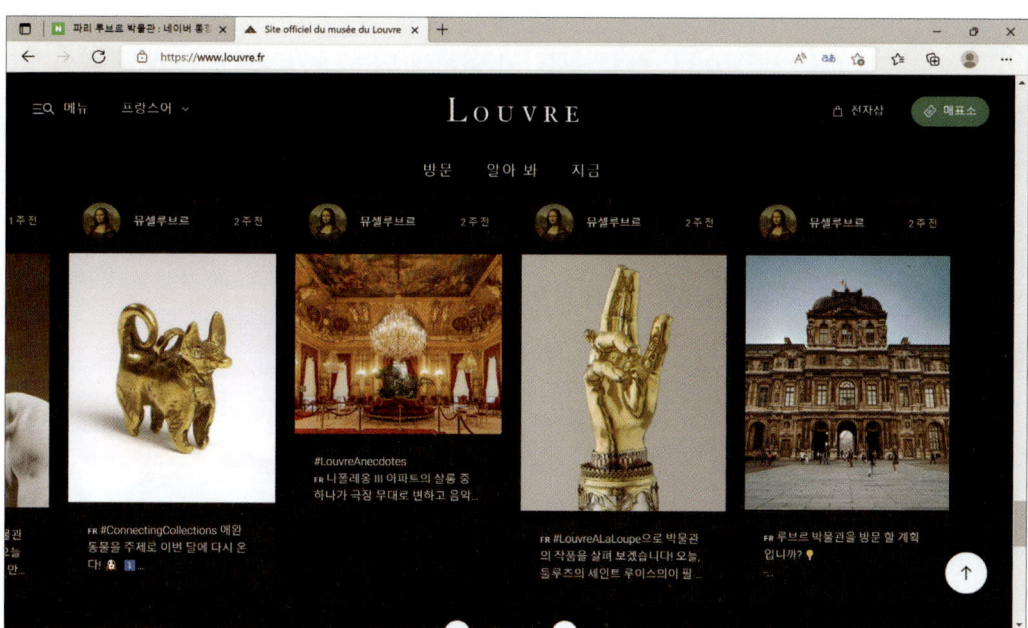

루브르 박물관의 작품들

① '프랑스 루브르 박물관'을 검색해서 공식 홈페이지에 접속해요.
② 주소 표시줄 오른쪽의 (이 페이지 소리내어 읽기())를 클릭하여 프랑스어로 박물관을 소개하는 내용을 들어요.
③ 주소 표시줄 오른쪽의 (페이지 번역())을 클릭하여 '한국어'로 번역한 다음 박물관을 살펴요.

# 19 수업 세계 시간 알아보고 일정 관리하기

우리나라가 밤일 때 지구 반대편에 있는 호주는 낮이고 계절도 우리나라와 정반대예요. 이번에는 세계 여러 나라의 시간이 어떻게 되는지 알아보고, 일정표 작성과 메모를 관리하는 방법에 대해 알아보아요.

 학습목표
- 세계 여러 나라의 시간을 알아보세요.
- 일정표를 관리해 보세요.
- 스티커 메모를 이용하여 중요한 일정을 적어 보세요.

 원하는 나라를 검색하여 시간을 알아 보았어요.  HOW!

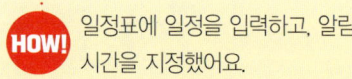 일정표에 일정을 입력하고, 알림 시간을 지정했어요.

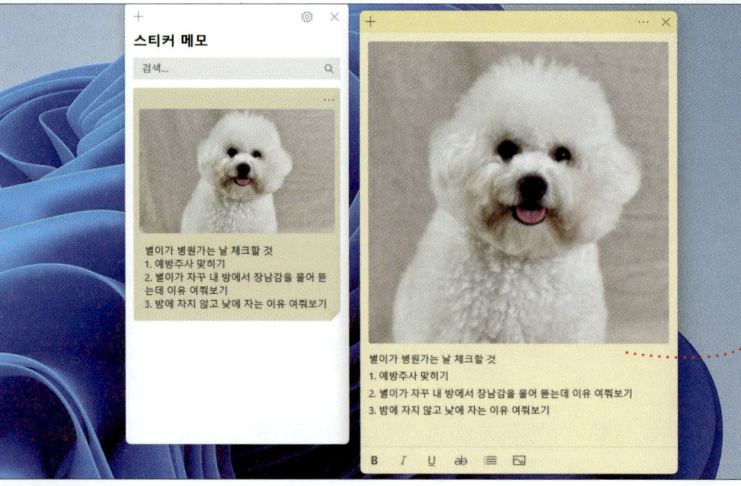

HOW! 스티커 메모에 중요한 일정이나 내용을 작성하고, 이미지도 추가했어요.

# 1 세계 시간 알아보기

**01** 〔시작(■)〕을 클릭한 다음 '시계'를 선택하여 앱을 실행해요. 왼쪽에서 '세계 시계'를 선택하면 오른쪽 세계 지도에 우리나라의 위치가 표시되고, 시간과 날짜가 로컬 시간으로 안내돼요. 하단에 〔새 도시를 추가합니다(+)〕를 클릭해요.

 〔작업 표시줄 검색창(🔍)〕에 '시계'를 검색하여 앱을 실행해도 좋아요.

**02** 〔새 위치 추가〕 대화상자가 표시되면 '멜버른'을 입력하고, 〔멜버른, VIC, 오스트레일리아〕를 클릭한 다음 〔추가〕를 클릭해요.

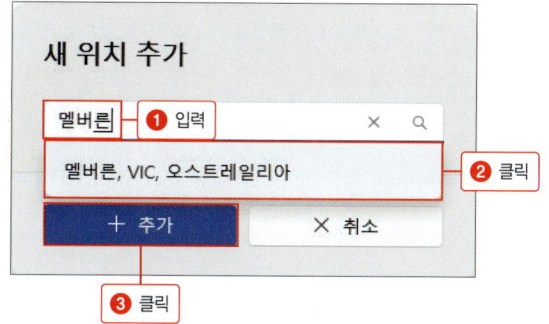

**03** 멜버른의 위치가 세계 지도에 표시되고 시간과 날짜가 추가돼요. 같은 방법으로 '워싱턴', '산티아고'를 추가하여 〔비교( )〕를 클릭해요.

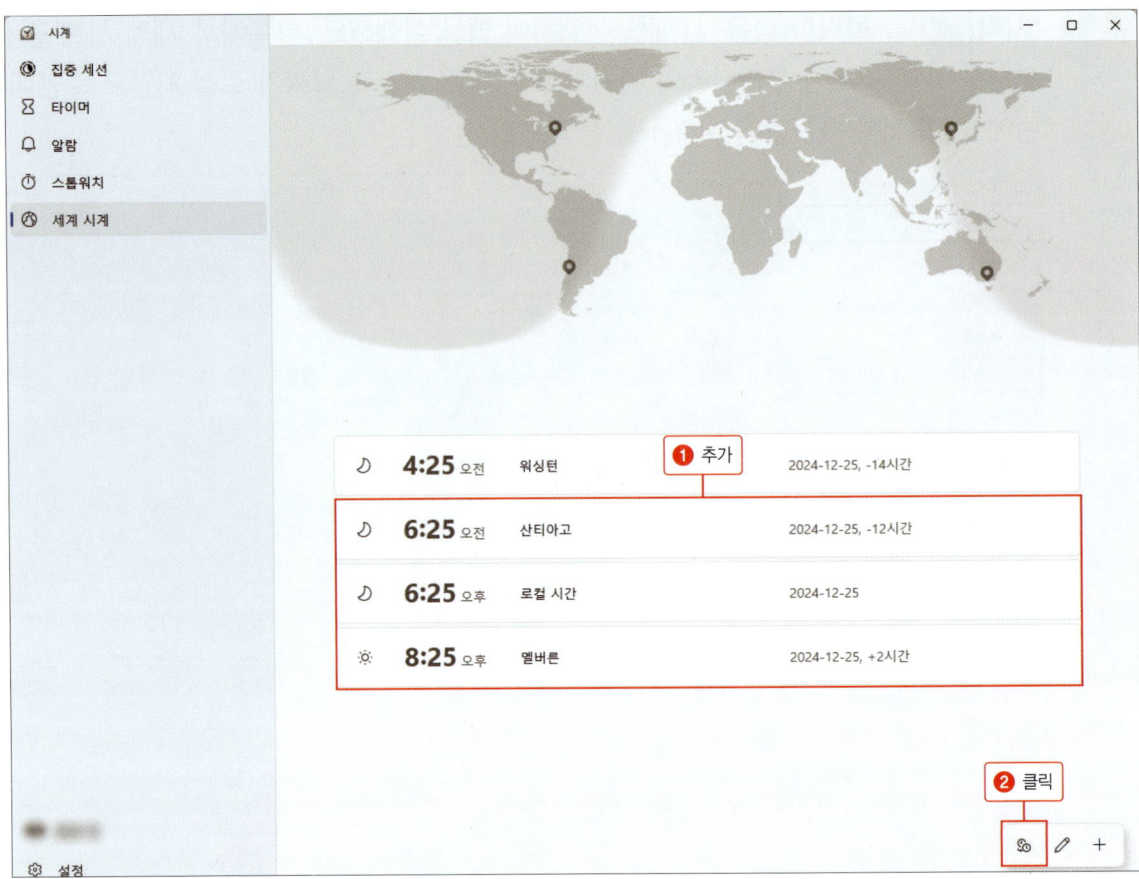

**04** 세계 여러 나라의 시간과 날짜를 비교해서 볼 수 있어요.

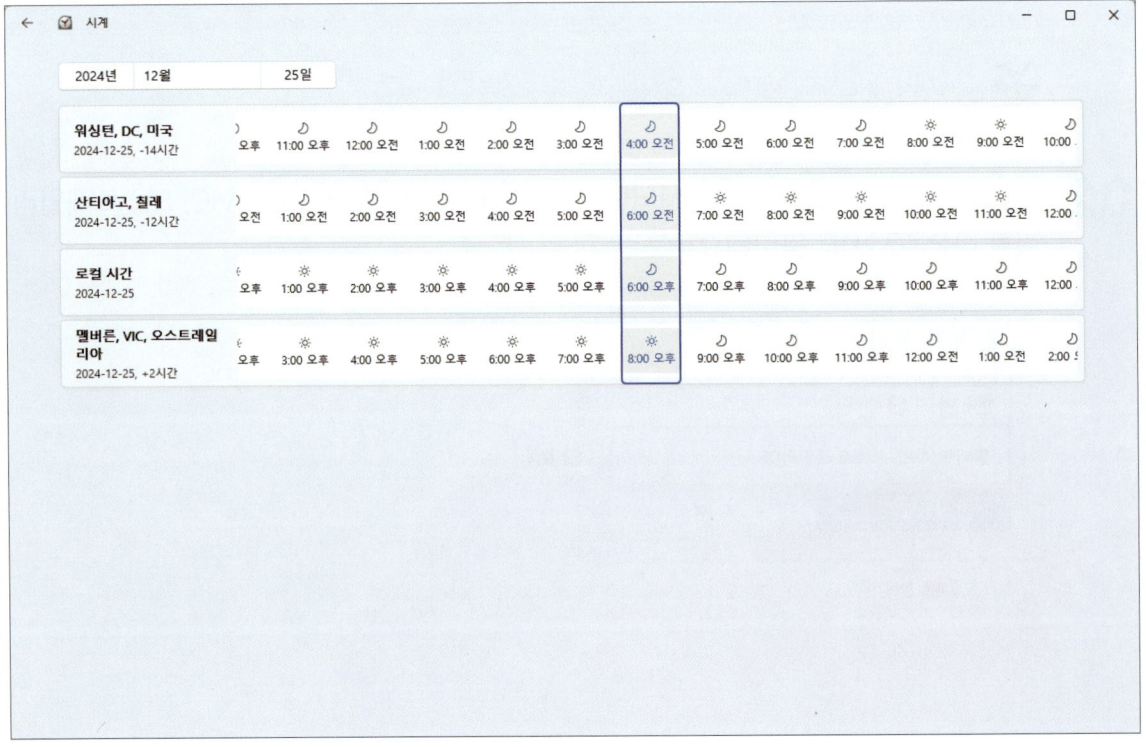

## 2 일정표 관리하기

**01** 〔시작(■)〕을 클릭한 다음 '일정'을 선택하여 앱을 실행해요. 달력의 위, 아래 화살표를 클릭하여 원하는 년, 월을 선택하고 날짜를 클릭해요. 중요한 일정을 입력하고, 알림 시간을 지정한 다음 이모티콘을 선택하여 〔저장〕을 클릭해요.

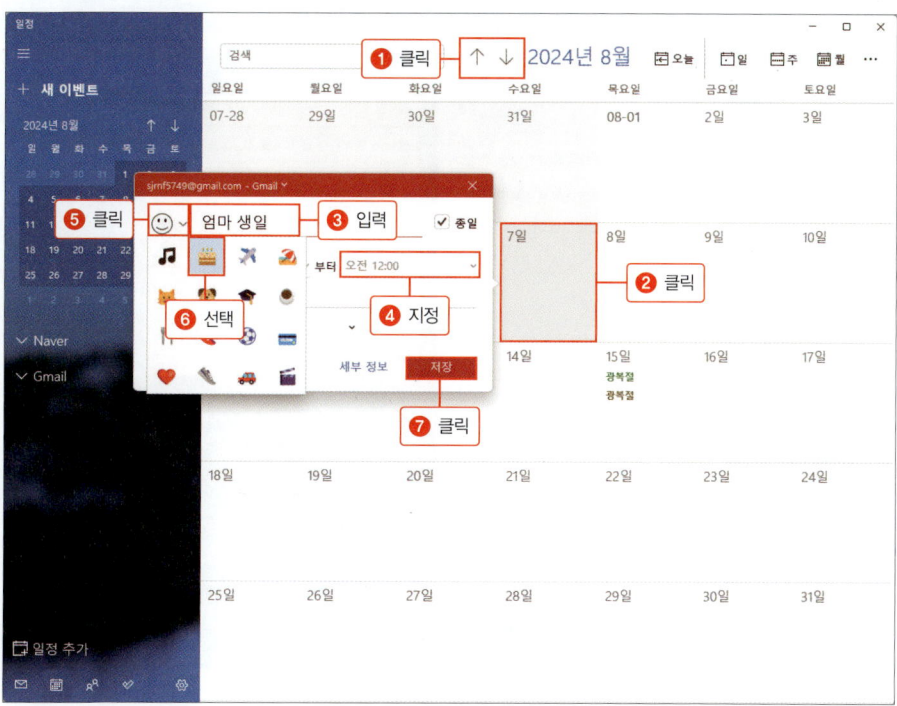

**02** 그림과 같이 일정이 추가되었어요.

## 3 중요한 내용 메모하기

**01** 〔시작(■)〕을 클릭한 다음 '스티커 메모'를 선택하여 앱을 실행해요. 스티커 메모가 실행되면서 자동으로 메모 한 장이 표시되면 일정이나 내용을 입력해요.

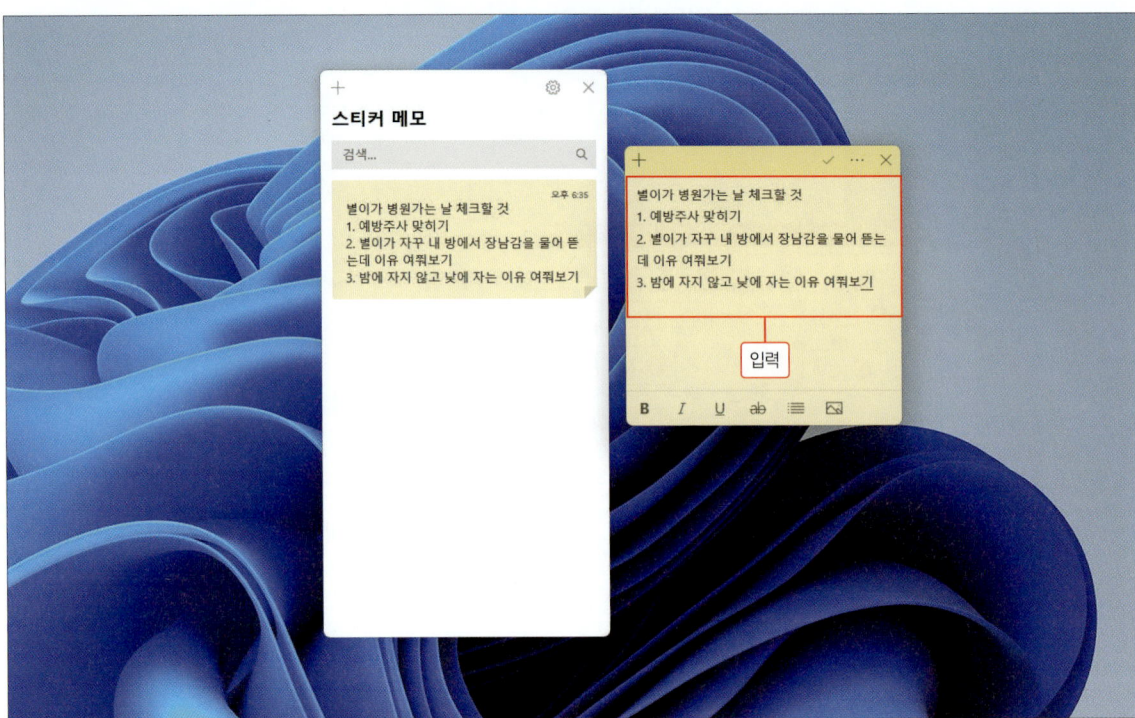

**02** 〔이미지 추가(🖼)〕를 클릭하여 원하는 이미지를 추가할 수도 있어요.

**01** ▶ 약속이나 친구들의 생일 등을 일정으로 추가해 보세요.

**02** ▶ 새 메모를 추가하고 메모지의 색상을 변경해 보세요.

① 스티커 메모 상단에 〔새 메모(+)〕를 클릭하면 새 메모를 추가해요.
② 메모 상단에 〔메뉴(⋯)〕를 클릭하여 메모지의 색상을 변경해요.
③ 메모 목록에서 마우스 오른쪽 버튼을 클릭한 다음 '메모 닫기' 또는 '메모 삭제'를 선택하여 스티커 메모를 관리해요.

# 수업 20 백신과 화면 보호기로 컴퓨터 보호하기

컴퓨터를 사용하다 보면 여러 이유로 악성 코드에 감염되는 경우가 있어요. 컴퓨터 속도가 느려지거나 심할 경우 사용을 못 하는 경우도 발생하는데요. 이번에는 바이러스가 의심되는 경우에 윈도우 백신을 이용해서 검사하고, 화면 보호기를 사용하여 컴퓨터를 보호하는 방법에 대해 알아보아요.

**학습목표**
- 컴퓨터 바이러스 감염에 대해 알아보세요.
- 윈도우 백신(mrt)으로 컴퓨터를 검사해 보세요.
- 화면 보호기를 설정해 보세요.

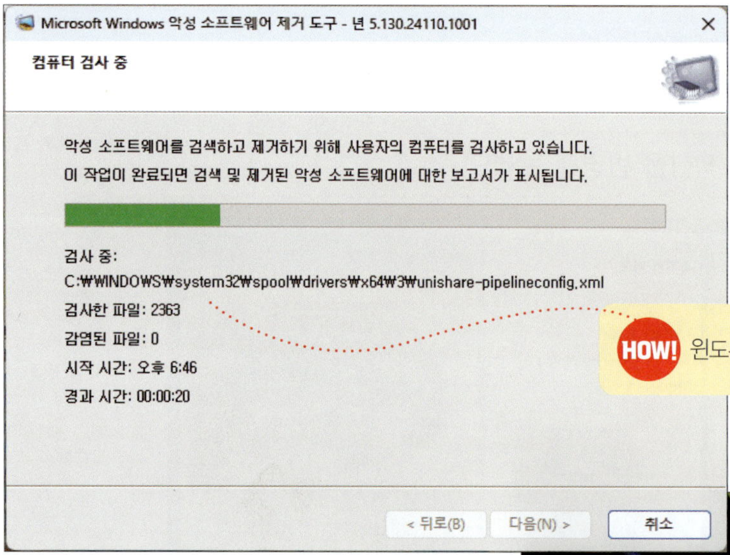

**HOW!** 윈도우 백신으로 컴퓨터를 검사했어요.

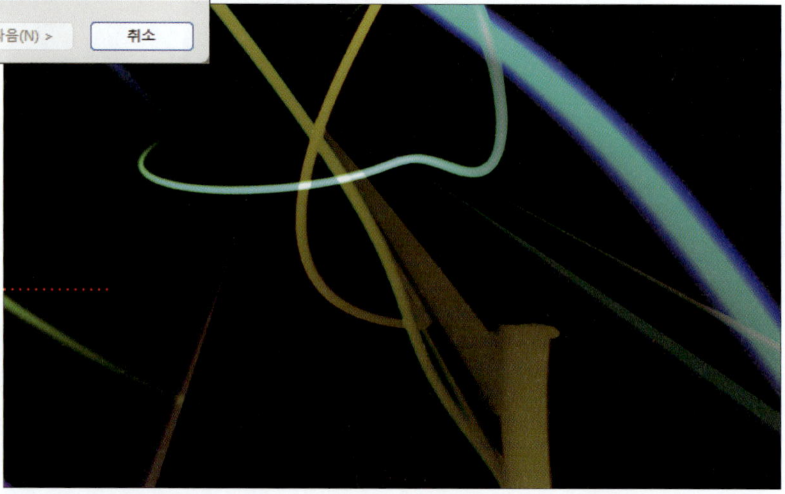

**HOW!** 화면 보호기를 사용하여 내 컴퓨터의 내용이 보이지 않게 보호했어요.

 **1 컴퓨터 바이러스 감염 알아보기**

- **바이러스가 뭐예요?**

나쁜 목적으로 만들어진 바이러스를 모두 말하는 것으로, 악성 코드 또는 악성 프로그램이라고 해요. 자기 복제 능력을 가지고 있고, 컴퓨터를 병들게 해요.

- **바이러스에 감염되면 어떻게 되나요?**

컴퓨터가 평소와 다르게 느려지거나 부팅이 되지 않거나 특정 파일의 크기나 이름이 자꾸 변경돼요.

- **바이러스 종류가 많나요?**

감염 대상과 증상에 따라 웜(Worm), 트로이 목마(Trojan), 랜섬웨어(Ransomware) 등으로 나눌 수 있어요.

- **어떻게 감염되나요?**

주로 웹 페이지를 검색할 때나 불법 복제 프로그램을 사용할 때, 이메일의 첨부 파일을 열 때 등 다양하게 침투해요.

 **2 윈도우 백신으로 컴퓨터 검사하기**

**01** 작업 표시줄 검색창에 'mrt'를 입력한 다음 [열기]를 클릭하여 앱을 실행해요.

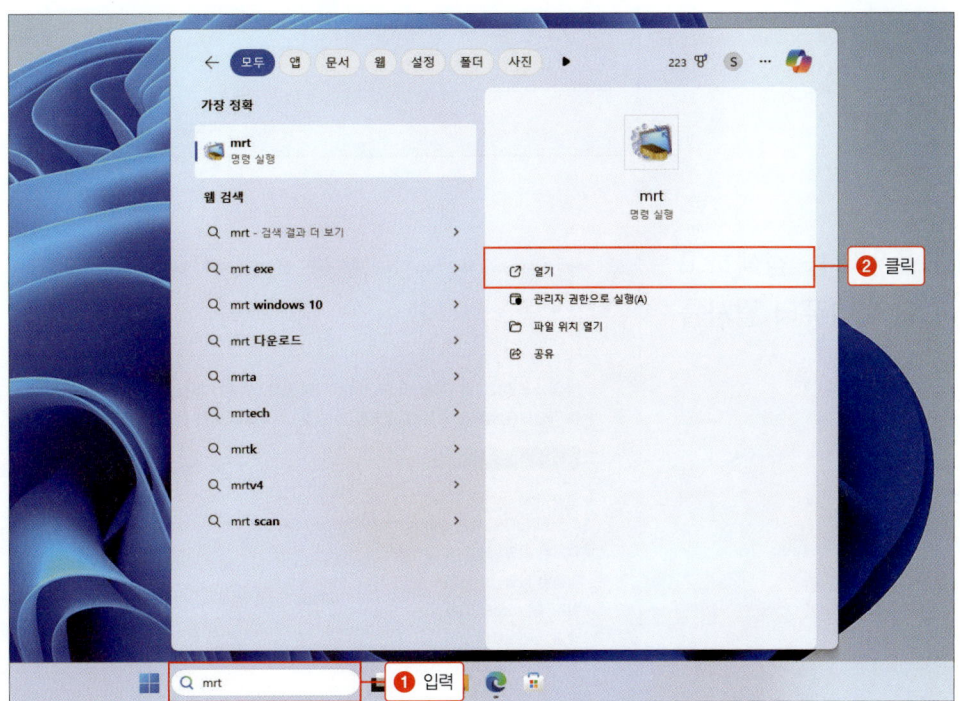

 윈도우 백신은 안티 바이러스 제품은 아니므로 'V3'나 '알약'과 같은 안티 바이러스 무료 앱을 다운로드해서 사용하는 것이 좋아요.

**02** 〔Microsoft Windows 악성 소프트웨어 제거 도구〕 대화상자가 표시되면 〔다음〕을 클릭해요.

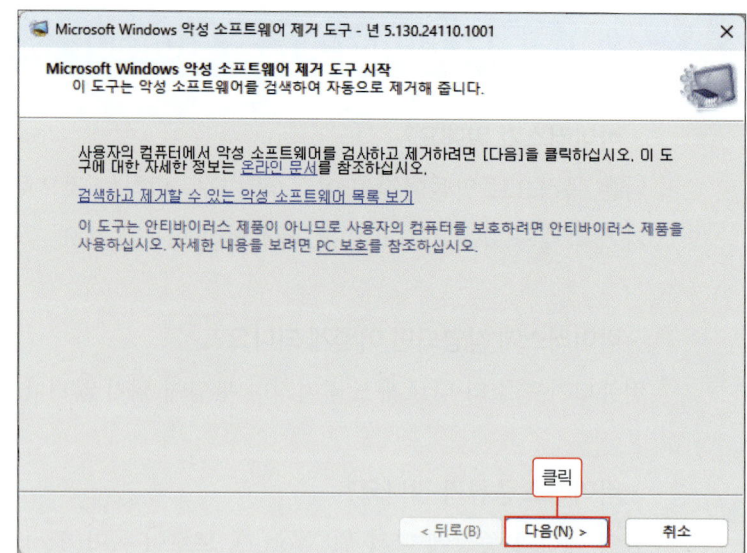

**03** 검사 유형이 표시되면 '빠른 검사'를 선택하고 〔다음〕을 클릭해요.

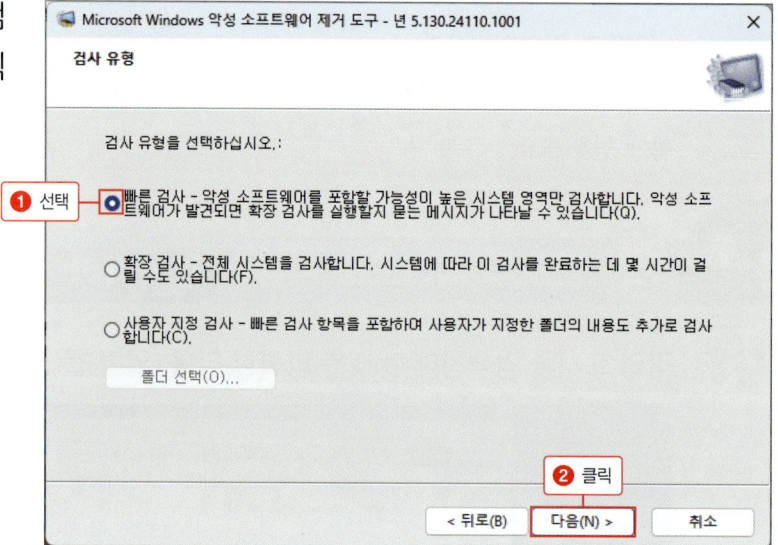

**04** 악성 소프트웨어를 검색하고 제거하기 위해 컴퓨터 검사를 진행해요.

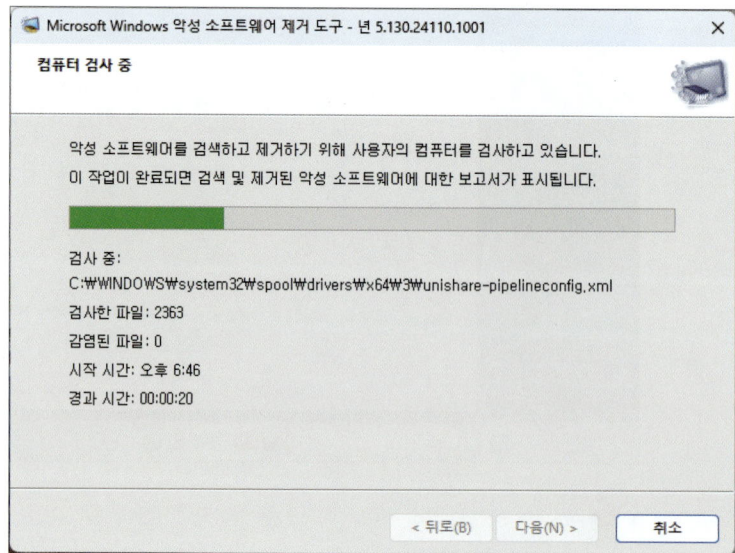

**05** 검색 결과가 나오면 살펴보고 〔마침〕을 클릭해요.

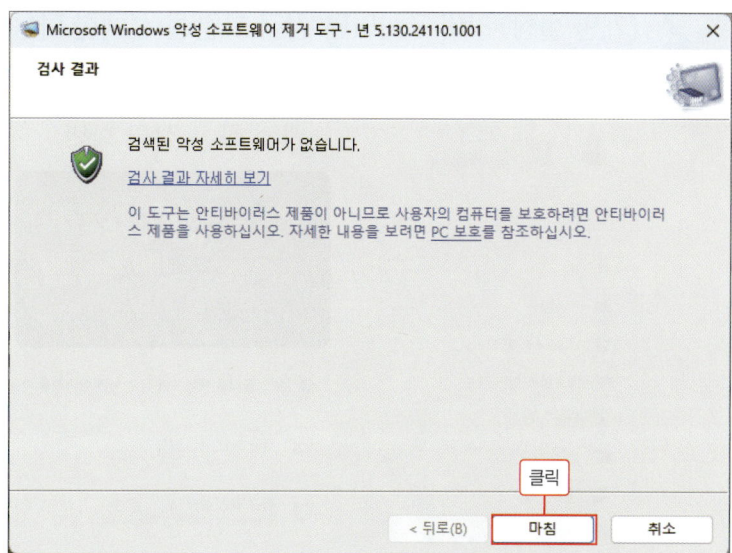

 **화면 보호기 설정하기**

**01** 화면 보호기를 설정하기 위해 바탕 화면에서 마우스 오른쪽 버튼을 클릭한 다음 '개인 설정'을 선택해요.

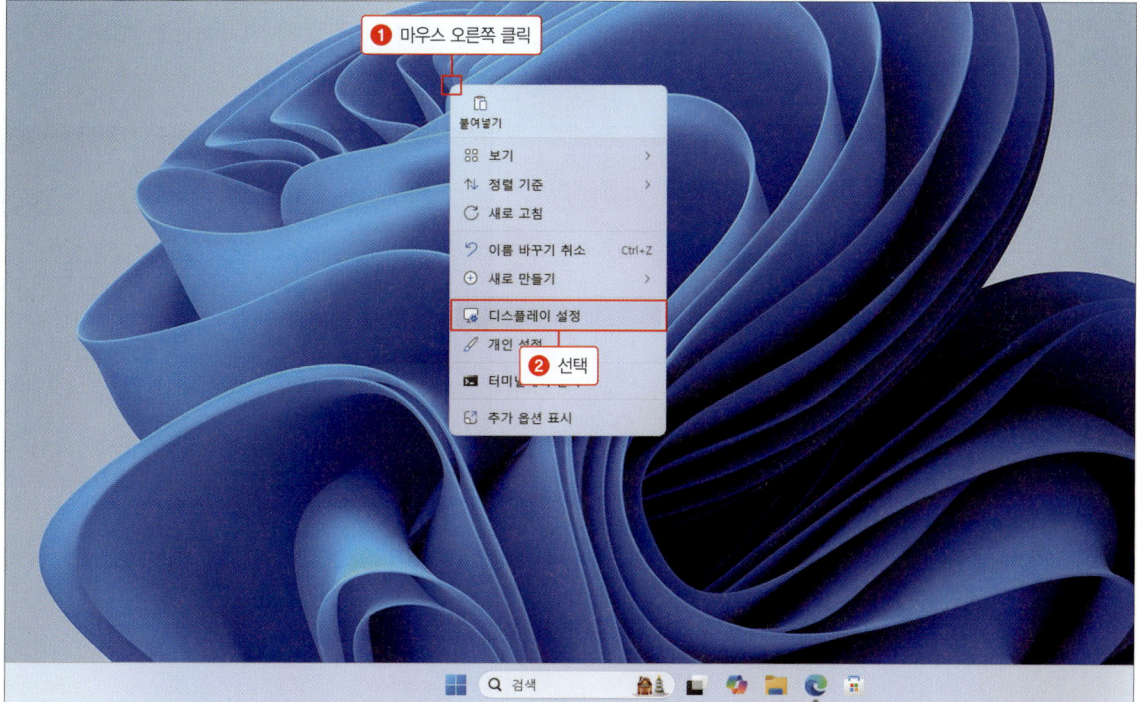

**02** 〔개인 설정〕 창이 표시되면 '잠금 화면'을 선택한 다음 〔화면 보호기〕를 클릭해요.

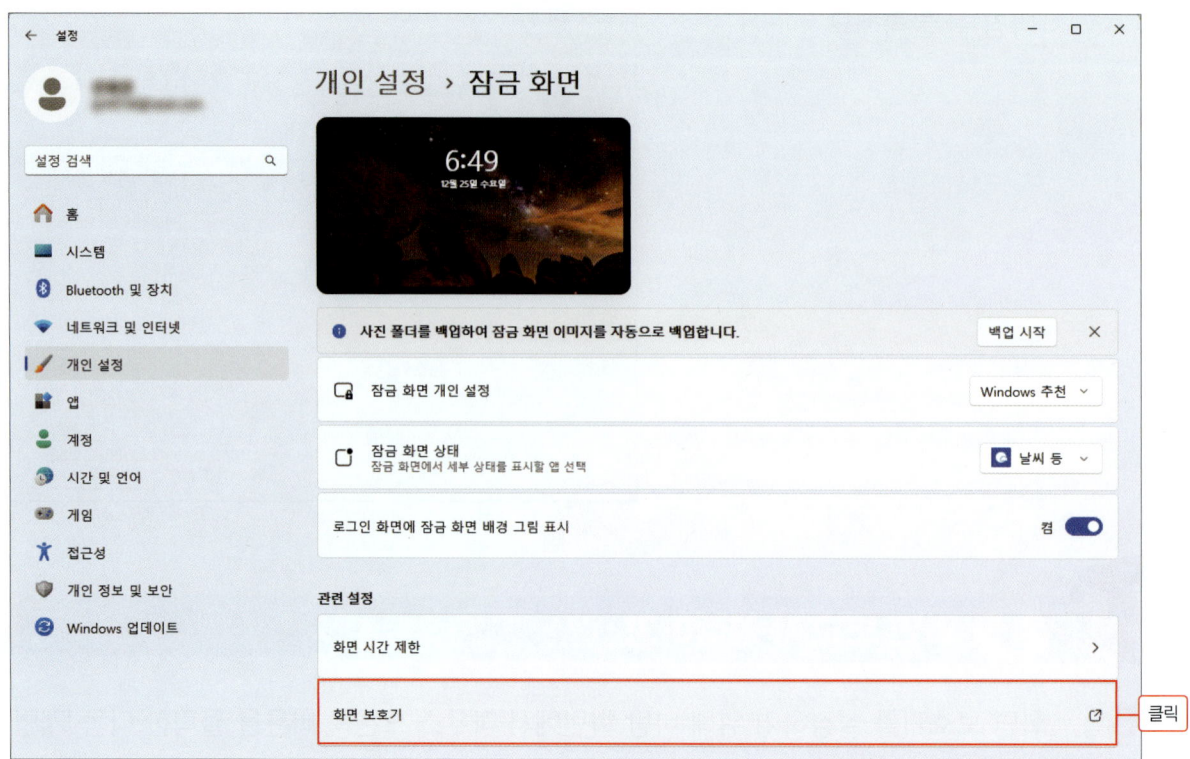

**03** 〔화면 보호기 설정〕 창이 표시되면 화면 보호기의 원하는 종류를 지정하고, 〔미리 보기〕를 클릭하여 선택한 화면 보호기를 확인한 다음 〔확인〕을 클릭해요.

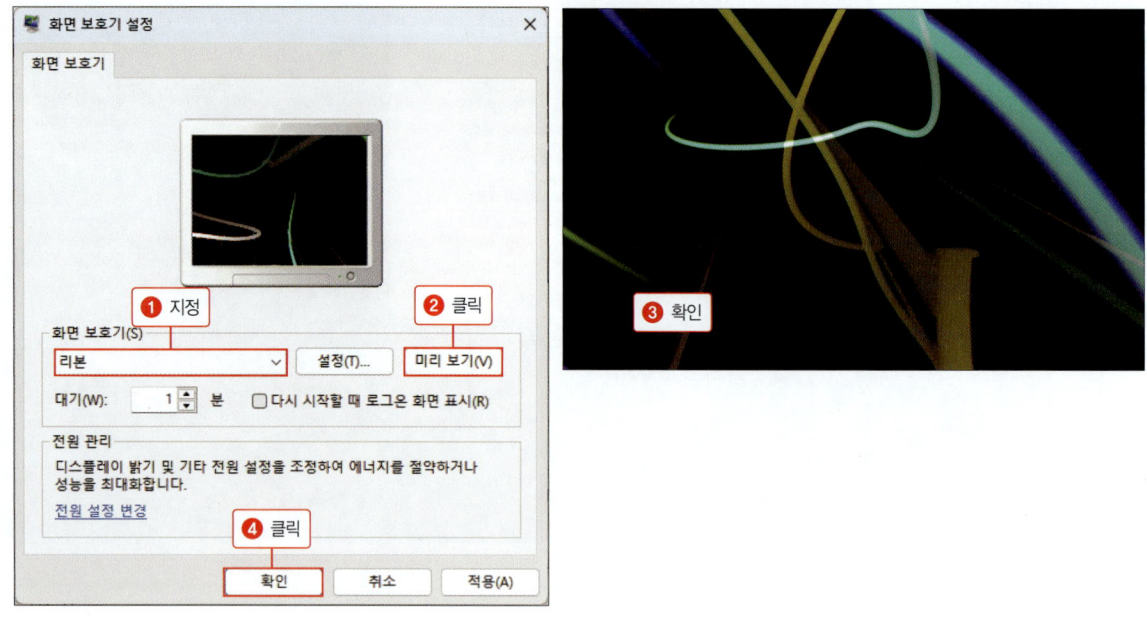

> 화면 보호기를 설정하면 자리를 비웠을 때 일정 시간 후 화면이 화면 보호기로 변경되어 다른 사람으로부터 화면에 표시된 내용을 안 보이게 보호할 수 있어요.

**01** ▶ 우리 집 컴퓨터도 윈도우 백신(mrt)으로 검사하여 결과를 적어 보세요.

**02** ▶ 우리 집 컴퓨터에는 어떤 종류의 화면 보호기가 설정되어 있는지 적어 보세요.

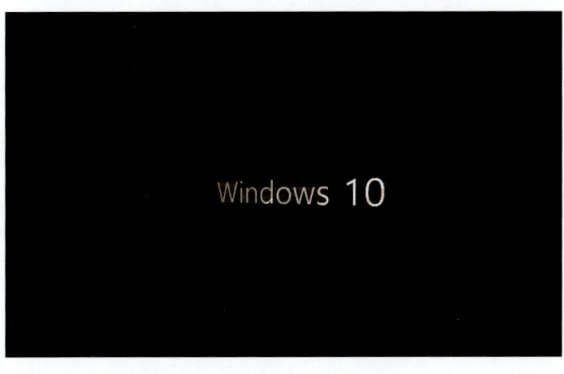
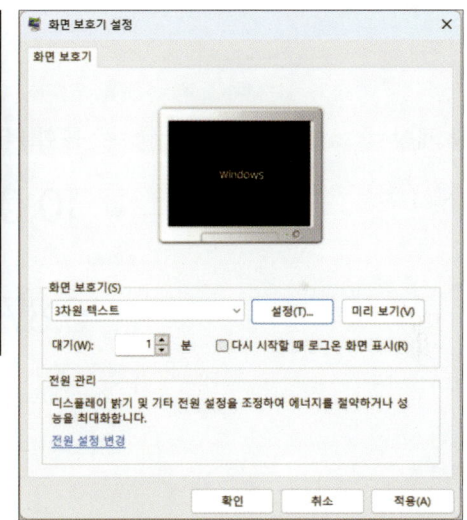

# 수업 21 계산기로 숫자와 관련된 문제 해결하기

윈도우11에서 제공하는 계산기에서는 숫자 계산뿐만 아니라 숫자와 관련된 다양한 궁금증을 해결할 수 있어요. 이번에는 날짜 계산부터 환율 계산, 부피 계산까지 일상에서 궁금했던 것들을 계산해 보아요.

- 계산기로 숫자와 관련된 궁금증을 해결해 보세요.

**HOW!** 날짜 계산을 이용하여 아빠가 태어나신 지 얼마나 되었나를 계산했어요.

**HOW!** 통화 환율을 이용하여 만 원이 미국 달러로 얼마인지 계산했어요.

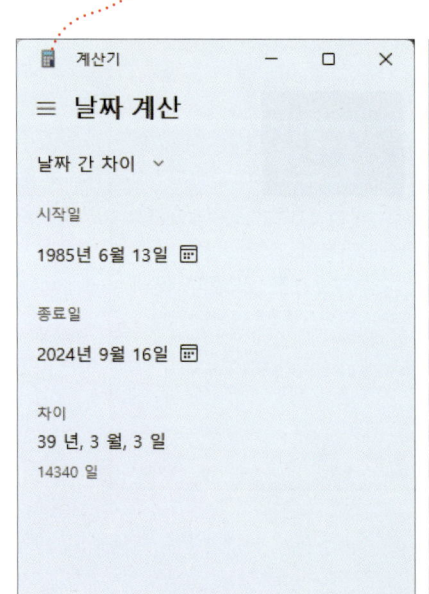

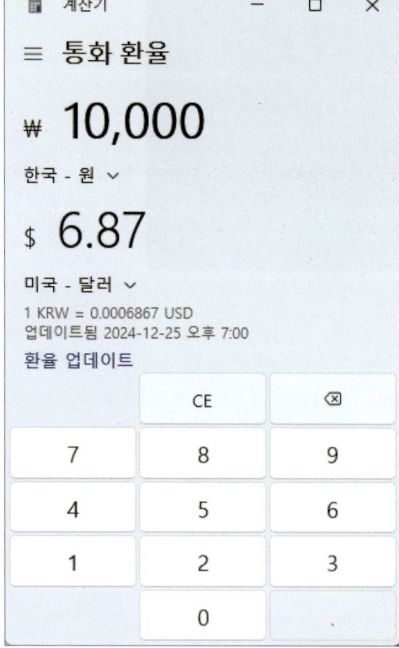

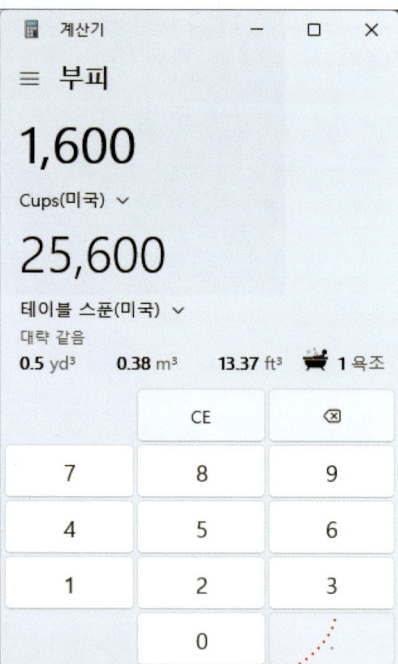

부피 계산을 이용하여 욕조에 물을 가득 채우려면 몇 컵이 필요한지 계산했어요. **HOW!**

 날짜 계산하기

**01** 〔시작()〕을 클릭한 다음 '계산기'를 선택하여 앱을 실행해요. 〔탐색 열기(≡)〕를 클릭하고 '날짜 계산'을 선택해요.

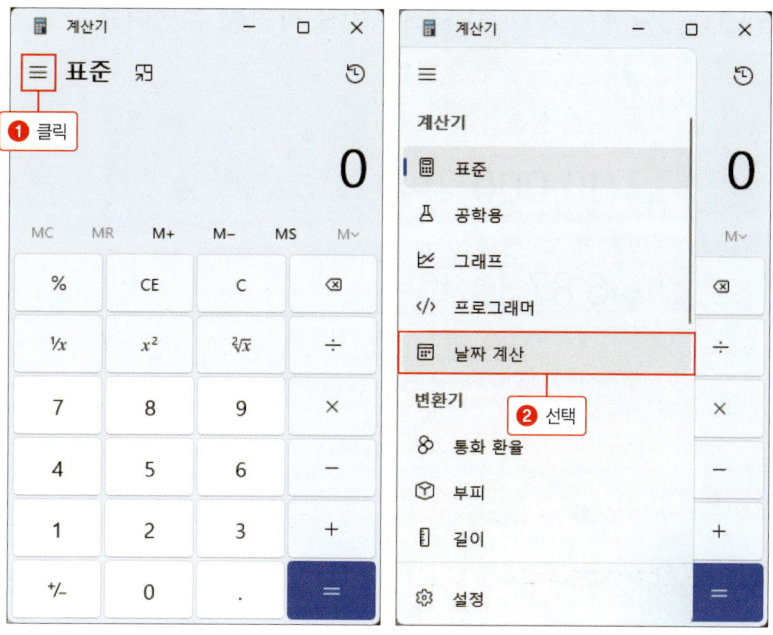

**02** 아빠가 태어나신 지 얼마나 되었나를 계산하기 위해 시작일에서 아빠가 태어나신 날을 선택해요. 선택한 날로부터 오늘 날짜까지가 계산되어 표시돼요.

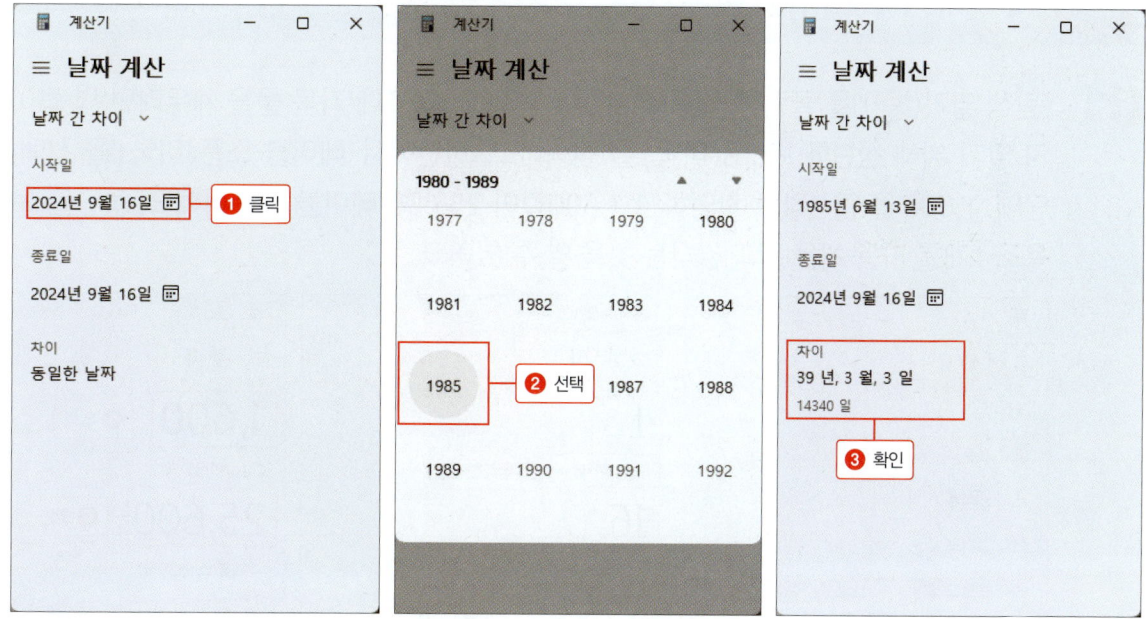

 내가 태어난 날, 엄마가 태어나신 날, 동생이 태어난 날 등을 선택해서 계산해 보세요.

## 2 환율 계산하기

**01** 〔탐색 열기(≡)〕를 클릭한 다음 '통화 환율'을 선택해요. 우리나라의 만 원은 미국 달러로 얼만지 계산하기 위해 상단에 '한국 - 원'을 선택하고, '10,000'을 입력해요. 하단에서 '미국 - 달러'를 선택하면 우리나라 ₩10,000원이 미국 $7.18달러인 것을 확인할 수 있어요.

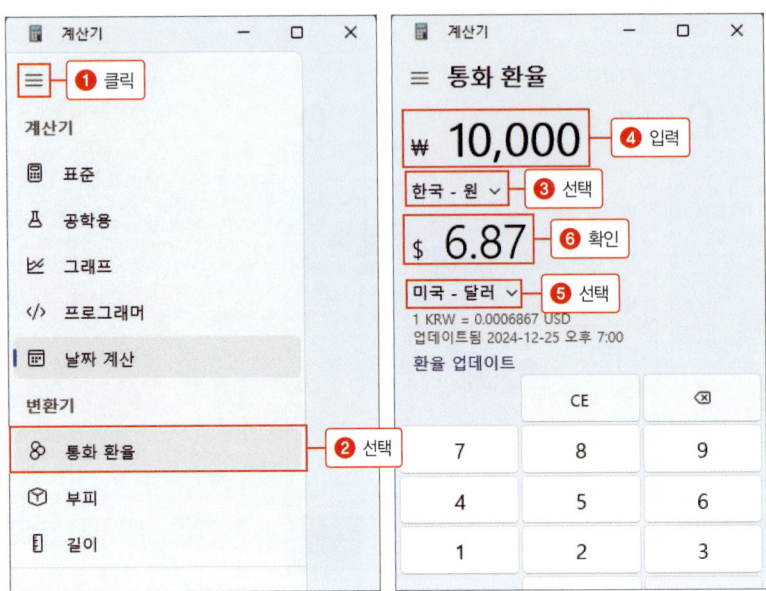

> 환율은 매일 시간마다 바뀌기 때문에 값이 다를 수 있어요.

## 3 부피 계산하기

**01** 〔탐색 열기(≡)〕를 클릭한 다음 '부피'를 선택해요. 욕조에 가득 물을 채우려면 몇 컵이 필요한지 알기 위해 상단에 'Cups(미국)'를 선택하고, 하단에서 '테이블 스푼(미국)'을 선택해요. 상단에 '1,600'을 입력하고 확인하면 1,600컵이 25,600 테이블 스푼이에요. 하단을 보면 대략 욕조 1개를 가득 채운 것과 같다는 것을 알 수 있어요.

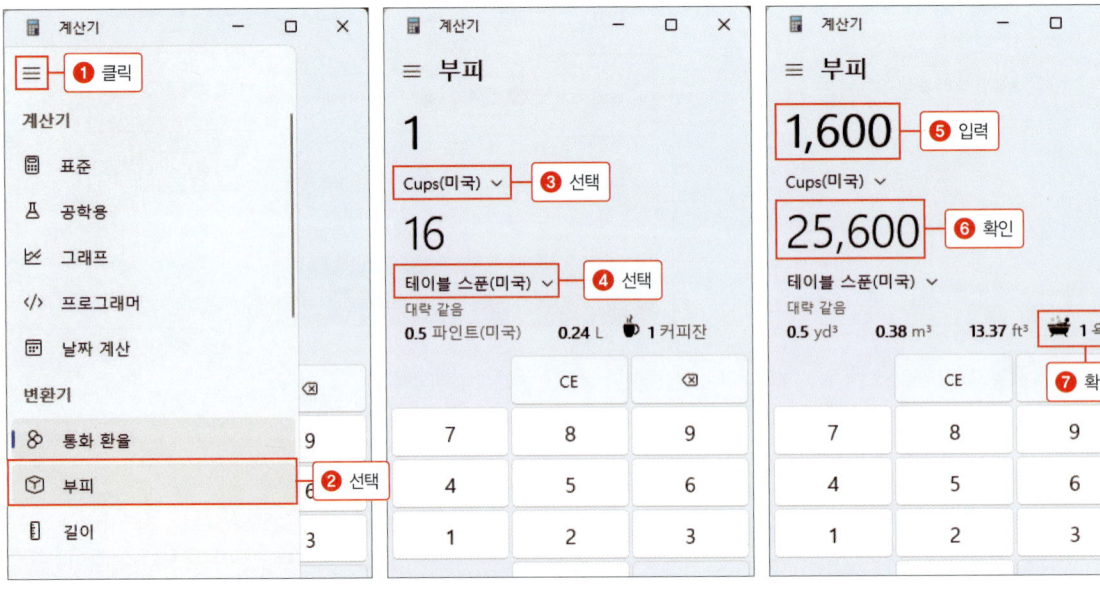

**01** ▶ 2222년 2월 22일까지는 얼마나 남았는지 날짜를 계산해 보세요.

```
계산기                    — ☐ ✕
☰ 날짜 계산

날짜 간 차이  ˅

시작일
2024년 12월 26일 📅

종료일
2222년 2월 22일 📅

차이
197 년, 1 월, 3 주, 6 일
72010 일
```

지금부터 _____ 일 남았어요.

 2022년 2월 22일은 '2'가 많은 날이어서 'Happy Twosday'라며 기념하기도 했어요. 다시 다가올 2222년 2월 22일까지 날짜를 한번 계산해 보세요.

**02** ▶ 한국 1,000원은 코스타리카의 얼마인지 적어 보고, 코스타리카의 화폐 단위를 써 보세요.

금액 _____ 화폐 단위 _____

**03** ▶ 자를 보면서 1센티미터는 몇 나노미터인지 알아보고 적어 보세요.

1센티미터는 _____ 나노미터

 요즘에는 반도체가 안 들어가는 전자 기계는 찾아보기 힘들 정도예요. 반도체 전기 신호가 지나는 길을 나노미터로 표현하는데, 숫자가 작을수록 전기 신호가 가늘다는 의미로, 고대 그리스어의 난쟁이를 뜻하는 '나노스(Nanos)'에서 유래되었어요. 1나노미터는 대략 성인 머리카락 굵기의 10만분의 1에 해당되는 엄청 작은 크기예요.

3. 10,000,000(천만)

# 22 수업 마이크로소프트 스토어에서 앱 쇼핑하기

마이크로소프트 스토어에는 재미있고 교육적인 앱이 많이 있어요. 이번에는 마이크로소프트 스토어에서 무료로 제공하는 앱을 검색하고 설치하는 방법에 대해 알아보아요. 앱을 실행해서 사용해 본 다음 업데이트해서 관리하는 방법도 함께 알아보아요.

- 마이크로소프트 스토어에서 원하는 앱을 검색하고 설치해 보세요.
- 설치한 앱을 업데이트하고 관리해 보세요.

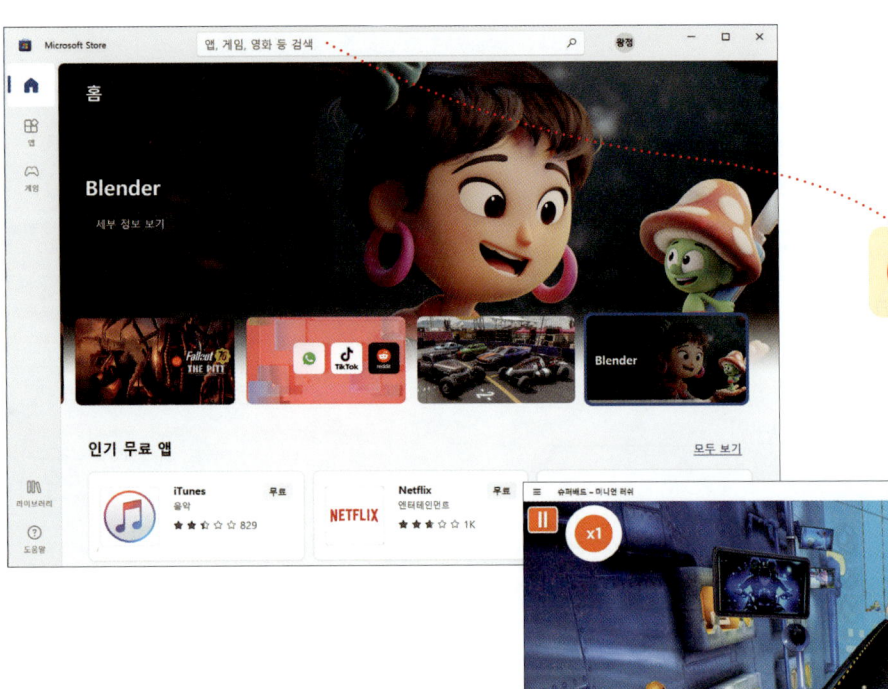

마이크로소프트 스토어에 접속하여 원하는 앱을 검색했어요.

무료 앱을 설치하고 실행했어요.

## 1 앱 검색하여 설치하기

**01** 〔시작(▦)〕을 클릭한 다음 '마이크로소프트 스토어(Microsoft Store)'를 선택하여 앱을 실행해요. 상단 검색창에 '슈퍼배드'를 입력한 다음 Enter 를 눌러요.

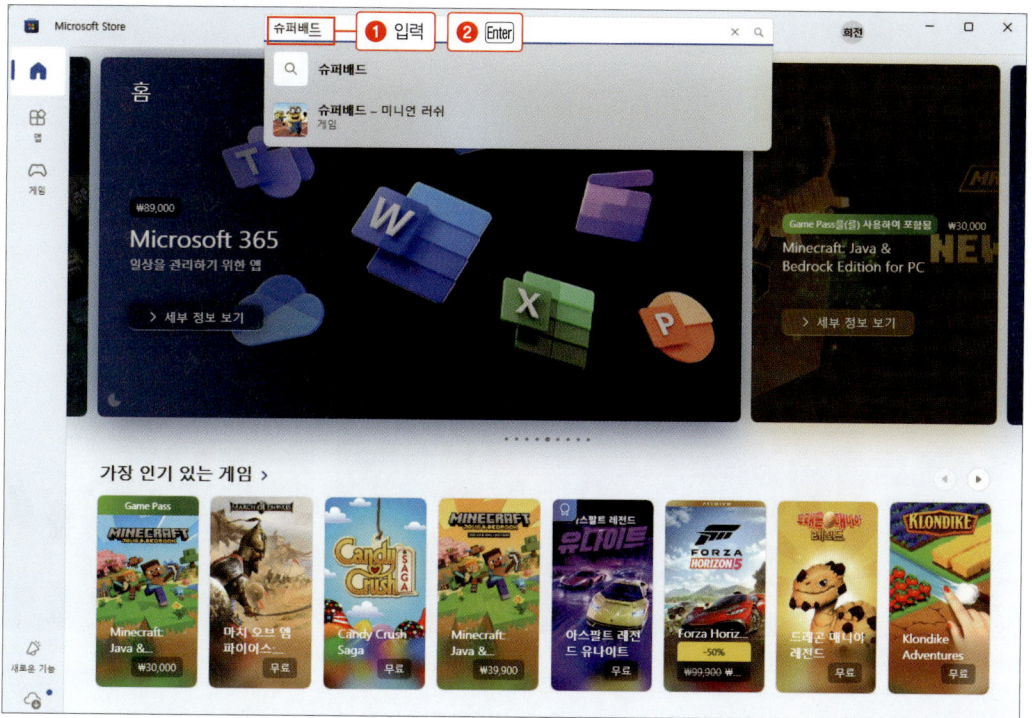

**02** 검색 결과에 앱이 표시되면 '무료'와 '전체 이용가'를 확인한 다음 〔다운로드〕를 클릭해요.

 무료로 제공하는 앱도 있지만, 돈을 지불해야 하는 앱도 있어요. 결제가 필요한 앱은 반드시 부모님이나 선생님과 상의해야 해요. 또한 사용 연령도 꼭 확인해서 나이에 맞는 앱을 다운로드해요.

**03** 다운로드가 완료되면 [플레이]를 클릭해요.

**04** 게임 시작 전 애니메이션이 나오면서 다운로드 로딩이 진행돼요.

**05** 로딩이 완료되면 Please enter your age에 나이를 입력하고, 남자는 'Male', 여자는 'Female'을 선택한 다음 〔Accept〕를 클릭해요.

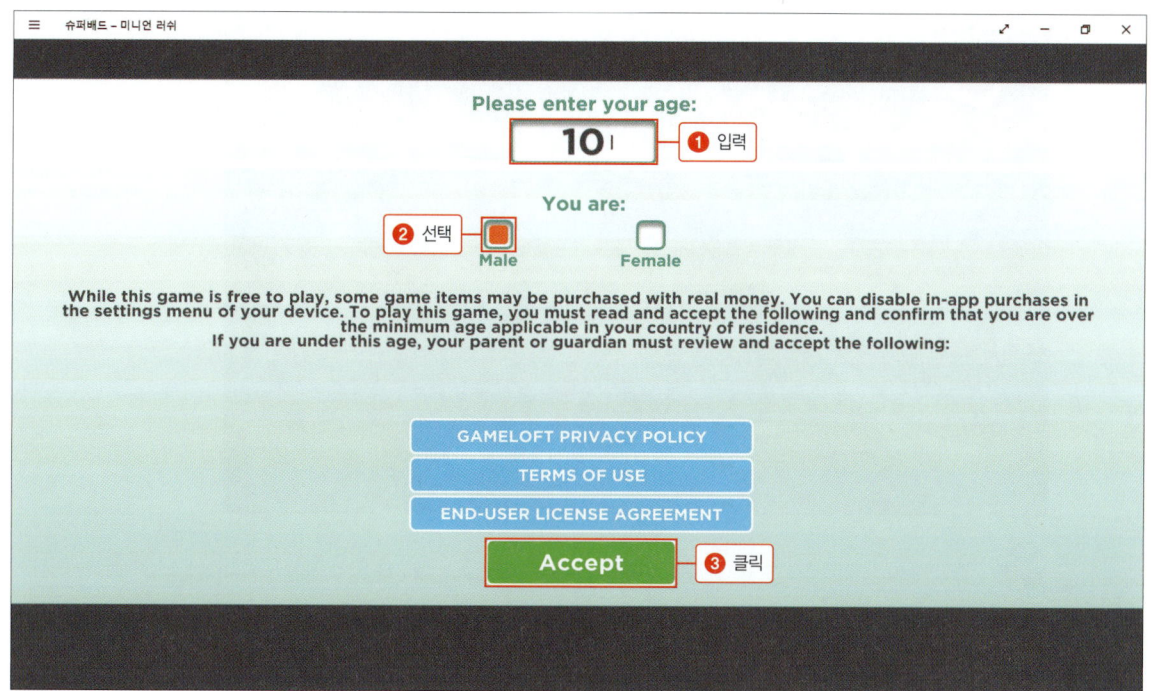

**06** 게임 시작 화면이 표시되면 〔Play〕를 클릭해요.

**07** 이 게임은 바나나를 많이 획득해야 다음 단계로 넘어갈 수 있어요. 다운한 게임을 신나게 즐겨 보세요.

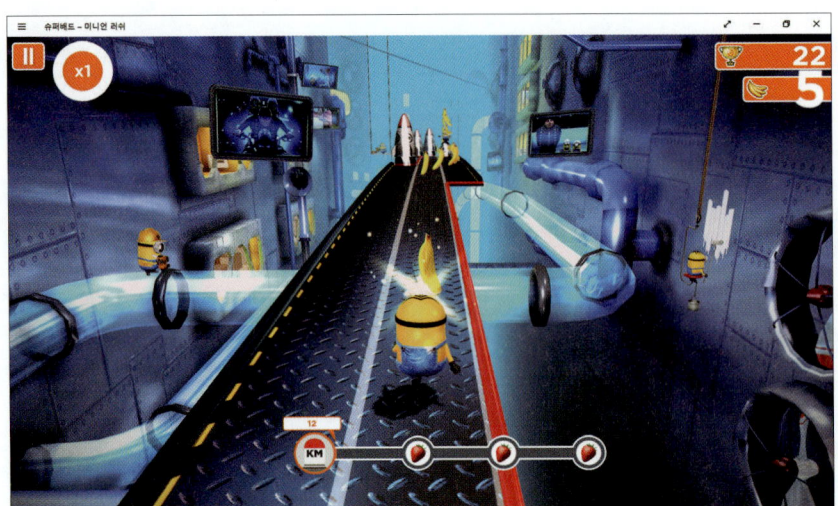

 게임은 재미로 하는 것이에요. 더 높은 레벨로 가기 위해, 더 많은 점수를 따기 위해 무리하게 장시간 게임을 해서는 안 돼요.

## 2 앱 업데이트하고 관리하기

**01** 마이크로소프트 스토어(Microsoft Store)에서 [라이브러리()]를 클릭해요. [업데이트 다운로드]를 클릭하면 앱이 업데이트 및 다운로드를 시작해요.

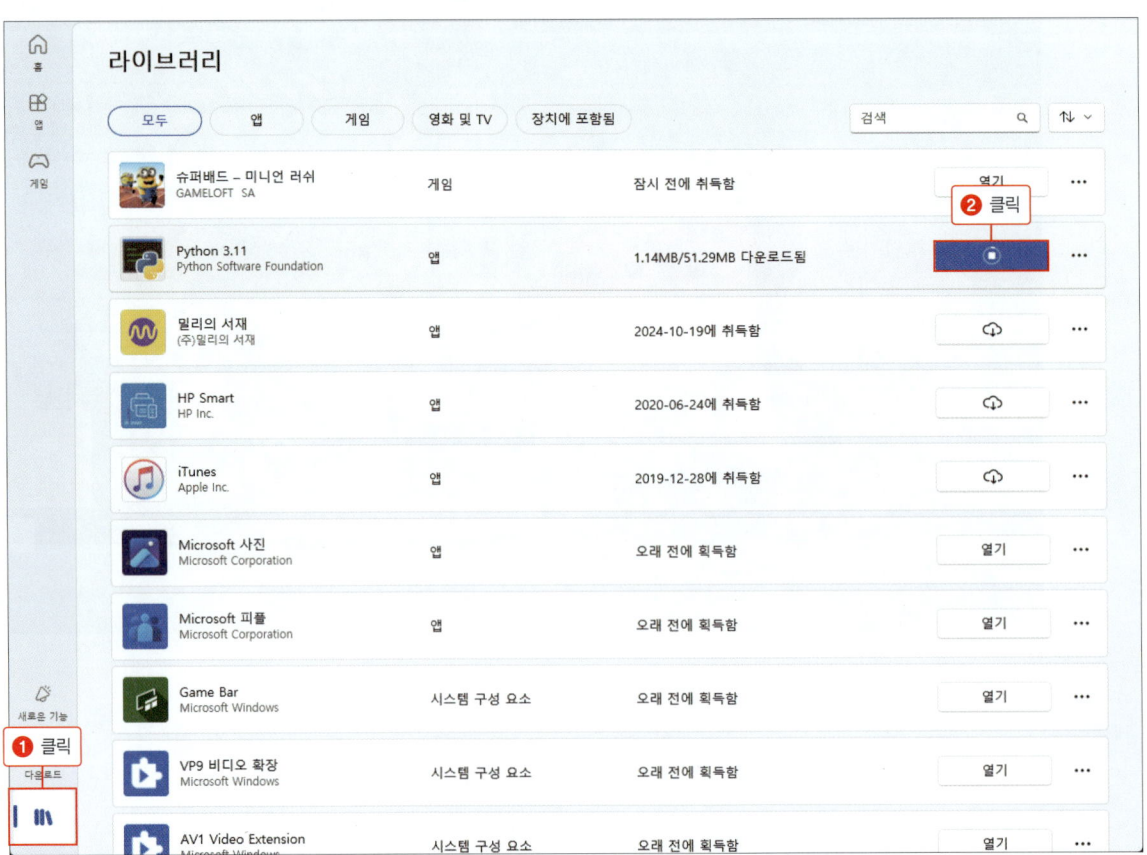

 라이브러리에서는 컴퓨터에 다운된 모든 앱을 관리할 수 있어요.

**01** ▶ '별자리표( )' 앱을 검색해서 설치한 다음 별자리를 살펴 보세요.

**02** ▶ '세계지도 MxGeo Free( )' 앱을 검색해서 설치한 다음 세계를 둘러 보세요.

① 마이크로소프트 스토어(Microsoft Store)에서 '세계 아틀라스 및 세계지도 MxGeo Free'를 검색해요.
② '세계 아틀라스 및 세계지도 MxGeo Free' 앱을 설치해요.

# 23 이메일 작성하고 관리하기

수업

편지는 마음을 담아 글로 적어 상대방에게 보내는 것인데요. 컴퓨터로 보내는 편지를 이메일이라고 해요. 이번에는 이메일 계정을 만들고 파일을 첨부해서 이메일을 보내는 방법에 대해 알아보고, 편지함을 관리하는 방법도 함께 알아보아요.

- 이메일 계정을 만들어 보세요.
- 이메일에 파일을 첨부하여 보내 보세요.
- 편지함을 관리해 보세요.

● 예제파일 : 23_음악.wav

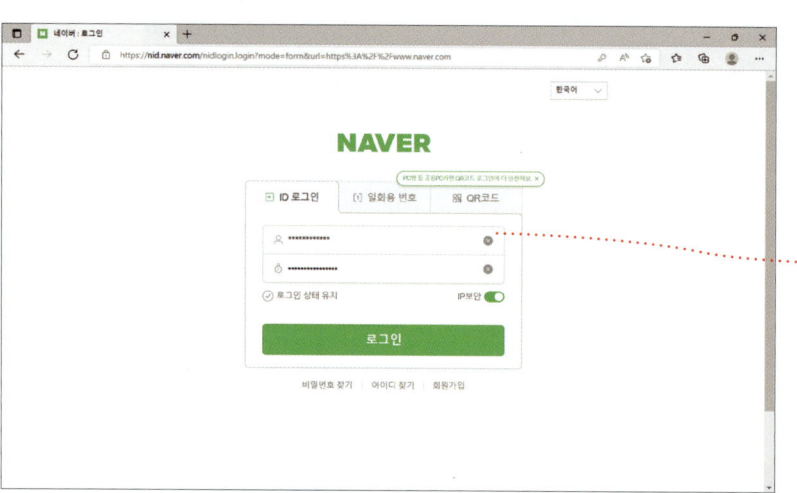

메일을 쓰기 위해 이메일 계정을 만들어 로그인했어요.

글을 작성하고 파일을 첨부하여 이메일을 보냈어요.

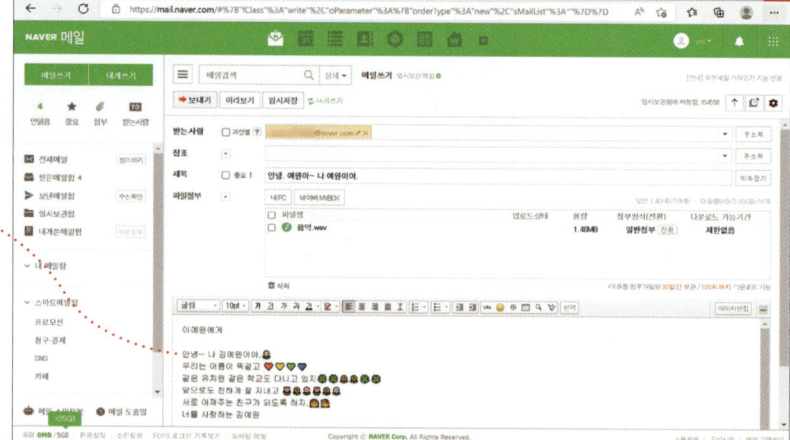

# 1 이메일 계정 만들기

**01** 〔시작(■)〕을 클릭한 다음 '마이크로소프트 엣지(Microsoft Edge)'를 선택하여 웹 브라우저를 실행해요. 네이버에 접속한 다음 로그인 하단에 〔회원가입〕을 클릭해요.

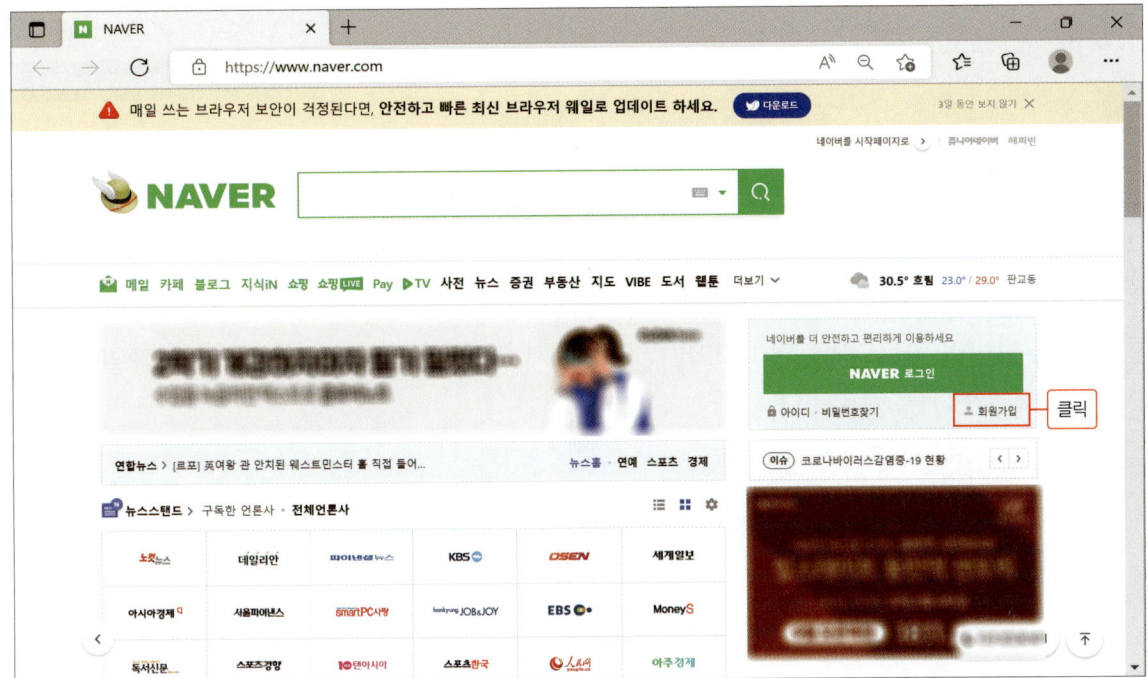

> 네이버 메일(naver.com) 이외에도 구글의 지메일(gmail.com) 등의 웹 메일 서비스가 있어요. 각 웹 메일 서비스에 가입하면 '아이디@메일 이름'이 메일 주소가 돼요. 우리는 네이버에 가입했으니 메일 주소는 아이디@naver.com이에요.

**02** 네이버 이용약관, 개인정보 수집 및 이용, 위치기반 서비스 이용약관 등을 살펴보고 '동의'에 체크 표시한 다음 〔확인〕을 클릭해요. 원하는 아이디와 비밀번호 등 개인 정보를 입력하고, 인증을 통해서 가입을 진행해요.

> 만 14세 이하의 어린이는 보호자의 동의가 필요하며, 과정이 복잡할 수 있으니 꼭 보호자와 함께 가입을 진행해요.

**03** 가입이 완료되었으면 아이디와 비밀번호를 입력하고 [로그인]을 클릭해요.

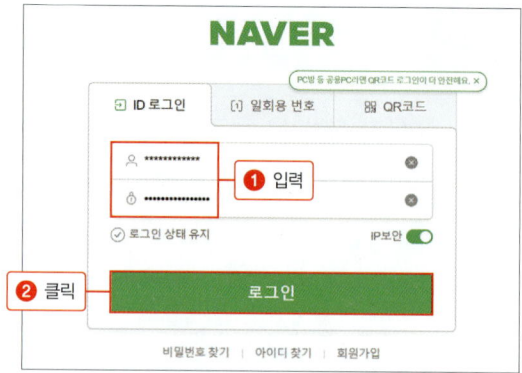

## 2 이메일 보내기

**01** 로그인이 완료되었으면 네이버 첫 화면에서 [메일]을 클릭해요. 친구에게 메일을 보내기 위해 [메일쓰기]를 클릭해요.

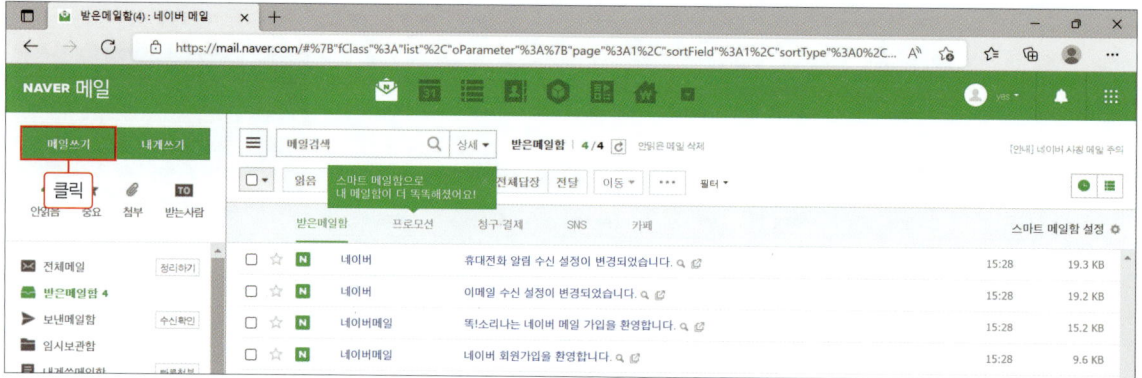

**02** 받는 사람에 친구의 이메일 주소를 입력하고, 제목과 내용을 입력해요. 파일을 첨부하기 위해 파일첨부에서 [내 PC]를 클릭해요.

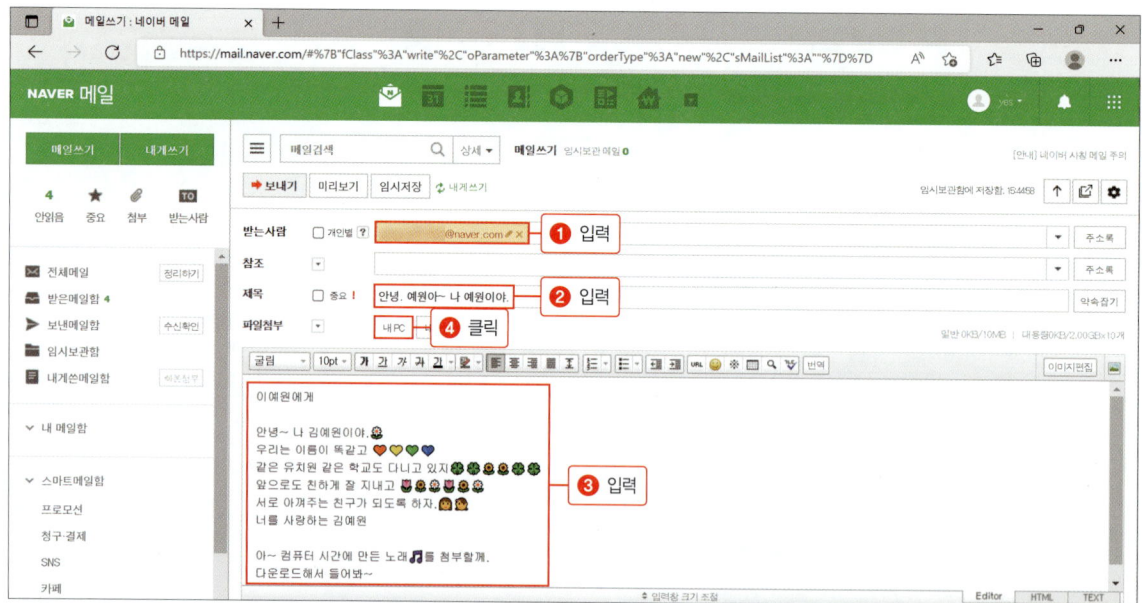

 메일 내용을 입력할 때는 ⊞를 누른 상태로 .를 눌러 이모지 기능을 이용하여 이모티콘을 같이 입력해 꾸며요(81페이지 참고).

**03** 〔열기〕 대화상자가 표시되면 23 폴더에서 '음악.wav' 파일을 선택한 다음 〔열기〕를 클릭해요. 친구의 이메일 주소, 첨부한 파일, 이메일 내용을 다시 한번 확인하고 〔보내기〕를 클릭해요.

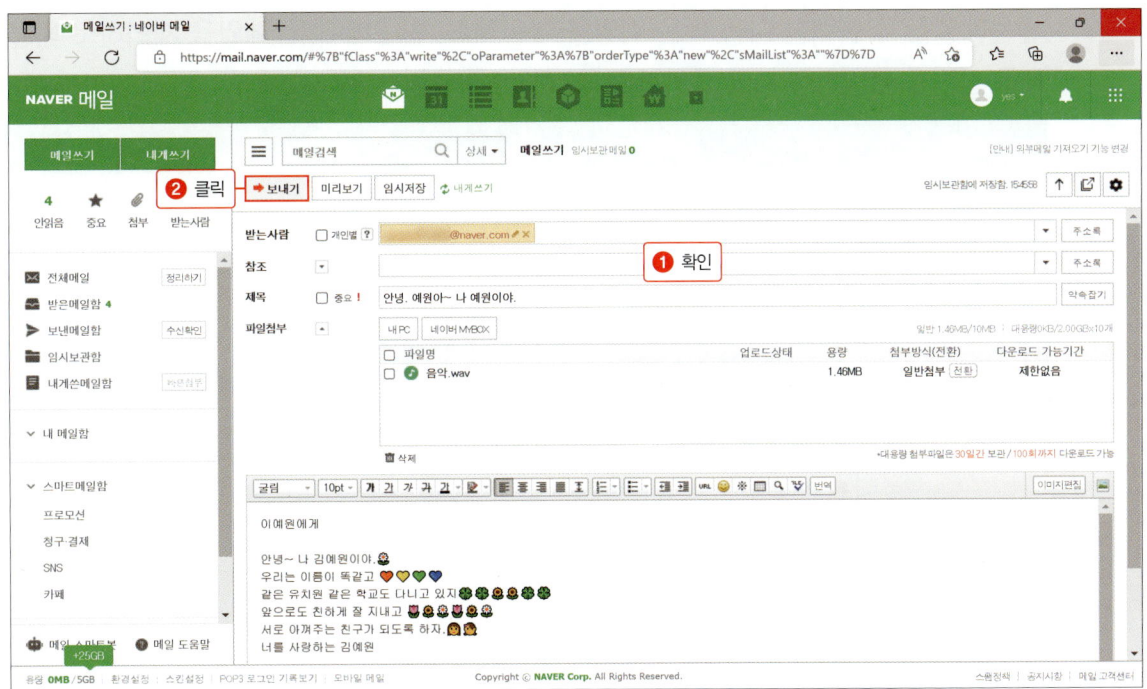

음악 이외에도 컴퓨터 시간에 만든 작품이나 친구에게 보낸 파일을 선택해도 좋아요.

**04** 이메일이 성공적으로 발송되었다는 메시지가 표시돼요.

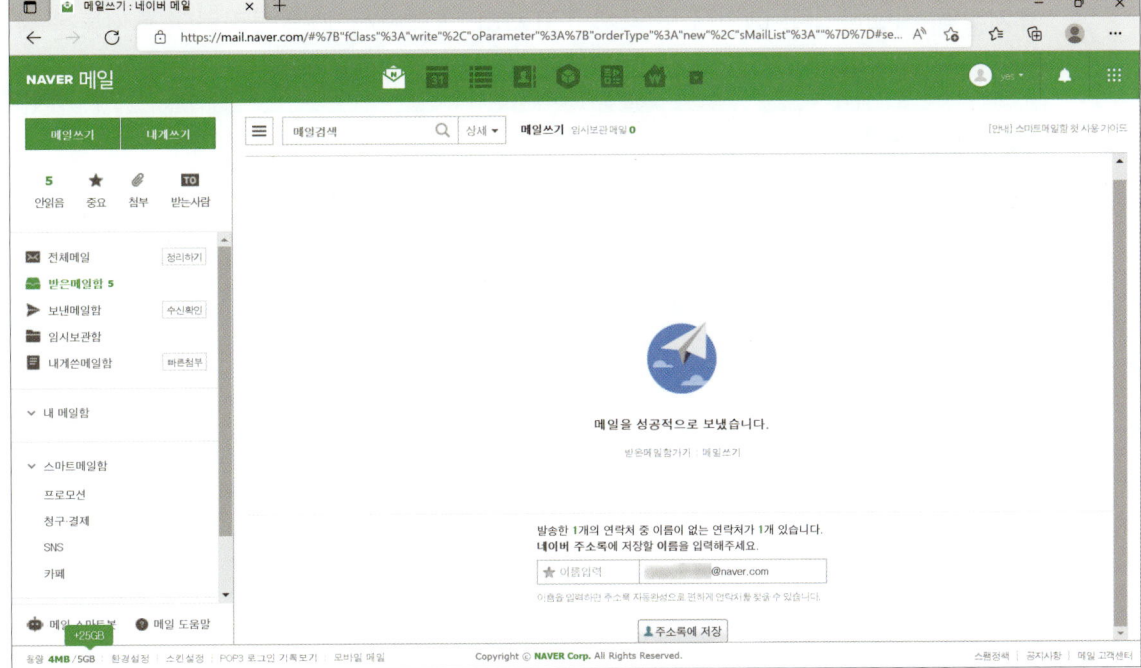

# 3 편지함 관리하기

**01** '받은메일함'을 선택한 다음 받은 메일을 확인해요. 친구에게 온 메일을 제외하고 다른 메일은 체크 상자를 클릭하여 체크 표시한 다음 〔삭제〕를 클릭해요.

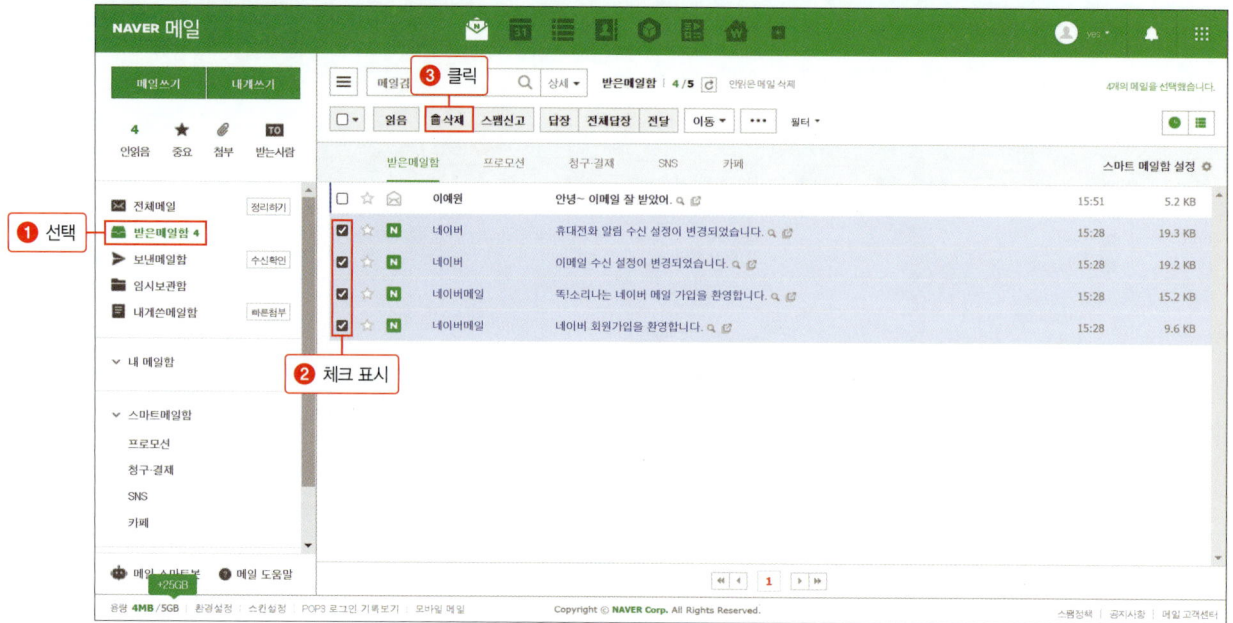

 메일을 확인하다 보면 광고 메일이 많이 오기도 해요. 이런 메일을 스팸 메일이라고 하는데, 모든 사람에게 광고를 목적으로 보내는 이메일이에요. 이런 메일은 선택한 다음 〔스팸신고〕를 클릭하면 다음부터 수신되지 않아요.

**02** '휴지통'을 선택한 다음 메일을 모두 체크 표시하고 〔영구삭제〕를 클릭하여 휴지통을 정리해요.

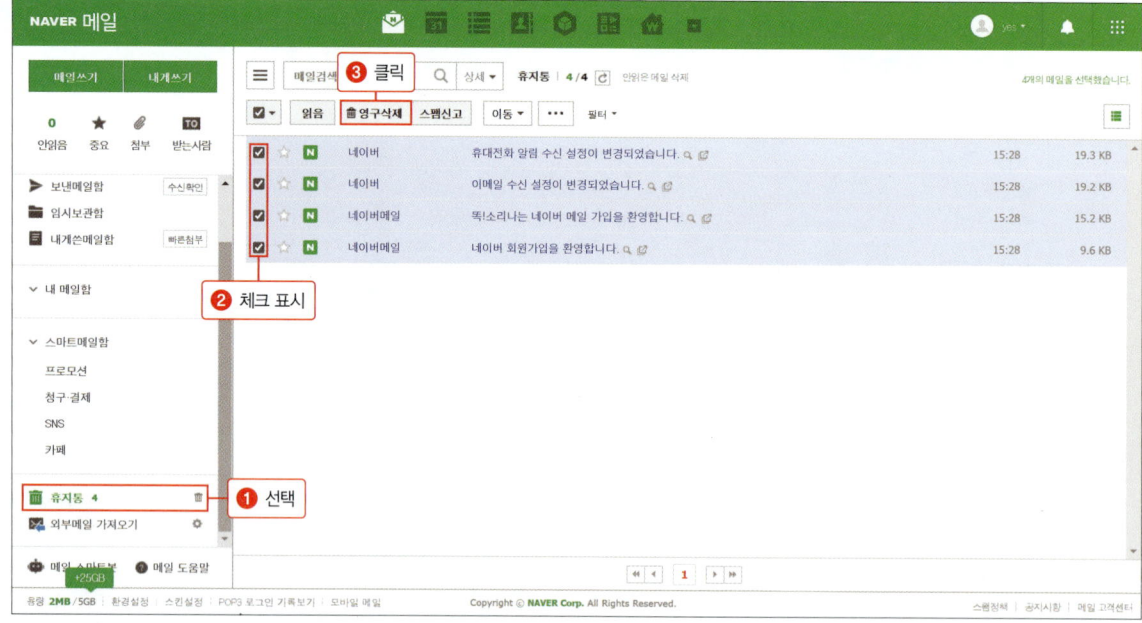

이메일은 웹 브라우저 회사에서 엄청 큰 컴퓨터로 관리해요. 많은 컴퓨터의 용량과 전기가 필요하기 때문에 이메일을 잘 관리하는 것만으로도 전기를 절약할 수 있다고 하니, 이메일을 꾸준히 관리하는 습관을 가져 보세요.

**01** ▶ 부모님과 선생님, 친구들의 이메일을 조사해서 적어 보고, 이메일을 보내 보세요.

이름 : _____  이메일 주소 : _____ @ _____ . _____

이름 : _____  이메일 주소 : _____ @ _____ . _____

이름 : _____  이메일 주소 : _____ @ _____ . _____

이름 : _____  이메일 주소 : _____ @ _____ . _____

이름 : _____  이메일 주소 : _____ @ _____ . _____

**02** ▶ 네이버 MYBOX에 원하는 사진이나 동영상, 문서 등을 업로드해 보세요.

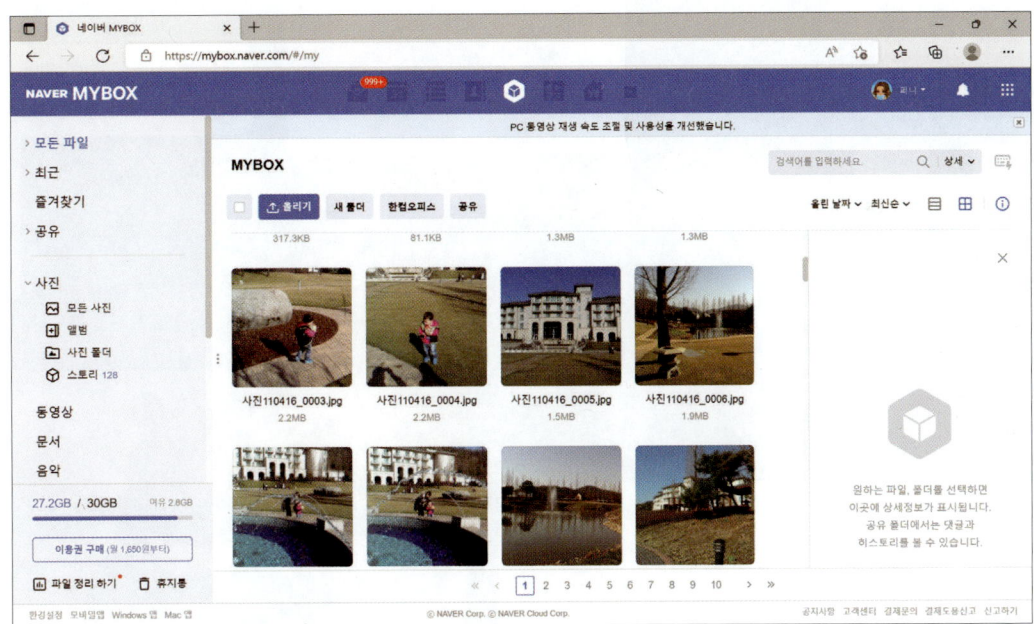

네이버에서는 '네이버 MYBOX'라는 기능을 이용해서 사진이나 동영상, 문서, 음악 등 다양한 파일을 업로드하여 보관할 수 있어요. 만 14세 이하의 어린이는 보호자의 인증 과정을 통해 가입을 진행하고, 편리하게 사용해 보세요.

# 24 비디오 편집기로 작품 동영상 만들기

윈도우11을 배우면서 그동안 공부하며 만든 작품을 활용하여 작품 동영상을 만들어 보아요. 마음에 드는 배경 음악까지 멋지게 나오도록 동영상을 만들어 모두에게 보여 주세요.

**학습목표**
- 비디오 편집기에서 동영상과 이미지를 배치하고 편집해 보세요.
- 제목 카드를 추가하고 배경 음악을 넣어 완성해 보세요.

● 예제파일 : 24_작품 폴더    ● 완성파일 : 24_윈도우작품모음.mp4

HOW! 비디오 편집기에 만든 작품 동영상과 이미지를 가져와 배치했어요.

만든 작품 동영상을 저장하여 감상했어요. HOW!

 **1 비디오 편집기에 이미지 배치하기**

**01** 작업 표시줄 검색창에 'Clipchamp'를 입력한 다음 엔터를 눌러 앱을 실행해요. 그림과 같이 비디오 편집기가 실행되면 [새 동영상 만들기]를 클릭해요.

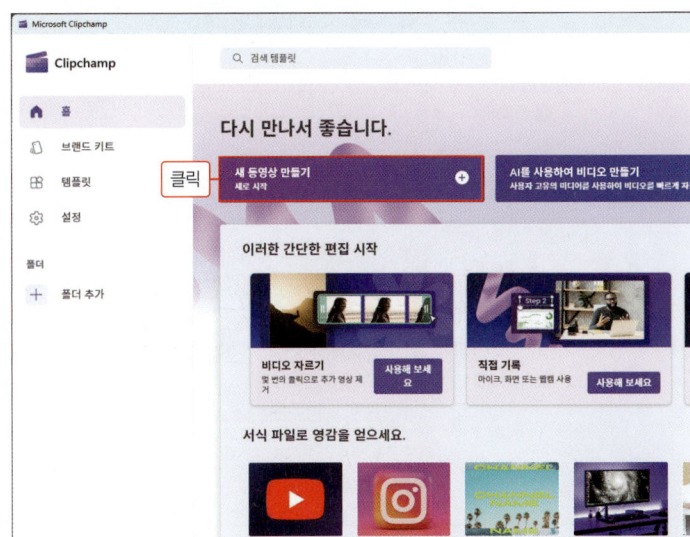

**02** 비디오 편집기 작업 화면이 표시되면 왼쪽 상단에 비디오 아이콘 옆 이름상자를 클릭하고 '윈도우 작품 모음'을 입력해요.

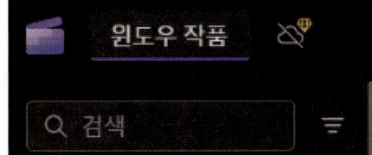

**03** 비디오 편집기 작업 화면이 표시되면 [미디어 가져오기]를 클릭해요.

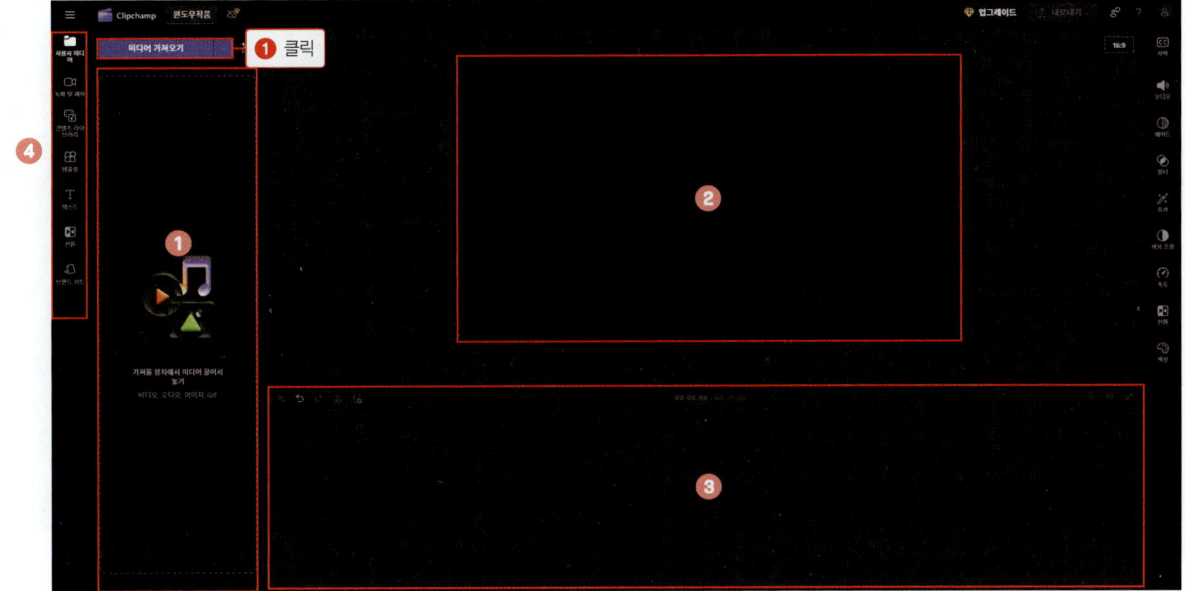

❶ **미디어 패널** : 영상 편집에 필요한 파일들을 불러와요.
❷ **미리 보기 창** : 편집 중인 영상을 실행해서 미리 볼 수 있어요.
❸ **타임라인** : 시간 순서대로 이미지나 동영상을 배치해서 볼 수 있어요.
❹ **편집 도구** : 텍스트, 필터, 트랜지션, 오디오 효과 등을 추가할 수 있어요.

**04** 〔열기〕 대화상자가 표시되면 24 폴더에서 파일을 모두 선택한 다음 〔열기〕를 클릭해요.

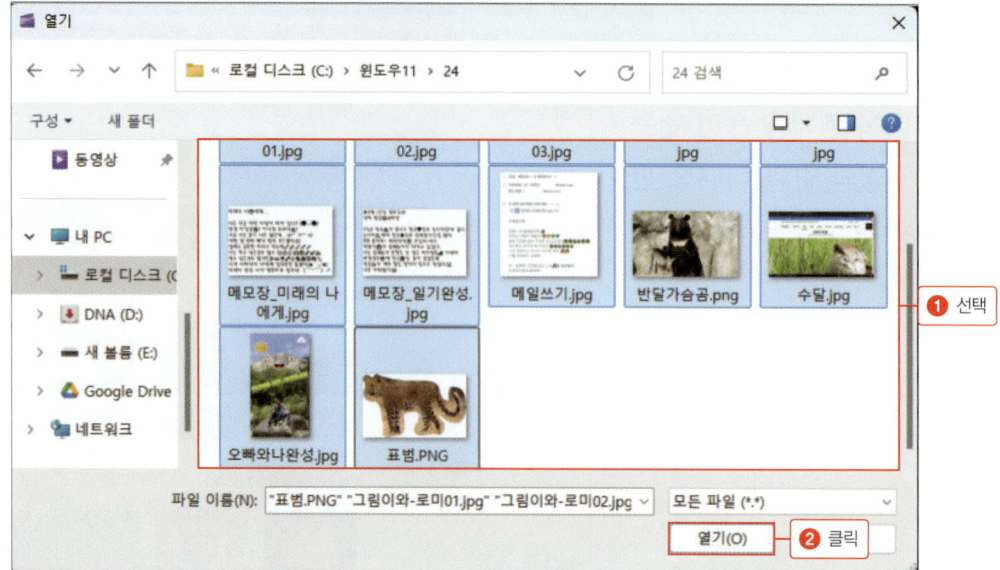

윈도우11 수업을 들으면서 작업했던 작품들을 모두 화면 캡처해서 모아 놓은 폴더를 선택하고 파일을 추가해도 좋아요. 화면을 캡처하는 방법은 73페이지를 참고하세요.

**05** 미디어 패널에 불러온 파일을 모두 타임라인으로 드래그하여 배치해요.

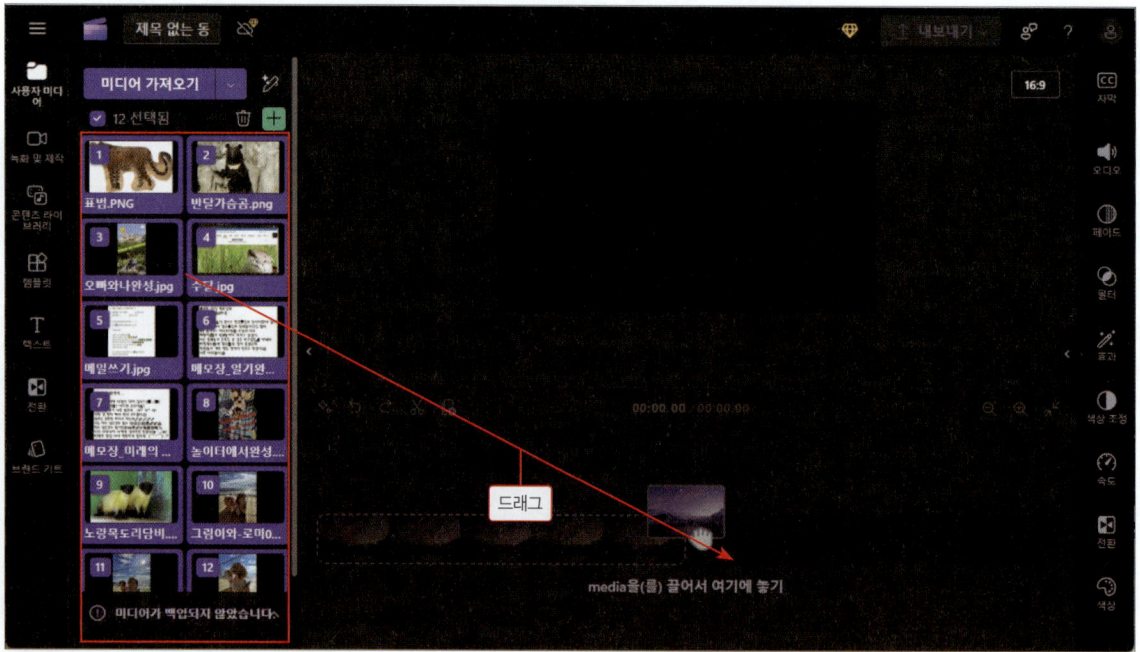

〔미디어 가져오기〕 버튼 아래에 있는 체크박스를 체크하면 한번에 전체 사진들이 체크돼요.

**06** 타임라인에 이미지 파일이 추가돼요.

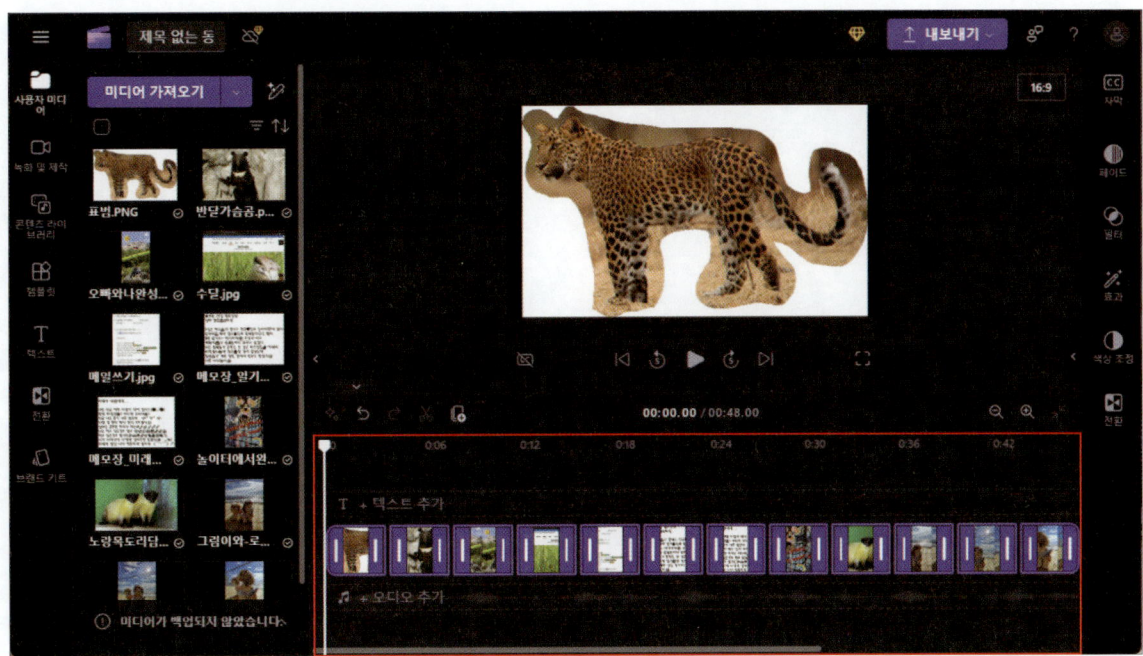

##  제목 카드 추가하고 배경 음악 넣기

**01** 왼쪽 편집 도구에 [텍스트]를 클릭한 다음 [타자기]를 클릭하고 오른쪽 텍스트 설정창에 '윈도우 작품 모음'을 입력하고 미리보기 창 중간에 위치해 있는 텍스트 상자를 드래그해서 원하는 위치로 바꿔요.

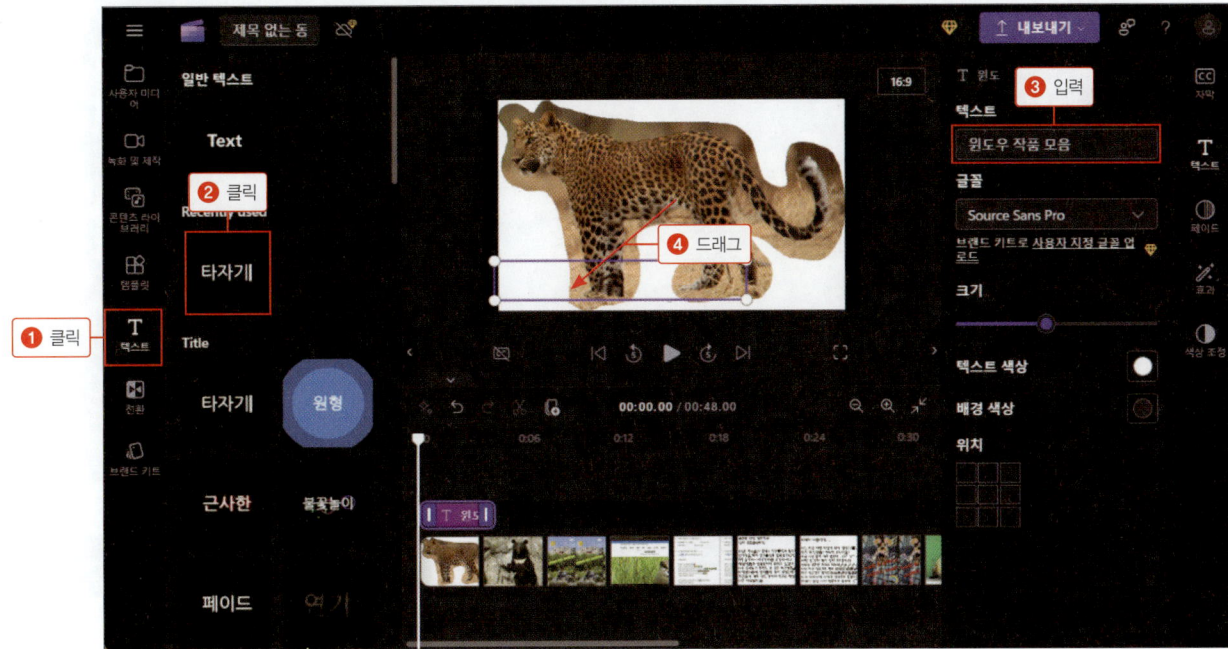

**02** 왼쪽 편집 도구에 [콘텐츠 라이브러리]를 클릭하고 [음악]을 클릭해요.

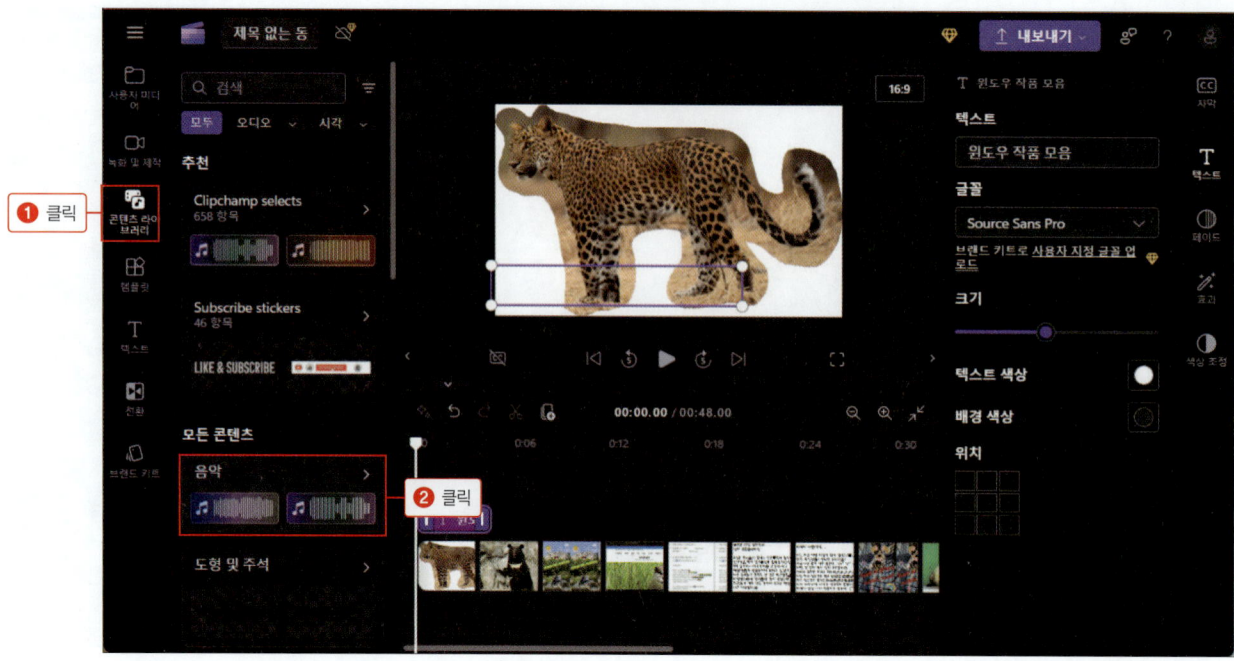

**03** 컬렉션에 'Clipchamp selects'을 클릭하고 Summer splash 음악을 추가하기 위해 [타임라인에 추가] 버튼을 클릭해요.

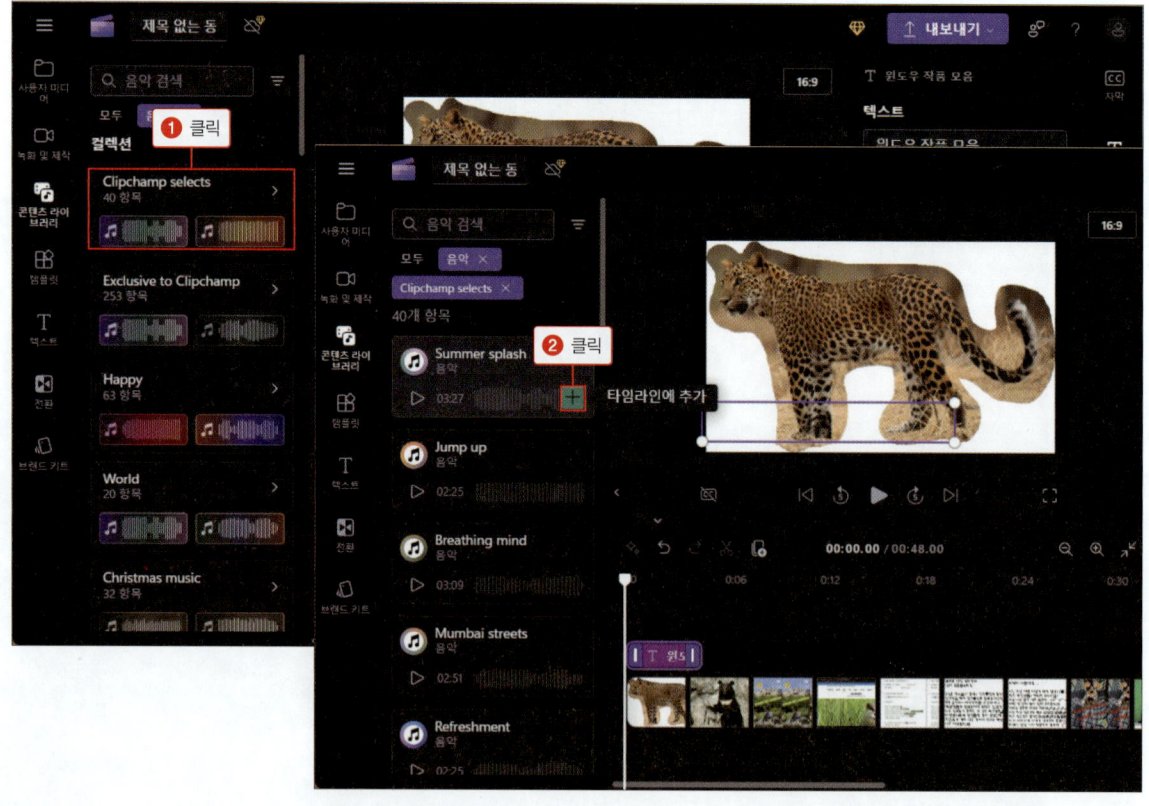

다른 음악을 선택하고 타임라인에 추가해도 괜찮아요.

**04** 타임라인 밑에 있는 스크롤을 드래그 하여 사진이 끝나는 지점에 클릭해 재생바를 표시해요.

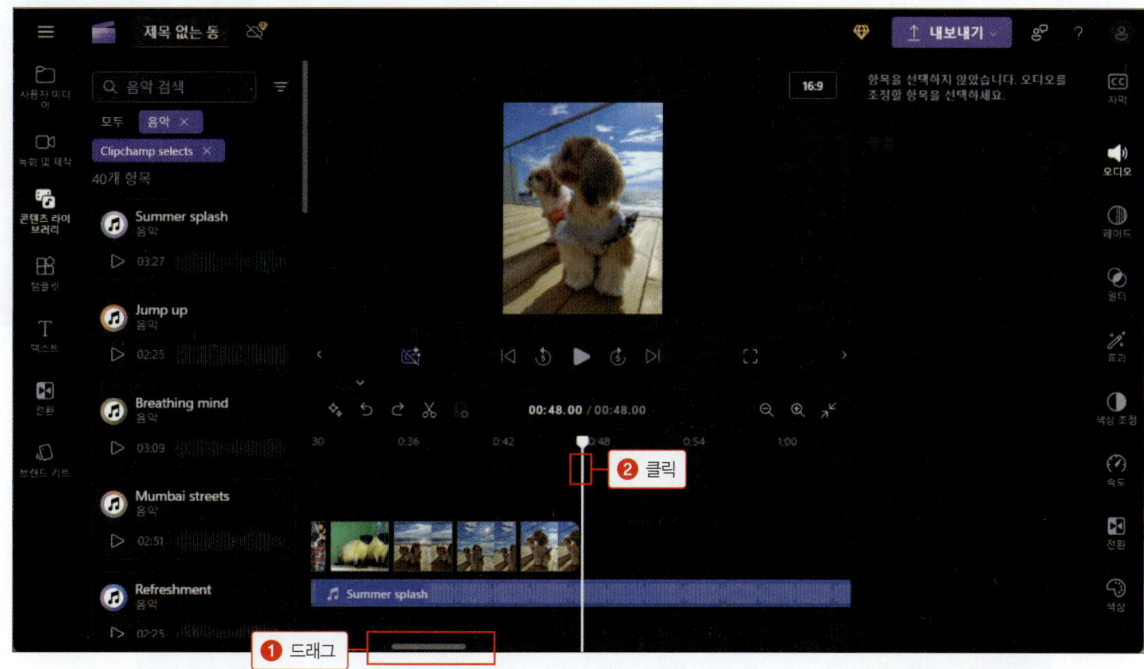

**05** 〔잘라내기〕 버튼을 클릭해 음악을 자르고 Delete 키를 눌러 뒤에 음악을 삭제해요.

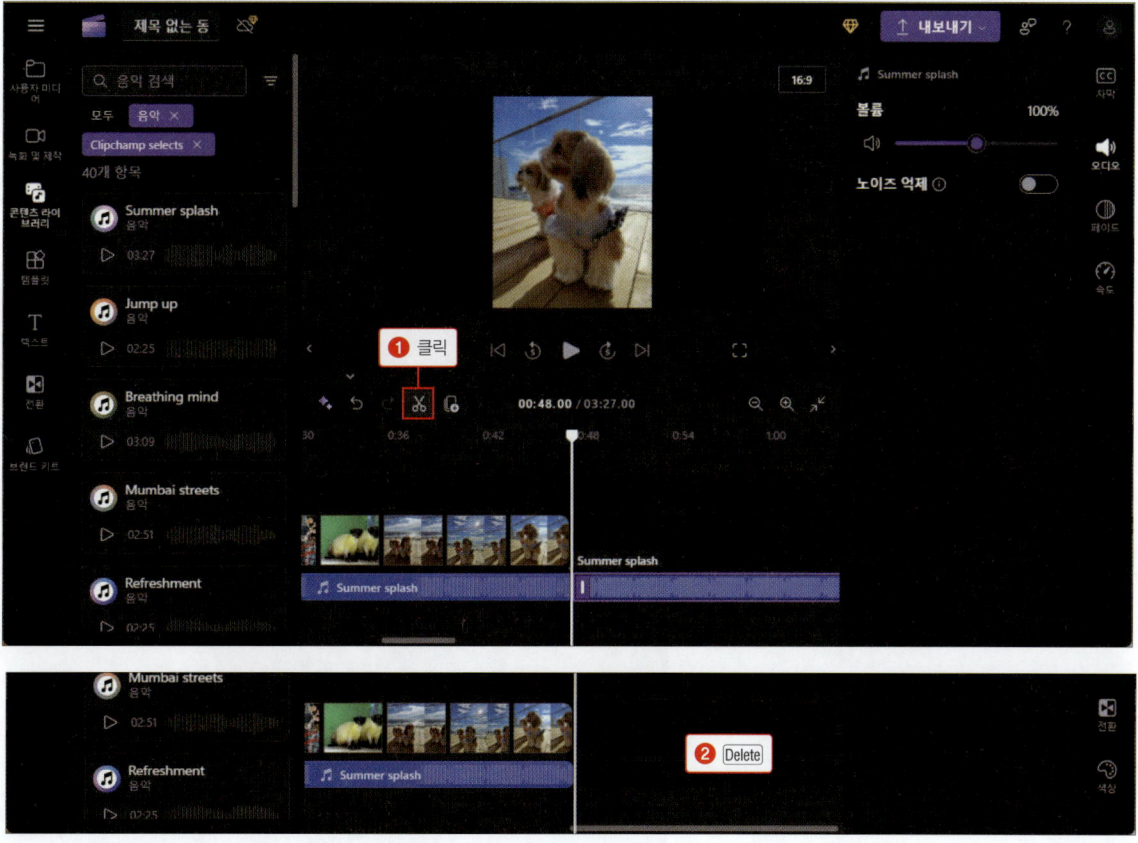

**06** 〔내보내기〕를 클릭하고 '720p'를 클릭해요.

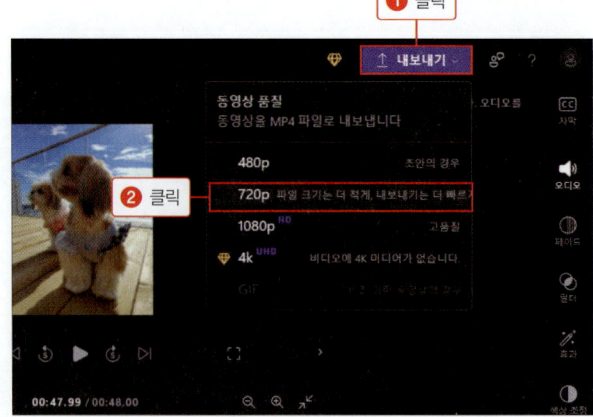

**07** '윈도우 작품 모음' 동영상이 다운로드 돼요. 다운로드가 끝나면 상단에 다운로드 창이 뜨는데 윈도우 작품 모음 동영상을 클릭해요.

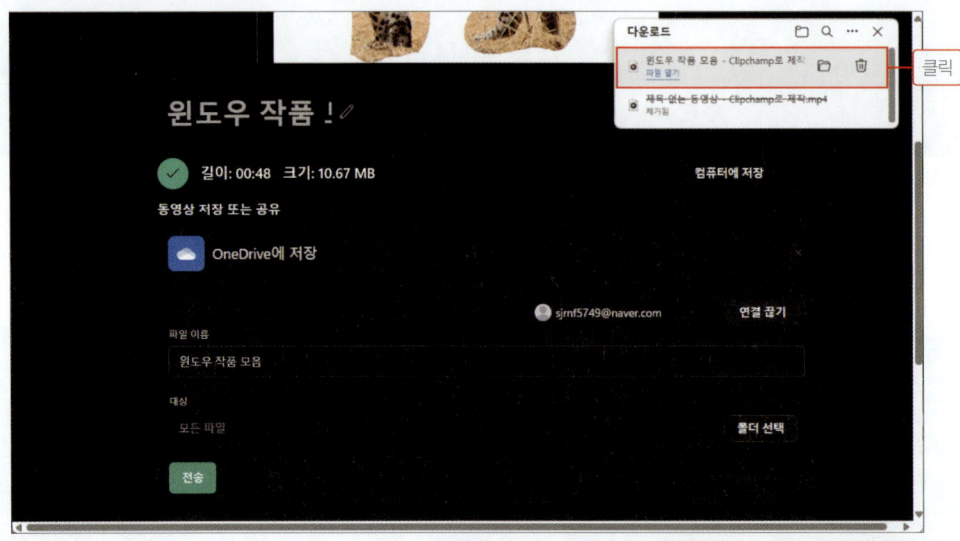

**08** 저장된 영상을 재생하여 작품 동영상을 감상해요.

**01** ▶ 만든 작품 동영상 마지막 장면에 '인트로/아웃트로 템플릿'를 넣어 멋지게 마무리해 보세요.

● 완성예제 : 24_윈도우작품모음 효과.mp4

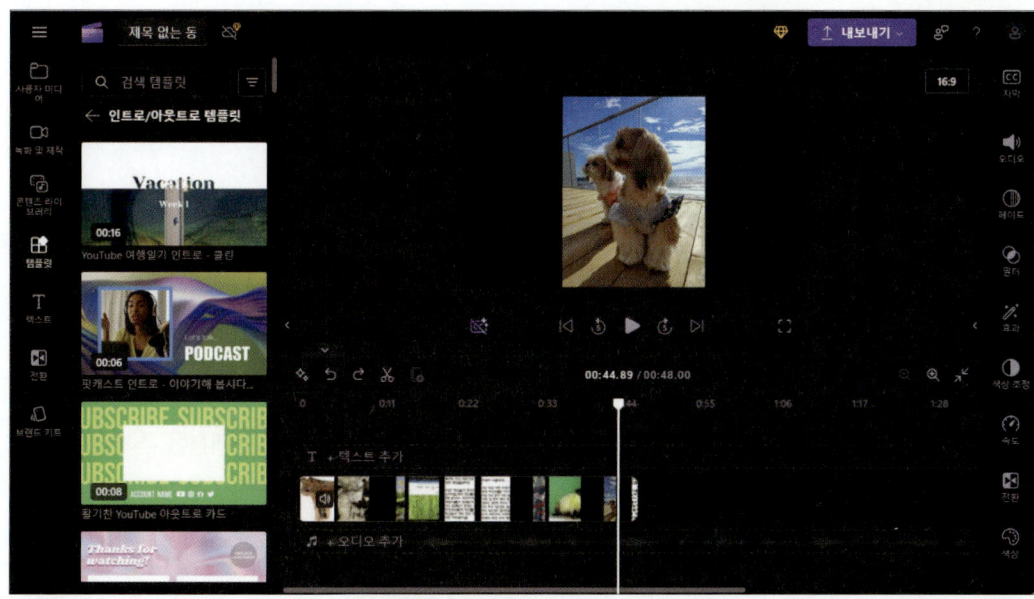

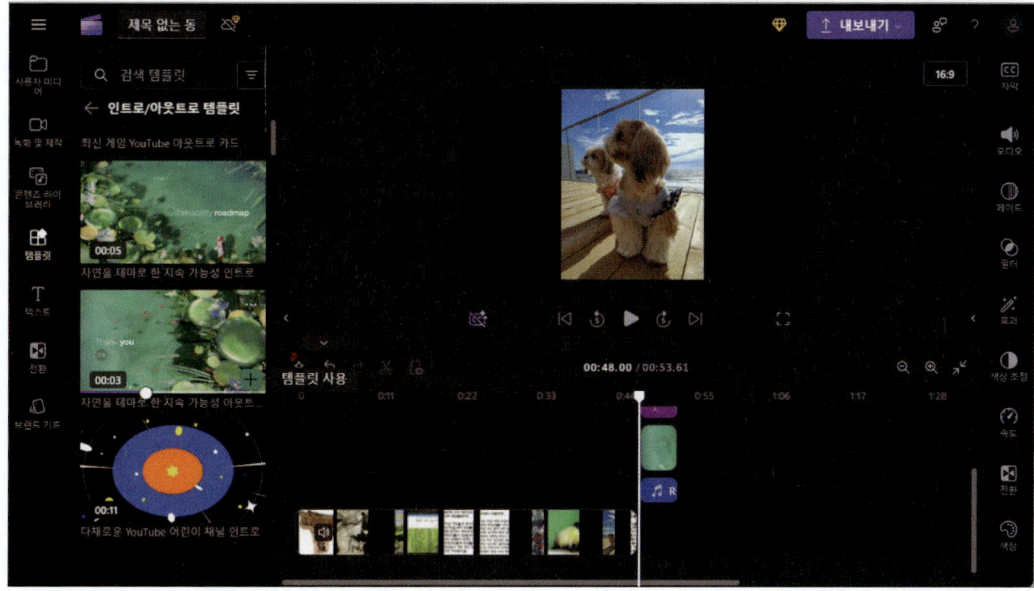

① 미리 보기 창에서 〔오른쪽 화살표(▷)〕를 클릭하여 가장 마지막 장면으로 이동해요.
② 편집 도구에서 〔템플릿〕를 클릭해요. 〔인트로/아웃트로 템플릿〕-〔자연을 테마로 한 지속 가능성 아웃트로〕에 〔템플릿 사용〕을 클릭해 아웃트로를 추가해요.

## 수업 이해와 응용력을 평가해 보세요!

| 수업 차시 | 체크 리스트 | 이해력 | 응용력 |
|---|---|---|---|
| 1차시 수업 | 바탕 화면이 무엇인지 알고, 컴퓨터를 올바르게 켜고 끌 수 있나요? | | |
| 2차시 수업 | 키보드 각각 키의 기능과 키보드 입력 순서를 잘 알고 있나요? | | |
| 3차시 수업 | 마우스 사용법을 잘 알고, 마우스 연습 프로그램을 잘 다룰 수 있나요? | | |
| 4차시 수업 | 작업 표시줄에서 앱을 실행하는 방법과 창 크기를 조절할 수 있나요? | | |
| 5차시 수업 | 시작 화면에 앱을 고정하고, 앱을 그룹으로 만든 다음 이름을 지정할 수 있나요? | | |
| 6차시 수업 | 파일과 폴더에 대해 알고, 파일 탐색기를 실행한 다음 새 폴더를 만들 수 있나요? | | |
| 7차시 수업 | 파일을 선택, 복사, 붙여 넣기, 복원할 수 있나요? | | |
| 8차시 수업 | 마이크로소프트 엣지 브라우저를 실행하고 사이트를 검색할 수 있나요? | | |
| 9차시 수업 | 마이크로소프트 엣지 브라우저의 시작 페이지 변경, 즐겨찾기 추가, 컬렉션을 추가할 수 있나요? | | |
| 10차시 수업 | 바탕 화면의 배경과 테마를 바꾸고, 잠금 화면을 변경할 수 있나요? | | |
| 11차시 수업 | 기본 색 모드를 변경하고, 야간 모드로 설정이 가능한가요? | | |
| 12차시 수업 | 작업 보기 기능을 이용해서 새 데스크톱을 만들고, 가상 데스크톱 간에 이동할 수 있나요? | | |
| 13차시 수업 | 프린트 스크린 기능과 캡처 도구로 캡처하고, 인터넷 이미지를 저장할 수 있나요? | | |
| 14차시 수업 | 메모장에 글자, 특수 문자를 입력하고, 이모지 기능으로 이모티콘을 넣을 수 있나요? | | |
| 15차시 수업 | 인터넷으로 색칠 도안을 다운받고, 그림판을 이용해서 색칠하고 꾸밀 수 있나요? | | |
| 16차시 수업 | 구글 어스를 살펴보고, 기능을 활용해서 다른 나라를 여행할 수 있나요? | | |
| 17차시 수업 | 파일을 압축하고, 해제하고, 디스크를 정리할 수 있나요? | | |
| 18차시 수업 | 마이크로소프트 엣지 브라우저에서 외국 사이트에 접속하여 그 나라의 언어를 듣고, 한국어로 번역할 수 있나요? | | |
| 19차시 수업 | 세계 여러 나라의 시간을 알아보고, 일정표를 관리하고, 스티커 메모를 사용할 수 있나요? | | |
| 20차시 수업 | 바이러스가 무엇인지 알고, 윈도우 백신으로 검사할 수 있으며, 화면 보호기를 설정할 수 있나요? | | |
| 21차시 수업 | 계산기 사용법을 알고, 날짜, 환율, 부피를 계산할 수 있나요? | | |
| 22차시 수업 | 마이크로소프트 스토어에서 앱을 검색하고, 업데이트 관리가 가능한가요? | | |
| 23차시 수업 | 이메일 계정을 만들고, 파일을 첨부해 편지를 보낼 수 있으며, 편지함을 관리할 수 있나요? | | |
| 24차시 수업 | 클립 챔프로 동영상과 이미지를 편집하고, 제목 카드와 배경 음악을 추가하여 동영상 제작이 가능한가요? | | |